ARKANA

Buch

Jede Frau ist einzigartig und besonders, und doch teilen alle Frauen die gemeinsamen Erfahrungen der Liebe und des Lernens, sei es in der Familie oder im Beruf. Das Frauenleben ist voller Emotionen, und dieses Buch berührt sie alle. Es bringt seine Leserinnen zum Lachen und Weinen und läßt sie fühlen, was wirklich wichtig im Leben ist. Die liebenswerten Geschichten, die die Autoren mit lebendiger Offenheit erzählen, erwärmen das Herz und schärfen den Blick für die kleinen Dinge, die jedem Leben erst seine Bedeutung geben. Sie ermutigen dazu, Hindernisse zu überwinden, Träume zu verwirklichen und Brücken zwischen den Generationen zu schlagen. Die Sammlung ist ein wertvoller Begleiter für alle Stationen im Leben einer Frau.

Autoren

Jack Canfield ist Präsident der Foundation for Self Esteem im kalifornischen Culver City und veranstaltet Seminare zu persönlichem Wachstum. Mark Victor Hansen ist Karriereberater. Seine Seminare und Vorträge befähigen die Zuhörer, ihre angeborenen Fähigkeiten im Berufs- und Privatleben optimal einzusetzen.
Jennifer Read Hawthorne ist Mitbegründerin des Unternehmens The Esteem Group, das sich auf Programme für Frauen spezialisiert hat.
Marci Shimoff entwickelt Trainingsprogramme für persönliches Wachstum und veranstaltet Seminare. Zusammen mit Jennifer R. Hawthorne gründete sie The Esteem Group.

Bei Goldmann sind von Jack Canfield und Mark Victor Hansen bereits erschienen:

Hühnersuppe für die Seele (13209) · Mehr Hühnersuppe für die Seele (21588) Noch mehr Hühnersuppe für die Seele (13239) · Hühnersuppe für die Seele – Für Mütter (21543) · Hühnersuppe für die Seele – Für Tierfreunde (21564) Hühnersuppe für die Seele – Für Partner (21565) · Hühnersuppe für die Seele – Für Kinder (21589) · Hühnersuppe für die Seele – Für Jugendliche (21590) Hühnersuppe für die Seele – in Arbeit und Beruf (21639) · Hühnersuppe für die Seele – Für Christen (21649) · Hühnersuppe für die Seele – Weitere Geschichten, die zu Herzen gehen (21638) · Das große Hühnersuppen-Lesebuch (21707) Hühnersuppe für Körper & Seele (21715) Hühnersuppe für die Seele – Gute Besserung! (21757) · Hühnersuppe für die Seele – Für Katzenliebhaber (21810) Hühnersuppe für die Seele – Hörbuch (6 CDs, 33922) · Hühnersüppchen für die Seele (16440) · Hühnersuppe für die Seele – Für Tee-Liebhaber (33824) Hühnersuppe für die Seele – Für Kaffee-Liebhaber (33825) · Hühnersuppe für die Seele – Für Schokoladen-Liebhaber (33823) · Hühnersuppe für die Seele – Für Wein-Liebhaber (33826)

Jack Canfield
Mark Victor Hansen
Jennifer Read Hawthrone
Marci Shimoff

HÜHNERSUPPE FÜR DIE SEELE

FÜR FRAUEN

Aus dem Amerikanischen
von Susanne Kahn-Ackermann

ARKANA
GOLDMANN

Die amerikanische Originalausgabe erschien 1996 unter dem Titel
»Chicken Soup for the Womans's Soul«
bei Health Communications Inc., Deerfield Beach, Florida, USA

FSC
Mix
Produktgruppe aus vorbildlich
bewirtschafteten Wäldern und
anderen kontrollierten Herkünften

Zert.-Nr. SGS-COC-1940
www.fsc.org
© 1996 Forest Stewardship Council

Verlagsgruppe Random House FSC-DEU-0100
Das FSC-zertifizierte Papier *München Super* für dieses Buch
liefert Arctic Paper Mochenwangen GmbH.

10. Auflage

Taschenbuchausgabe April 2000

Umschlaggestaltung: Design Team München
Umschlagabbildung: The Image Bank/David Gaz
Satz: Uhl + Massopust, Aalen
Druck und Bindung: GGP Media GmbH, Pößneck
Redaktion: Annette Gillich
WL · Herstellung: Stefan Hansen
Printed in Germany
ISBN 978-3-442-21546-1
www.arkana-verlag.de

Wir widmen dieses Buch in Liebe den 2,9 Milliarden phänomenalen Frauen auf der ganzen Welt. Mögen diese Geschichten eure Herzen berühren und eure Seelen inspirieren.

Wir widmen dieses Buch auch unseren Eltern, Ellen Taylor und Fred Angelis, Una und Paul Hansen, Maureen und Brooks Read, und Louise und Marcus Shimoff, um der außergewöhnlichen Geschenke der Liebe und des Lebens willen, die ihr uns gemacht habt.

Inhalt

6. Besondere Augenblicke

7. Lebe deinen Traum

8. Über das Altern

9. Höhere Weisheit

Einleitung

Dieses Buch war ein Geschenk für uns. Schon von Anfang an fühlten wir bei jedem Schritt die Liebe, die Freude und den unbeugsamen Geist von Frauen. Wir hoffen, daß dieses Buch auch für Sie ein Geschenk sein wird.

Wir vier sprechen nun schon seit vielen Jahren in der Öffentlichkeit – oft vor einem weiblichen Publikum – darüber, wie wir unser Leben erfüllter und mit mehr Freude leben können. Die Bereitschaft von Frauen, ihr Herz, ihre Geschichten und Lektionen mit anderen zu teilen, hat uns inspiriert, ja überwältigt. Und daraus entstand »Hühnersuppe für die Seele. Für Frauen.«

Während der Arbeit an diesem Buch haben wir jeden Tag Wunder erlebt! Wir hatten das Gefühl, von einer unsichtbaren Hand geführt zu werden.

Zum Beispiel fahndeten wir über ein Jahr lang nach Phyllis Volkens, der Autorin von »Ein Gutenachtkuß«, um die Abdruckgenehmigung für ihre Geschichte zu bekommen. Schließlich machten wir eine entfernte Cousine von ihr ausfindig, die uns erzählte, daß Phyllis und ihr Mann nach Iowa umgezogen seien, wo sie nur ein paar Kilometer von Jennifer und Marci entfernt lebten! Noch bemerkenswerter war allerdings die Reaktion von Stanly, Phillis' Ehemann, als wir dort anriefen. Es stellte sich heraus, daß sie schon seit Jahren Fans der »Hühnersuppe für die Seele«-Bücher waren – und Phyllis hatte nur noch etwa eine Woche zu leben. Er konnte es gar nicht abwarten, ihr zu erzählen, daß sie mit ihrer Geschichte in unser Buch aufgenommen wurde. Später berichtete er uns, wieviel es ihr bedeutet hatte. Zwei Tage danach war sie gestorben.

Frauen, die uns ihre Geschichten schickten, ließen uns immer wieder wissen, wie dankbar sie für die Gelegenheit waren, sie aufschreiben zu können. Und daß sie, selbst wenn diese nicht in das Buch aufgenommen wurden, sich einfach darüber freuten, sie zum Ausdruck gebracht zu haben. Sie fühlten sich dadurch gereinigt und neu belebt.

Auch uns hat dieses Buch verändert. Wir erkennen nun sehr viel klarer, was im Leben wirklich wichtig ist. Wir wissen die menschliche Erfahrung besser zu schätzen, und wir leben intensiver im Augenblick.

Frauen machen der Welt durch ihre Offenheit, ihr Mitgefühl und ihre Weisheit so wunderbare Geschenke. Unser sehnlichster Wunsch ist, daß es Ihnen so wie uns ergeht und Sie jedesmal, wenn Sie diese Geschichten lesen, für sich selbst und andere noch mehr Verständnis und Anerkennung aufbringen.

Mary Michalica, eine der Frauen, die uns schrieb, brachte dies wunderbar zum Ausdruck:

Alle Frauen machen Phasen in ihrem Leben durch, in denen sie sich zahlreichen Anforderungen und Belastungen ausgesetzt sehen – Familie, Arbeit, Ehemann, Exehemann, Kinder, Stiefkinder, Eltern.

Es ist wichtig, ja unbedingt notwendig, hin und wieder einen Schritt zurückzutreten, die eigenen Prioritäten neu zu überdenken und über die Aufgabe im eigenen Leben nachzusinnen. Denn nur, wenn wir unsere eigene Seele nähren, können wir uns um andere kümmern und sie nähren. Manchmal muß man sagen: »Halt! Hör mir zu. Ich habe eine Geschichte zu erzählen.«

So bieten wir Ihnen »Hühnersuppe für die Seele. Für Frauen« an. Mögen Sie, wenn Sie dieses Buch lesen, Wunder der Liebe und Inspiration erleben. Möge es Ihr Herz berühren und Ihren Geist bewegen.

Jack Canfield, Mark Victor Hansen,
Jennifer Read Hawthorne und Marci Shimoff

1

Über die Liebe

Die besten und schönsten Dinge der Welt
können wir nicht sehen, ja nicht einmal berühren.
Wir müssen sie mit dem Herzen fühlen.

Helen Keller

Die weiße Gardenie

Seit ich zwölf geworden bin, bekam ich jedes Jahr an meinem Geburtstag eine weiße Gardenie geschickt. Nie lag eine Visitenkarte dabei, oder auch ein paar Zeilen, und Erkundigungen beim Blumenladen führten zu nichts, weil der Auftrag immer bar bezahlt worden war. Nach einer Weile hörte ich auf, Nachforschungen über die Identität des Absenders anzustellen. Ich freute mich einfach an der Schönheit und dem berauschenden Duft dieser so zauberhaften und vollkommenen Blume.

Doch ich hörte nie auf, mir auszumalen, wer der Absender wohl sein könnte, und verbrachte einige meiner glücklichsten Momente mit Tagträumen von einer ganz wunderbaren und aufregenden Person, die aber zu schüchtern oder zu exzentrisch war, um ihre Identität zu enthüllen. Als Teenager vergnügte ich mich mit der Vorstellung, daß dieser Jemand ein in mich verliebter Junge oder auch ein mir gänzlich unbekannter Mensch war, dem ich einfach aufgefallen war.

Meine Mutter beteiligte sich oft an meinen Spekulationen. Sie fragte, ob es jemanden gäbe, dem ich eine besondere Freundlichkeit erwiesen hatte und der sich auf diese anonyme Weise dankbar zeigen wollte. Sie erinnerte mich an die Zeiten, in denen ich unsere Nachbarin unterstützte, wenn sie mit ihrem mit Kindern und Lebensmitteln vollgeladenen Auto angefahren kam. Ich half ihr immer ausladen und paßte auf, daß die Kleinen nicht auf die Straße liefen. Oder vielleicht war der rätselhafte Absender der alte Mann von gegenüber? Ich holte im Winter oft die Post für ihn, damit er sich nicht die eisglatten Treppenstufen hinuntertasten mußte, die zu seiner Haustür führten.

Meine Mutter tat ihr Bestes, um hinsichtlich der Gardenie meine Phantasie anzuregen. Sie wollte, daß ihre Kinder kreativ waren. Und sie wollte auch, daß wir uns nicht nur von ihr, sondern von der Welt ganz allgemein geschätzt und geliebt fühlten.

Als ich siebzehn war, brach mir ein Junge das Herz. An dem Abend, als er mich zum letzten Mal anrief, weinte ich mich in den Schlaf. Als ich am Morgen aufwachte, stand da mit rotem Lippenstift eine Botschaft an meinen Spiegel geschrieben: »Wisse, wenn Halbgötter gehen, kommen die Götter herbei.« Über dieses Zitat von Emerson dachte ich lange Zeit nach, und ich ließ es da stehen, wo meine Mutter es hingeschrieben hatte, bis mein Herz geheilt war. Als ich dann schließlich die Flasche mit dem Glasreiniger holte, wußte sie, daß wieder alles in Ordnung war.

Doch es gab einige Wunden, die sie nicht zu heilen vermochte. Einen Monat vor meinem High-School-Abschluß starb mein Vater ganz plötzlich an einem Herzinfarkt. Meine Gefühle reichten vom einfachen, tiefen Kummer über Verlassenheit, Angst und Unsicherheit bis hin zu einem überwältigenden Zorn, daß mein Dad nun einige der wichtigsten Ereignisse in meinem Leben verpassen würde. Ich verlor jegliches Interesse an meiner bevorstehenden Abschlußfeier, der Theateraufführung unserer Abschlußklasse und dem Abschlußball – Dinge, für die ich gearbeitet und auf die ich mich gefreut hatte. Ich dachte sogar daran zu Hause zu bleiben und in meiner Heimatstadt aufs College zu gehen, statt das Elternhaus zu verlassen, wie ich es urspünglich geplant hatte. Es fühlte sich sicherer an.

Meine Mutter wollte bei all ihrem eigenen Kummer nichts davon hören, daß ich irgend etwas sausen ließ. Am Tag vor dem Tod meines Vaters waren wir einkaufen gegangen, um ein Ballkleid für mich zu suchen, und wir hatten auch ein sensationelles Kleid gefunden – Meter um Meter in rot, weiß und blau getüpfeltem Musselin. Ich fühlte mich darin wie Scarlett O'Hara. Doch die Größe stimmte nicht, und als mein Vater am nächsten Tag starb, vergaß ich die Sache.

Meine Mutter vergaß sie nicht. Am Tag vor dem Abschlußball wartete das Kleid auf mich – in der richtigen Größe. Da lag es majestätisch über das Wohnzimmersofa gebreitet, künstlerisch und liebevoll drapiert. Mir hätte vielleicht nichts an diesem neuen Kleid gelegen, meiner Mutter aber lag daran.

Sie kümmerte sich um das Selbstbewußtsein ihrer Kinder. Sie weckte in uns den Sinn für den Zauber in dieser Welt und vermittelte uns die Fähigkeit, sogar noch im Angesicht des Unglücks Schönheit zu erkennen.

In Wahrheit wollte sie, daß wir Kinder uns selbst so wie diese Gardenie sahen – schön, stark, vollkommen, mit einer Aura von Magie und vielleicht auch ein bißchen Geheimnis umgeben.

Meine Mutter starb, als ich zweiundzwanzig war, nur zehn Tage nach meiner Hochzeit. Ab diesem Jahr kamen keine Gardenien mehr.

Marsha Arons

Worte von Herzen

Die bittersten Tränen, die am Grab vergossen werden, werden um die ungesagten Worte und unterbliebenen Taten geweint.

Harriet Beecher Stowe

Den meisten Menschen ist es ein Bedürfnis, die gewissen »drei kleinen Worte« zu hören. Und ab und zu hören sie sie auch genau im richtigen Moment.

Ich begegnete Connie am Tag ihrer Einlieferung ins Hospiz, in dem ich ehrenamtlich arbeitete. Bill, ihr Mann, stand nervös daneben, als sie von der Krankentrage ins Bett gehoben wurde. Obwohl Connie sich im Endstadium ihres Kampfes gegen den Krebs befand, war sie doch bei klarem Bewußtsein und guter Dinge. Wir halfen ihr, sich einzurichten. Ich schrieb ihren Namen auf all die hospizeigenen Gegenstände, die sie benutzen würde, und fragte sie dann, ob sie noch etwas bräuchte.

»O ja«, sagte sie, »würden Sie mir bitte zeigen, wie man den Fernseher bedient? Mir bereiten diese Soaps großes Vergnügen, und ich will nichts verpassen.« Connie war eine Romantikerin und liebte Soap Operas, Liebesromane und Filme mit einer guten Liebesgeschichte. Als wir miteinander vertrauter wurden, gestand sie mir, wie frustrierend es sei, zweiunddreißig Jahre mit einem Mann verheiratet zu sein, der sie oft »eine törichte Frau« nannte.

»O ich weiß, Bill liebt mich«, sagte sie, »aber er war nie einer, der mir gesagt hätte, daß er mich liebt, oder der mir ein Kärtchen schickte.« Sie seufzte und blickte hinaus auf die Bäume im Hof. »Ich gäbe wer weiß was, wenn er ›ich liebe dich‹ sagen würde, aber das ist einfach nicht seine Art.«

Bill besuchte Connie jeden Tag. Anfangs saß er neben ihrem Bett, während sie sich die Soaps ansah. Später, als sie mehr zu schlafen begann, wanderte er den Korridor vor ihrem Zimmer auf und ab. Als sie dann überhaupt nicht mehr fernsah und nur noch selten wache Momente hatte, begann ich, Bill mehr von meiner Zeit zu widmen.

Er erzählte mir, daß er als Zimmermann gearbeitet hatte und gerne zum Angeln ging. Er und Connie hatten keine Kinder, aber sie hatten ihr Rentnerdasein genossen, indem sie auf Reisen gingen, bis Connie krank wurde. Bill konnte seinen Gefühlen über die Tatsache, daß seine Frau im Sterben lag, keinen Ausdruck geben.

Eines Tages saßen wir bei einer Tasse Kaffee in der Cafeteria, und ich kam auf das Thema Frauen zu sprechen und darauf, wie sehr wir die Romantik im Leben brauchen und es lieben, wenn wir sentimentale Postkarten und Liebesbriefe bekommen.

»Sagen Sie Connie, daß Sie sie lieben?« fragte ich (im Wissen um seine Antwort), und er sah mich an, als ob ich verrückt sei. »Das braucht's nicht«, erwiderte er. »Sie *weiß* doch, daß ich das tue!«

»Ich bin sicher, daß sie es weiß«, sagte ich und berührte seine Hände – die rauhen Hände eines Zimmermanns, die die Tasse umklammerten, als wäre sie das einzige, woran er sich festhalten konnte –, »aber sie muß es *hören,* Bill. Sie muß hören, was sie Ihnen all diese Jahre bedeutet hat. Bitte denken Sie darüber nach.«

Wir gingen zurück zu Connies Zimmer. Bill ging hinein, und ich besuchte einen anderen Patienten. Später sah ich Bill auf Connies Bett sitzen. Er hielt ihre Hand, während sie schlief. Es war der 12. Februar.

Zwei Tage später kam ich mittags zur Station. Da stand Bill im Flur gegen die Wand gelehnt und starrte auf den Fußboden. Connie war um elf Uhr morgens gestorben.

Als Bill mich sah, ließ er es zu, von mir in die Arme genommen und fest und lange umarmt zu werden. Sein Gesicht war tränennaß, und er zitterte. Schließlich lehnte er sich wieder gegen die Wand und atmete tief durch.

»Ich muß etwas sagen«, begann er. »Ich muß sagen, wie gut ich mich fühle, daß ich es ihr gesagt habe.« Er hielt inne, um sich zu schneuzen. »Ich habe eine Menge über das nachgedacht, was Sie gesagt haben, und heute morgen habe ich ihr gesagt, wie sehr ich sie liebte… und es liebte, mit ihr verheiratet zu sein. Sie hätten ihr Lächeln sehen sollen!«

Ich ging ins Zimmer, um selbst von Connie Abschied zu nehmen. Auf dem Beistelltisch lag eine große Valentinskarte von Bill. Sie wissen schon, eines dieser sentimentalen Dinger, auf denen steht: »Für meine wunderbare Frau… ich liebe Dich.«

Bobbie Lippmann

Geschenke des Herzens

> Die Liebe, die wir geben, ist die einzige, die wir behalten.
> *Elbert Hubbard*

In der hektischen Welt, in der wir heutzutage leben, ist es sehr viel einfacher, etwas mit Kreditkarte zu kaufen, als ein Geschenk des Herzens zu machen.

Und Herzensgeschenke sind vor allem an Weihnachten wichtig.

Vor ein paar Jahren versuchte ich meine Kinder darauf vorzubereiten, daß Weihnachen diesmal kärglich ausfallen würde. Sie reagierten mit einem »Aber klar Mom, das haben wir schon mal gehört!« Ich hatte meine Glaubwürdigkeit verloren, weil ich ihnen dasselbe schon im letzten Jahr gesagt hatte, als ich mich gerade scheiden ließ. Aber dann war ich einkaufen gegangen und hatte alle meine Kreditkarten bis zum Anschlag belastet. Ich hatte sogar einige kreative Finanzierungstechniken entwickelt, um etwas in ihre Strümpfe füllen zu können. Dieses Jahr aber lagen die Dinge entschieden anders, doch das kauften sie mir nicht ab.

Eine Woche vor Weihnachten fragte ich mich: »Was habe ich, um dieses Weihnachten zu einem besonderen Fest zu machen?« In all den Häusern, in denen wir vor meiner Scheidung gelebt hatten, hatte ich mir immer die Zeit genommen, das Haus schön herzurichten. Ich hatte gelernt zu tapezieren, Holzböden und Keramikkacheln zu verlegen, Vorhänge aus Bettlaken zu nähen und noch einiges mehr. Aber in diesem gemieteten Haus hatte ich wenig Zeit für das Dekorieren und noch sehr viel weniger Geld. Außerdem machte mich dieser häßliche Ort mit seinen roten und orangefarbenen Teppichen und türkisfarbenen und grünen Wänden wütend. Ich weigerte mich, Geld hineinzustecken. Eine innere Stimme verletzten Stolzes schrie: »Wir werden nicht so lange hier sein!«

Niemanden schien dieses Haus zu bekümmern mit Ausnahme meiner Tochter Lisa, die immer versuchte, aus ihrem Zimmer etwas Besonderes zu machen.

Es war an der Zeit, meine Talente zur Geltung zu bringen. Ich rief meinen Exmann an und bat ihn, eine ganz bestimmte Tagesdecke für Lisa zu kaufen. Dann besorgte ich die dazu passende Bettwäsche. Am Weihnachtsvorabend gab ich fünfzehn Dollar für vier Liter Farbe aus. Ich kaufte auch das schönste Briefpapier, das ich je gesehen hatte. Mein Vorhaben war einfach: Ich wollte die Wände streichen und nähen und mich bis zum Weihnachtsmorgen unentwegt beschäftigt halten, um keine Zeit zu haben, mir an diesem speziellen Familienfesttag leid zu tun.

Am Abend gab ich jedem der Kinder drei Briefbögen samt Umschlägen. Auf den einzelnen Seiten stand oben geschrieben: »Was ich an meiner Schwester Mia liebe«, »Was ich an meinem Bruder Kris liebe«, »Was ich an meiner Schwester Lisa liebe«, »Was ich an meinem Bruder Erik liebe«. Die Kinder waren sechzehn, vierzehn, zehn und acht Jahre alt, und ich mußte einige Überredungskünste aufbieten, um sie davon zu überzeugen, daß sie wenigstens eine einzige Sache finden konnten, die sie aneinander mochten. Während sie sich zurückzogen und schrieben, packte ich in meinem Schlafzimmer die wenigen Geschenke ein, die ich im Laden für sie gekauft hatte.

Als ich in die Küche zurückkehrte, hatten die Kinder ihre Briefe fertig. Ihre Namen wurden auf die jeweiligen Umschläge geschrieben, dann tauschten wir Umarmungen und Gutenachtküsse aus, und sie gingen zu Bett. Lisa durfte ausnahmsweise in meinem Bett schlafen, und sie mußte versprechen, bis zum Weihnachtsmorgen nicht heimlich zu gucken.

Ich fing mit der Arbeit an. Weit nach Mitternacht hatte ich die Vorhänge fertiggenäht, die Wände gestrichen und trat einen Schritt zurück, um mein Meisterwerk zu bewundern. Warte – warum nicht Regenbogen und Wolken an die Wände malen, damit sie zu den Stoffen paßten. Ich holte meine Kosmetikpinsel und

-schwämme hervor und machte mich ans Werk. Um 5 Uhr morgens war ich fertig. Zu erschöpft, um an meine arme »zerrüttete Familie«, wie die Statistik es nennt, zu denken, ging ich in mein Zimmer und fand dort Lisa quer in meinem Bett liegen. Ich stellte fest, daß ich so nicht schlafen konnte, hob sie sacht auf und trug sie auf Zehenspitzen in ihr Zimmer. Als ich ihren Kopf auf das Kissen sinken ließ, fragte sie: »Mami, ist es schon Morgen?«

»Nein, Süßes, laß die Augen zu, bis der Weihnachtsmann kommt.«

Am Morgen wurde ich durch ein freudiges Flüstern an meinem Ohr geweckt: »Wow, Mami, es ist wunderschön.«

Später standen wir alle auf, saßen um den Weihnachtsbaum und wickelten die wenigen Geschenke aus. Danach bekamen die Kinder ihre drei Umschläge. Wir lasen die Worte mit tränenfeuchten Augen und geröteten Nasen. Dann kamen wir zu den Bemerkungen über das »Baby in der Familie«. Erik, der acht war, erwartete nicht, irgend etwas Nettes zu hören. Aber sein Bruder hatte gechrieben: »Ich liebe an meinem Bruder Erik, daß er sich vor nichts fürchtet.« Mia hatte geschrieben: »Ich liebe an meinem Bruder Erik, daß er mit jedem reden kann!« Lisa hatte geschrieben: »Ich liebe an meinem Bruder Erik, daß er höher auf die Bäume klettern kann als alle anderen!«

Jemand zupfte leicht an meinem Ärmel, dann legte sich eine kleine Hand an mein Ohr, und Erik wisperte: »Stell dir vor, Mami, ich hab gar nicht gewußt, daß sie mich mögen!«

In dieser allerschlimmsten Zeit hatten uns Kreativität und Erfindungsreichtum die beste aller Zeiten beschert. Ich bin inzwischen finanziell wieder auf die Beine gekommen, und wir haben seither viele »große« Weihnachtsfeste mit einer Menge Geschenke unterm Baum gefeiert… aber wenn wir gefragt werden, welches Weihnachten uns am besten gefallen hat, dann erinnern wir uns alle an jenes Fest.

Sheryl Nicholson

Sie wissen es erst, wenn sie erwachsen sind,
aber die *besten* Geschenke sind die Erinnerungen,
die sie sich bewahren.

Nichts Weltbewegendes, wir erzählten uns nur aus unser beider Leben. Wir redeten so viel, daß wir den Film verpaßten. »Ich geh wieder mit dir aus, aber nur, wenn du mich das nächste Mal bezahlen läßt«, sagte sie, als ich sie zu Hause absetzte. Ich willigte ein.

»Wie war deine Verabredung?« fragte meine Frau, als ich nach Hause kam.

»Nett… netter, als ich vorher dachte«, erwiderte ich.

Sie lächelte ihr »Ich-hab's-dir-ja-gesagt«-Lächeln.

Seit jenem Abend gehe ich regelmäßig mit Mom aus. Wir treffen uns nicht jede Woche, aber wir versuchen, uns wenigstens ein paarmal im Monat zu sehen. Wir gehen dann immer zusammen essen und ab und zu auch noch ins Kino. Aber hauptsächlich reden wir miteinander. Ich erzähle ihr von meinen Alltagsproblemen bei der Arbeit. Ich gebe mit meinen Kindern und meiner Frau an. Sie hält mich über den Familienklatsch auf dem laufenden, den ich nie ganz mitzukriegen scheine.

Sie erzählt mir auch von ihrer Vergangenheit. Nun weiß ich, was es für meine Mutter hieß, während des Zweiten Weltkrieges in einer Fabrik zu arbeiten. Ich kenne jetzt die Geschichte, wie sie meinen Vater dort traf und wie sie sich in dieser schwierigen Zeit praktisch nur in der Straßenbahn umwerben konnten. Und beim Anhören all dieser Geschichten wurde mir klar, wie wichtig sie mir sind. Sie sind meine persönliche Geschichte. Ich kann gar nicht genug von ihnen kriegen.

Aber wir sprechen nicht nur von der Vergangenheit, wir reden auch über die Zukunft. Da sie gesundheitliche Probleme hat, sorgt sich meine Mutter um das, was kommt. »Ich möchte noch sehr viel länger leben«, sagte sie eines Abends. »Ich muß dabei sein, wenn meine Enkel aufwachsen. Ich will *nichts* davon verpassen.«

Wie eine Menge meiner Freunde, die ebenfalls in den Sechzigern geboren sind, neige auch ich dazu, hektisch herumzusausen, meinen Terminkalender bis zum Rand zu füllen und mich zu mühen, Karriere, Familie und Beziehungen unter einen Hut zu bringen. Ich beklage mich oft darüber, wie schnell die Zeit vergeht. Die Zeit, die ich jetzt mit meiner Mutter verbringe, hat mich gelehrt, wie wichtig es ist, das Tempo zu drosseln. Ich verstehe jetzt endlich diesen Begriff, den ich schon x-mal gehört habe – qualitative Zeit.

Peggy hatte recht. Die Verabredungen mit einer anderen Frau *haben* unserer Ehe gutgetan. Sie haben aus mir einen besseren Ehemann und Vater gemacht – und hoffentlich auch einen besseren Sohn.

Danke Mom. Ich liebe dich.

David Farrell

Ramonas Berührung

Es war ein paar Wochen nach meiner Operation, als ich zur Nachuntersuchung in Dr. Belts Praxis ging. Und ich hatte gerade meine erste Chemotherapie hinter mir.

Meine Narbe war noch sehr empfindlich. Mein Arm war an der Unterseite taub. All das gehörte zu einer Reihe von einzigartigen und seltsamen Empfindungen, die in etwa so waren, als hätte ich eine neue Mitbewohnerin in dem vormals als meine Brüste bekannten Zweizimmerapartment.

Wie üblich führte man mich in einen Untersuchungsraum, um mir wieder einmal Blut abzuzapfen – für mich, die sich vor Nadeln so sehr fürchtete, eine schreckliche Prozedur.

Ich legte mich auf den Untersuchungstisch. Ich hatte mir ein weites, buntkariertes Flanellhemd und darunter ein kurzes, enges Leibchen angezogen. Ein sorgfältig durchdachtes Outfit, von dem ich hoffte, daß andere es für leger halten würden. Das Flanellhemd kaschierte meine neue Brust, das enge Leibchen schützte sie, und die Knöpfe erlaubten einen unkomplizierten Zugang für die Untersuchung.

Ramona betrat den Raum. Ihr warmes, strahlendes Lächeln war

vertraut und stand im völligen Gegensatz zu meinen Ängsten. Ich hatte sie vor ein paar Wochen zum erstenmal in der Praxis gesehen. Sie war an diesem Tag nicht die für mich zuständige Krankenschwester gewesen, aber ich erinnerte mich an sie, weil sie lachte – ein tiefes, volltönendes Lachen. Ich fragte mich, was wohl hinter dieser Ärztetür so komisch war. Worüber konnte sie in einer Zeit wie dieser lachen? Also entschied ich, daß sie die ganze Angelegenheit nicht ernst genug nahm und ich versuchen mußte, eine Schwester zu finden, die das tat. Aber ich sollte mich irren.

Dieser Tag war anders. Ramona hatte mir schon zuvor eine Blutprobe abgenommen. Sie kannte meine Angst vor Nadeln und verbarg netterweise die Utensilien unter einem Magazin mit einem leuchtend blauen Foto von einer neugestalteten Küche. Wir öffneten das Hemd und das Leibchen, der Katheter an meiner Brust wurde freigelegt, und meine frische Narbe auf dem Brustkorb wurde sichtbar.

»Wie heilt Ihre Narbe?« fragte sie.

»Ich glaube, ganz gut«, erwiderte ich. »Ich wasche jeden Tag ganz vorsichtig um sie herum.« In Erinnerung an den Wasserstrahl aus der Dusche, der auf meine taube Brust traf, verzog ich das Gesicht.

Sie streckte sacht ihren Arm aus, strich mit der Hand über die Narbe, überprüfte die Weichheit der heilenden Haut und tastete sie nach Anormalitäten ab. Ich fing still und leise zu weinen an. Sie blickte voller Wärme in meine Augen und sagte: »Sie haben sie noch nicht berührt, nicht wahr?«

»Nein«, antwortete ich.

Da legte diese wunderbare, warmherzige Frau ihre goldbraune Hand auf meinen bleichen Brustkorb und ließ sie sanft dort liegen. Für eine lange Zeit. Ich weinte leise weiter. »Das ist ein Teil Ihres Körpers«, sagte sie mit weicher Stimme. »Das sind Sie. Es ist gut, wenn Sie sie berühren.« Aber ich konnte es nicht. Und so berührte sie sie für mich. Die Narbe. Die heilende Wunde. Und darunter berührte sie mein Herz.

Dann sagte Ramona: »Ich werde Ihre Hand halten, während Sie sie berühren.« Sie legte ihre Hand neben die meine, und wir wurden beide still. Das war das Geschenk, das Ramona mir machte.

Als ich mich in dieser Nacht zum Schlafen niederlegte, legte ich sacht meine Hand auf die Brust und ließ sie dort, bis ich einschlummerte. Ich wußte, daß ich nicht allein war. Wir waren metaphorisch gesprochen alle zusammen im Bett, meine Brust, meine Narbe, Ramonas Geschenk und ich.

Betty Aboussie Ellis

Die elektrischen Kerzen

Einmal im Monat ist es an mir, am Freitagmorgen den im örtlichen Krankenhaus liegenden jüdischen Patientinnen Sabbatkerzen vorbeizubringen. Es ist Tradition, daß die jüdische Frau durch das Anzünden von Kerzen den Sabbat einleitet, aber die Krankenhausvorschriften erlaubten keine echten Kerzen. Daher bieten wir ihnen das nächstbeste an – elektrische Kerzen, die mit Beginn des Sabbats am Freitag bei Sonnenuntergang eingesteckt werden. Samstagabend endet der Sabbat, und ich hole dann am Sonntagmorgen die Kerzen wieder ab und räume sie weg, bis am folgenden Freitag eine andere Freiwillige sie holt und im Krankenhaus verteilt. Wenn ich wieder an der Reihe bin, treffe ich manchmal noch Patientinnen an, die schon vor einem Monat dort lagen.

An einem Freitagmorgen traf ich auf meinem Rundgang auf eine Frau, die sehr alt war – vielleicht neunzig. Sie hatte kurzes, schneeweißes Haar, das wie weiche, flaumige Watte wirkte. Ihre Haut war gelb und faltig, so als seien die Knochen plötzlich geschrumpft und die Haut könne sich nun an nichts mehr festhalten; sie hing einfach in weichen Falten an den Armen und am Gesicht herab. Die Frau wirkte sehr klein, wie sie da so im Bett lag, die Bettdecke bis unter die Achseln hochgezogen. Ihre Hände ruhten auf der Decke, knorrige und abgearbeitete Hände, die von viel Erfahrung sprachen. Aber ihre blauen Augen waren klar und ihre Stimme klang überraschend kraftvoll, als sie mich begrüßte. Aus der Patientinnenliste, die mir das Krankenhaus gegeben hatte, ersah ich, daß ihr Name Sarah Cohen war.

Sie erzählte mir, daß sie bereits auf mich gewartet habe, daß sie es zu Hause nie versäumte, die Sabbatkerzen anzuzünden, und daß ich sie einfach neben ihrem Bett einstecken sollte, wo sie an sie herankommen konnte. Ganz offensichtlich war sie mit der Prozedur vertraut.

Ich tat, worum sie mich gebeten hatte und wünschte ihr einen guten Sabbat. Als ich mich zum Gehen wandte, sagte sie: »Ich hoffe, meine Enkel kommen rechtzeitig her, um sich von mir zu verabschieden.«

Ich war geschockt über diese nüchterne Feststellung, doch ich berührte nur ihre Hand und erwiderte, daß ich es auch hoffte.

Beim Verlassen des Raums stieß ich beinahe mit einer jungen Frau zusammen, die so um die Zwanzig herum war. Sie trug einen langen Rock im bäuerlichen Stil, und ihr Haar war mit einem Kopftuch bedeckt. »Malka!«, hörte ich Mrs. Cohen rufen. »Ich freue mich, daß du kommen konntest. Wo ist David?«

Ich mußte meinen Rundgang fortsetzen, konnte aber doch nicht umhin, mir Gedanken darüber zu machen, ob auch David rechtzeitig eintreffen würde. Es fällt mir immer schwer, die Kerzen einfach abzuliefern und wieder zu gehen im Wissen, daß manche Patientinnen sehr krank sind, daß einige wahrscheinlich sterben – Menschen, die von jemandem geliebt werden. Ich nehme an, jede dieser Frauen erinnert mich auf ihre Weise an meine Mutter, als sie im Krankenhaus im Sterben lag. Und ich glaube, das ist auch der Grund, warum ich mich freiwillig zu diesem Dienst erboten habe.

Den ganzen Sabbat über mußte ich immer wieder an Mrs. Cohen und ihre Enkelkinder denken. Am Samstagmorgen ging ich zum Krankenhaus, um die Kerzen wieder einzusammeln. Als ich mich Mrs. Cohens Zimmer näherte, sah ich ihre Enkelin vor der Tür auf dem Boden sitzen. Sie blickte auf, als sie mich mit meinem Wagen kommen hörte.

»Bitte, könnten Sie die Kerzen nur noch für ein paar Stunden dalassen?« fragte sie.

Ich war überrascht, und sie begann, mir die Sache zu erklären. Sie erzählte, daß Mrs. Cohen ihr und ihrem Bruder David alles über Religiosität beigebracht hatte, was sie wußte. Ihre Eltern hatten sich scheiden lassen, als sie noch sehr klein waren, und beide Elternteile hatten immer sehr viel und bis spät gearbeitet. Sie und ihr Bruder hatten die meisten Wochenenden bei ihrer Großmutter verbracht.

»Sie hat für uns den Sabbat zu etwas Besonderem gemacht«, erklärte Malka. »Sie putzte und kochte und buk, und das ganze Haus glänzte und duftete und … hatte eine ganz besondere Atmosphäre, die ich einfach nicht erklären kann. Es war, als tauchten wir in eine andere Welt ein. Mein Bruder und ich fanden dort etwas, das es sonst nirgendwo für uns gab. Ich weiß nicht, wie ich Ihnen begreiflich machen kann, was der Sabbat für uns bedeutete – für uns alle, für Großmutter, David und mich –, aber er gönnte uns eine Erholungspause von unserem sonstigen Leben. Er war wundervoll, und für David und mich wurde unsere Religion sehr wichtig! David lebt jetzt in Israel. Er konnte erst für heute einen Flug bekommen. Gegen sechs Uhr soll er ankommen. Wenn Sie also bis dahin die Kerzen hierlassen könnten, werde ich sie gerne danach wegräumen.«

Ich begriff nicht, was die Kerzen mit Davids Ankunft zu tun hatten. Malka erklärte: »Verstehen Sie nicht? Der Sabbat war für meine Großmutter unser Tag des Glücks. Sie würde nicht am Sabbat sterben wollen. Wenn wir sie im Glauben lassen könnten, daß noch immer Sabbat ist, kann sie vielleicht durchhalten, bis David da ist. Nur noch so lange, bis er sich von ihr verabschieden kann.«

Daraufhin hätte mich nichts dazu bringen können, diese Kerzen anzurühren, und ich sagte Malka, daß ich später zurückkommen würde. Und da ich sonst nichts weiter sagen konnte, drückte ich ihr nur die Hand.

Es gibt ab und zu Momente, die einander total fremde Menschen miteinander verbinden können. Dies war ein solcher Augenblick.

Den Rest des Tages kümmerte ich mich um andere Dinge, konnte aber nicht aufhören, an das Drama zu denken, das sich da im Krankenhaus abspielte. Alles, was die alte Dame in ihrem Bett an Kraft noch übrig hatte, wurde darauf verwandt, einfach nur noch am Leben zu bleiben.

Und sie unternahm diese Anstrengung nicht um ihrer selbst willen. Durch ihre Haltung hatte sie mir bereits klar gemacht, daß sie den Tod nicht fürchtete. Sie schien zu wissen und zu akzeptieren, daß ihre Zeit gekommen war, und sie war bereit zu gehen.

Für mich verkörperte Sarah Cohen eine Art von Stärke, von deren Existenz, und eine Art von Liebe, von deren Macht ich zuvor nichts gewußt hatte. Sie brachte den Willen auf, ihr ganzes Sein darauf zu konzentrieren, den Sabbat hindurch am Leben zu bleiben. Sie wollte nicht, daß ihre geliebten Enkel die Schönheit und Freude des Sabbats mit der Traurigkeit ihres Todes in Verbindung brachten. Und vielleicht wollte sie auch, daß diese das Gefühl von Abschluß bekamen, das sich einstellt, wenn man sich von der Person, die das eigene Leben am stärksten beeinflußt hat, verabschieden kann.

Als ich am Sonntagmorgen ins Krankenhaus zurückkehrte, weinte ich, noch bevor ich beim Zimmer angelangt war. Ich sah hinein. Das Bett war leer, und die Kerzen waren ausgeschaltet.

Dann hörte ich hinter mir eine leise Stimme sagen: »Er hat es noch geschafft.«

Ich blickte in Malkas Gesicht, ihre Augen waren trocken. »David kam am Nachmittag hier an. Er spricht jetzt seine Gebete. Er konnte sich von ihr verabschieden, und er hatte auch noch gute Neuigkeiten – er und seine Frau erwarten ein Kind. Wenn es ein Mädchen wird, wird es Sarah heißen.«

Irgendwie war ich nicht überrascht.

Ich wickelte das Elektrokabel um die Kerzen. Sie waren noch warm.

Marsha Arons

Mehr als nur ein Stipendium

> Große Gedanken sprechen nur den nachdenklichen Geist an,
> aber große Taten sprechen die ganze Menschheit an.
>
> *Emily P. Bissell*

Vielleicht haben Sie schon von Osceola McCarty gehört. Sie ist jene achtundachtzig Jahre alte Frau in Mississippi, die über fünfundsiebzig Jahre lang als Wäscherin gearbeitet hat. Nachdem sie sich zur Ruhe gesetzt hatte, ging sie eines Tages zur Bank und entdeckte zu ihrer großen Überraschung, daß ihre mageren monatlichen Ersparnisse auf über 150 000 Dollar angewachsen waren. Sie überlegte nicht lange und spendete zu jedermanns großer Überraschung 150 000 Dollar – fast alles von diesen Ersparnissen – der Universität von Southern Mississippi (USM). Sie gründete einen Stipendienfond für afro-amerikanische Studenten, die sich in finanziellen Nöten befinden. Sie machte nationale Schlagzeilen.

Doch Sie haben nichts davon gehört, wie Osceolas Geschenk mein Leben beeinflußt hat. Ich bin neunzehn Jahre alt und die erste Empfängerin eines Osceola-McCarty-Stipendiums.

Ich war eine eifrige Schülerin und hatte mir fest vorgenommen, auf die USM zu gehen. Aber ich verfehlte bei den Aufnahmeprüfungen die für ein normales Stipendium nötige Qualifizierung um einen Punkt und mußte daher einen anderen Weg finden.

Eines Sonntags las ich in der Zeitung die Geschichte von

Osceola McCarty und ihrem Geschenk. Ich zeigte den Artikel meiner Mutter, und wir waren uns beide einig, daß sie etwas ganz Großartiges getan hatte.

Am nächsten Tag ging ich zum Universitätsbüro für finanzielle Unterstützung, wo man mir sagte, daß für mich immer noch kein Geld verfügbar sei, man mich aber anrufen würde, wenn sich etwas ergäbe. Ein paar Tage später war ich bereits an der Tür, um mit meiner Mutter, die auf dem Weg zur Arbeit war, mitzufahren, als das Telefon klingelte. Ich kehrte um und nahm den Hörer ab, und während meine Mutter schon ungeduldig hupte, erzählte man mir, daß ich als erste Stipendiatin des Osceola-McCarty-Stipendiums ausgewählt worden sei. Ich war selig! Ich rannte hinaus, um es meiner Mutter zu erzählen, die selbst noch einmal beim Büro anrufen mußte, um sich zu vergewissern, daß es auch wirklich wahr war.

Ich begegnete Osceola zum erstenmal bei einer Pressekonferenz – und es war, als ob man ein Familienmitglied träfe. Osceola hatte nie geheiratet und auch keine Kinder, und so wurde meine Familie zu ihrer Familie. Meine Großmutter und sie telefonieren regelmäßig, sie gehen gemeinsam einkaufen, und sie verbringt viel Zeit mit uns.

Einmal kamen wir auf Eiscreme zu sprechen. Es stellte sich heraus, daß Osceola in dieser Hinsicht nicht viel Erfahrung hatte. Also setzten wir uns alle ins Auto und fuhren zum *Dairy Queen,* wo wir ihr ihren ersten Banana Split bestellten! Inzwischen ißt sie eine Menge Eiscreme.

Osceola hat ihr ganzes Leben lang hart gearbeitet – vom frühen Morgen bis zum Sonnenuntergang – indem sie Wäsche mit der Hand gewaschen hat. Als ich noch zur Schule ging, fuhr ich jeden Tag an ihrem Haus vorbei. Natürlich wußte ich damals noch nicht, daß sie dort wohnte, aber mir fiel auf, wie gepflegt der Rasen und sauber und ordentlich alles war. Neulich fragte ich sie einmal, warum ich sie in dieser Zeit nicht ein einziges Mal gesehen hatte, und sie erwiderte: »Ich nehme an, ich war hinterm Haus und habe die Wäsche gewaschen.«

Jetzt, wo sich Osceola zur Ruhe gesetzt hat, sitzt sie meist da und liest die Bibel. Das heißt, wenn sie nicht gerade unterwegs ist, um einen Preis in Empfang zu nehmen! Jedesmal, wenn ich sie besuche, steht da ein neuer Preis. Sie ist sogar im Weißen Haus gewesen. Sie ist so glücklich und stolz, aber überhaupt nicht eingebildet. Wir mußten sie dazu überreden, sich einen Videorecorder zu besorgen, damit sie die Programme aufnehmen und sich selbst im Fernsehen betrachten kann – sie sitzt einfach da und lächelt.

Osceola gab mir sehr viel mehr als ein Stipendium. Sie hat mich über die Gabe des Gebens belehrt. Jetzt weiß ich, daß es gute Menschen auf der Welt gibt, die gute Dinge tun. Sie arbeitete ihr ganzes Leben, gab anderen und hat mich dazu inspiriert, zurückzugeben, wenn ich das kann. Ich habe vor, einmal ihren Stipendienfond aufzustocken.

Ich möchte Osceola die Familie geben, die sie sich immer wünschte, und so habe ich sie als weitere Großmama adoptiert. Sie nennt mich sogar ihre Enkelin. Und wenn ich mit meinem Studium an der USM fertig bin, wird sie bei der Abschlußfeier im Publikum sitzen, zwischen meiner Mutter und Großmutter – genau da, wo sie hingehört.

Stephanie Bullock

Es könnte nicht schaden

Beiläufige Akte der Freundlichkeit – puh!
Es könnte nicht schaden.

Ich sage meinem Mann, daß ich ihn liebe.
Es konnte nicht schaden.

Ich legte in die Pausenbrotschachtel meines Sohnes einen Zettel, auf dem stand, daß er etwas ganz Besonderes sei.
Es konnte nicht schaden.

Ich öffnete einer Dame im Rollstuhl die Tür.	Es konnte nicht schaden.
Ich hinterließ für den Postboten eine Schachtel mit Keksen.	Es konnte nicht schaden.
Ich ließ jemanden in der Schlange an der Kasse vor.	Es konnte nicht schaden.
Ich rief meinen Bruder an und sagte ihm, daß er mir fehlt.	Ich fehle ihm auch!
Ich schickte dem Bürgermeister einen kurzen anerkennenden Brief für seine gute Arbeit.	Es konnte nicht schaden.
Ich brachte Blumen ins Pflegeheim.	Es konnte nicht schaden.
Ich kochte etwas Suppe für eine kranke Freundin.	Es konnte nicht schaden.
Ich spielte *Candy Land* mit meiner Tochter.	Es machte Spaß!
Ich dankte dem Menschen, der meine Lebenmittel in Tüten packte.	Er strahlte.
Ich gab meiner Assistentin einen bezahlten Tag frei.	Es tat nur ein bißchen weh.
Ich spielte Ball mit meinem Hund.	Es war ein gutes Gefühl.
Ich lud eine Frau, die keinen Führerschein hatte, zum Essen und dann ins Kino ein.	Es bereitete mir Vergnügen.

Ich ließ mir eine Massage geben.	Es war wunderbar.
Beiläufige Akte der Freundlichkeit – hmmm, vielleicht lebe ich einfach das ganze Jahr so.	Es könnte nicht schaden.

Sandy Ezrine

Ein Gutenachtkuß

Wenn ich am späten Nachmittag meinen Dienst als Nachtschwester antrat, ging ich erst einmal durch die Flure des Pflegeheims und blieb an jeder Tür stehen, um ein bißchen zu schwatzen und nach dem Rechten zu sehen. Oft sah ich dann Kate und Chris mit ihren großen Fotoalben auf dem Schoß dasitzen, sich die Fotos ansehen und Erinnerungen austauschen. Kate zeigte mir stolz die Bilder aus vergangenen Tagen: Chris, groß, blond und gut aussehend; Kate, hübsch, dunkelhaarig und lachend. Zwei junge lächelnde Liebende im Wandel der Zeiten. Sie sahen reizend aus, wie sie da beisammensaßen, während durch das Fenster das Licht auf ihre weißen Häupter und faltigen Gesichter fiel, und wie sie in den Erinnerungen schwelgten, die sie über die Jahre hinweg in den Alben eingefangen und für immer festgehalten hatten.

»Wie wenig die Jungen doch von der Liebe wissen«, dachte ich dann. Wie töricht zu meinen, daß sie ein Monopol auf dieses kostbare Gut hätten. Die Alten wissen, was es heißt, wahrhaftig zu lieben; die Jungen können es nur erahnen.

Wenn das Pflegepersonal beim Abendessen saß, wanderten Kate und Chris manchmal Hand in Hand langsam an den Türen zum Eßraum vorbei. Dann unterhielten wir uns oft über die Liebe und Treue dieses Paares und machten uns Gedanken, was passieren würde, wenn einer von beiden starb. Wir wußten alle, daß Chris der Starke und Kate von ihm abhängig war.

»Wie würde Kate zurechtkommen, wenn Chris als erster stirbt?« fragten wir uns oft.

Die Zubettgehzeit folgte einem Ritual. Wenn ich die Medikamente für die Nacht brachte, erwartete mich Kate schon in Nachthemd und Hausschuhen in ihrem Sessel. Unter Chris' wachsamem Auge nahm sie ihre Pille ein. Dann half er ihr ganz vorsichtig hoch, geleitete sie zum Bett und packte ihren gebrechlichen Körper in die Bettdecke ein.

Wenn ich ihn bei seinem liebevollen Tun beobachtete, dachte ich zum tausendstenmal: »Mein Gott, warum haben Pflegeheime keine Doppelbetten für Ehepaare?« Ihr ganzes Leben lang haben sie in einem Bett geschlafen, aber im Pflegeheim müssen sie die Nacht in getrennten Betten verbringen.

»Wie idiotisch diese Vorschriften sind«, dachte ich, während ich zusah, wie Chris das Licht über Kates Bett ausknipste. Dann beugte er sich zärtlich hinunter, und sie küßten sich sanft. Chris tätschelte ihre Wange, und beide lächelten. Er zog das Gitter an ihrem Bett hoch, und erst danach wandte er sich um und nahm seine eigene Pille in Empfang. Beim Verlassen des Raums hörte ich Chris sagen: »Gute Nacht, Kate«, und sie erwiderte: »Gute Nacht, Chris.«

Ich hatte zwei Tage dienstfrei gehabt. Als ich zurückkam, hörte ich schon beim Eingang als erstes die Neuigkeit: »Chris ist gestern früh gestorben.«

»Wie?«

»Ein schwerer Herzanfall. Es ging ganz schnell.«

»Wie geht es Kate?«

»Schlecht.«

Ich suchte Kate auf. Sie saß unbeweglich, die Hände in den Schoß gelegt, in ihrem Sessel und starrte vor sich hin. Ich nahm ihre Hände und sagte: »Kate, hier ist Phyllis.«

Ihre Augen blieben regungslos; sie starrte nur weiter vor sich hin. Ich schob meine Hand sacht unter ihr Kinn und drehte ihren Kopf zu mir her, so daß sie mich ansehen mußte.

»Kate, ich habe gerade das von Chris gehört. Es tut mir so leid.«

Der Name »Chris« brachte wieder Leben in ihre Augen. Sie starrte mich verwirrt an, so als fragte sie sich, wo ich so plötzlich hergekommen war. »Kate, ich bin's, Phyllis. Es tut mir so leid wegen Chris.«

Erkennen und Erinnerung durchfluteten ihr Gesicht. Tränen traten ihr in die Augen und rollten über ihre faltigen Wangen. »Chris ist gegangen«, flüsterte sie.

»Ich weiß«, sagte ich. »Ich weiß.«

Wir verwöhnten Kate eine Weile, ließen sie in ihrem Zimmer essen und widmeten ihr besondere Aufmerksamkeit. Dann gewöhnte das Pflegepersonal sie langsam wieder an die alte Routine. Wenn ich an ihrem Zimmer vorbeikam, sah ich Kate oft in ihrem Sessel sitzen, ein Album auf dem Schoß und traurig Bilder von Chris betrachten.

Die Zubettgehzeit waren die schlimmsten Momente ihres Tages. Obwohl man ihr erlaubt hatte, von ihrem Bett in Chris' Bett überzuwechseln, und obwohl die Pflegerinnen mit ihr schwatzten und lachten, während sie sie zu Bett brachten, blieb sie doch still und traurig in sich gekehrt. Wenn ich eine Stunde später in ihr Zimmer trat, um nachzusehen, ob alles in Ordnung war, fand ich sie hellwach an die Decke starren.

Die Wochen verstrichen, und nichts besserte sich, was die Schlafenszeit anging. Kate schien so ruhelos, so verunsichert. »Warum?« fragte ich mich. »Warum zu dieser Zeit mehr als sonst am Tag?«

Als ich dann eines Nachts in ihr Zimmer trat, nur um sie wieder einmal hellwach vorzufinden, fragte ich sie spontan: »Kate, könnte es sein, daß Sie Ihren Gutenachtkuß vermissen?« Ich beugte mich hinunter und küßte ihre faltige Wange.

Es war, als hätte ich die Schleusen eines Damms geöffnet. Tränen strömten ihr über das Gesicht; ihre Hände umklammerten die meinen. »Chris hat mir immer einen Gutenachtkuß gegeben«, schluchzte sie.

»Ich weiß«, flüsterte ich.

»Er fehlt mir so, all diese Jahre hat er mir einen Kuß vor dem Einschlafen gegeben.« Sie hielt inne, während ich ihr die Tränen abwischte. »Ich scheine ohne seinen Kuß einfach nicht einschlafen zu können.«

Sie sah mich mit tiefer Dankbarkeit in den Augen an. »O danke, daß Sie mir einen Kuß gegeben haben.«

Der Anflug eines Lächelns zuckte um ihre Mundwinkel. »Wissen Sie«, gestand sie mir im Vertrauen. »Chris hat mir auch immer ein Lied vorgesungen.«

»Tatsächlich?«

»Ja«, nickte sie, »und jetzt liege ich nachts da und denke daran.«

»Wie geht das Lied?«

Kate lächelte, hielt meine Hand und räusperte sich. Dann hob sie mit vom Alter leise gewordener, aber noch immer melodischer Stimme zu singen an:

So kiss me, my sweet, and so let us part.
And when I grow too old to dream,
that kiss will live in my heart.

(So küß mich, Liebste, und so laß uns auseinandergehen.
Und bin ich dann zu alt zum Träumen,
wird dieser Kuß in meinem Herzen lebendig sein.)

Phyllis Volkens, veröffentlicht von Jane Hanna

Anmerkung der Herausgeber: Phyllis Volkens, die Autorin dieser Geschichte, starb zwei Tage, nachdem wir sie ausfindig gemacht hatten, um von ihr die Abdruckgenehmigung für ihre Geschichte zu erhalten (siehe Einleitung).

»When I Grow Too Old to Dream«, Text von Oscar Hammerstein II, Musik von Sigmund Romberg.

Geschenke

Ich halte eine gebundene Ausgabe von Jules Vernes »Klassische Science Fiction Geschichten« in meinen Händen, das aufgerissene Verpackungsmaterial liegt zu meinen Füßen verstreut. Die in das Buch geschriebene Widmung lautet: »Für Matt in Liebe von Großpapa Loren, San Francisco.« Warum schickte mein fünfundsiebzigjähriger Vater meinem neun Jahre alten Sohn ein Buch über fünfhundert Seiten? Die Unangemessenheit irritiert mich – ein eilig gekauftes Geschenk, mit zu wenig Aufmerksamkeit verbunden. Aber vielleicht ist es nicht fair von mir, von meinem Vater zu erwarten, daß er weiß, was ein neunjähriger Junge gerne hätte. Dann erinnere ich mich an unseren Besuch in San Francisco im letzten Frühling, als Dad Matts Hand ergreifend der Straßenbahn nachjagte und sie noch aufsprangen. Später hob er einen Nickel von der Straße auf.

»Matt schau! Wenn du eine Münze auf die Schiene legst – schneidet sie die Straßenbahn fast durch!« Ich sehe die beiden noch heute mit gebeugten Köpfen und bewunderndem Blick dort stehen.

Ein bißchen verärgert starre ich aus dem Fenster, wo ich Hondo, den großen Labrador, auf der Veranda schlafen sehe. Wir haben ihn zu uns genommen, als er acht Wochen alt war. Sein Kopf glänzt schwarz, doch um die Schnauze herum ist er grau, und die Lider seiner braunen Augen sacken nach unten. Er tapst mit gespreizten Beinen dahin, und auch an den Pfoten sprießen graue Haare. Ich denke an den Bart meines Vaters und wie ich die grauen Strähnen darin immer breiter werden sah, bis er schließlich ganz grau war.

Freckles, die Colliehündin, schläft neben Hondo, während die Brise sacht durch ihre Fellspitzen fährt. Ihr scheckiges Welpenfell ist weitgehend verblichen. Ich denke an den letzten Sommer zurück.

Vierzehn Jahre bedeuten für einen Hund ein ganzes Leben. Hondos Mond nahm es, und er wurde mit jedem Sonnenuntergang schwächer. Die Zeit für einen zweiten Hund war gekommen, aber wir hatten Schuldgefühle, als wir Freckles nach Hause auf die Ranch brachten. Als sie aus dem Truck hüpfte und mit zitternden Beinen dastand, benahm sich Hondo wie ein perfekter Gentleman. Er beschnüffelte sie, und sie duckte sich. Sie winselte, und er leckte. Schwanzgewedel, und eine Freundschaft war geboren.

Unten beim Stall beobachtete Freckles Hondo, einen freundlichen Lehrmeister, der geduldig dasaß, während wir die Pferde sattelten. Auch Freckles setzte sich. Die Katzen rieben sich an Hondos Beinen, und Freckles lernte, die Katzen nicht zu jagen. Wir ritten aus, um nach den Jungkühen zu sehen, und Hondo trottete getreulich hinterher. Freckles lernte, daß es nicht in Ordnung war, eine Kuh oder ein Reh zu belästigen. Freckles wuchs heran, ihr Körper wurde hoch und schmal, und Hondos Schritte wurden wieder lebhafter und munterer. Die Jahre fielen von ihm ab. Wir warfen wieder Stöckchen für ihn, und er holte sie, bis er keuchte und völlig ermattet war. Freckles fand nie Freude an diesem Spiel, aber sie spornte Hondo an. Ihm wurde eine kurze Gnadenfrist, ein zweiter Atem geschenkt.

Dann forderten ein heißer Sommertag und zu viele Meilen Wanderung auf staubigen Kuhpfaden ihren Preis. Hondo brach im Korral zusammen. Sanftes Zureden und Streicheln brachten ihn wieder zu sich. Matt und Freckles sahen zu, wie er mühsam auf die Beine kam und den Staub aus seinem Fell schüttelte. Er trank reichlich Wasser aus dem Eimer vor dem Haus, bevor er die Stufen zur Veranda erklomm und seinen Posten nahe der Tür einnahm. Als wir das nächste Mal die Pferde sattelten und zu den Weiden ritten, sperrten wir ihn auf dem Pferdeanhänger ein. Er lugte durch die Holzlatten, zutiefst verletzt und ohne irgend etwas begreifen zu können.

»Es ist in Ordnung, alter Junge« sagte ich, »wir kommen zurück.« Aber er war taub geworden und konnte mich nicht hören.

Danach nahmen wir ihn bei unseren Ausritten wieder mit. Doch sein Mond wird zur Neige gehen, ganz gleich wie sehr wir ihn beschützen.

Ich lege den schweren Jules-Verne-Band auf den Tisch und hebe das Verpackungsmaterial vom Boden auf. Draußen fährt ein Wagen auf der Schotterstraße vorbei. Freckles hört ihn und steht auf, die Ohren gespitzt und nach vorn gestellt. Hondo schläft. Dann bellt Freckles, ein rascher hoher Laut, ganz anders als das tiefe aus der Brust kommende warnende Gebell, das unser Haus vierzehn Jahre lang bewacht hat. Es ist nicht das Wagengeräusch, das Hondo schließlich aufwachen läßt; der hohe Bellton durchdringt seine zunehmende Taubheit, und er hebt den Kopf, um sich umzusehen. Er sieht Freckles selbstsicher und bereit Wache halten. Mit einem tiefen Seufzer der Resignation legt er den Kopf auf seine Pfoten und schließt die Augen.

Ich möchte hinausgehen, Hondos Kopf sacht in meine Hände nehmen, in seine braunen Augen blicken, sanft zu ihm sprechen und ihn mit seinem Herzen jene Dinge fühlen lassen, die er mich nicht länger sagen hören kann. Ich möchte, daß er noch ein bißchen länger an meiner Welt festhält.

Statt dessen nehme ich das Buch wieder zur Hand und lese die Widmung nochmals durch. »Für Matt in Liebe von Großpapa Loren.« Plötzlich macht das Geschenk Sinn. Vierzehn Jahre trennen Hondo und Freckles voneinander. Sechsundfünfzig Jahre und eintausendfünfhundert Kilometer trennen meinen Vater von seinem Enkel. Er hat nur noch ein paar Jahre vor sich, in denen er Geschenke machen kann. Auch er zählt die Sonnenuntergänge, beobachtet, wie sein Mond zur Neige geht. Die Zeit erlaubt ihm nicht den Luxus, nur altersgemäße Geschenke zu schicken. Wenn Matt in zehn Jahren dieses Buch öffnet und bereit ist, sich auf eine Tauchfahrt 20 000 Meilen unter dem Meer zu begeben, werden es die Worte seines Großvaters sein, die ihn begleiten und ihm eine gute Reise wünschen.

Ich lege das Buch behutsam auf den Tisch zurück, öffne die Tür und gehe auf die Veranda hinaus. Hondos Fell glänzt im Sonnenschein. Er spürt die Schwingungen meiner Schritte, und sein Schwanz wedelt langsam hin und her.

Page Lambert

1716 Briefe

Am 15. November 1942 sagte ich freudig: »Ich will« zu meinem fabelhaft aussehenden Bräutigam, der stolz seine adrette Armeeuniform der Vereinigten Staaten trug. Nur acht Monate später wurde er zum Dienst im Zweiten Weltkrieg eingezogen und mußte sich auf unbestimmte Zeit zu einem unbekannten Ziel im Pazifik aufmachen.

Als mein junger Ehemann abreiste, gaben wir uns das Versprechen, uns jeden Tag, den wir voneinander getrennt waren, zu schreiben. Wir beschlossen, jeden Brief zu numerieren, damit wir wußten, ob irgendein Brief verlorengegangen war. Beim täglichen Schreiben merkten wir, daß es oftmals nicht viel mehr zu sagen gab als »Ich liebe dich«. Aber jeder einzelne Brief enthielt diese Worte.

Mein Mann, ein Armeezahnarzt, war während des Krieges stets an der Front. Doch ob er sich nun mitten im Gefechtsgebiet auf den Aleuten, Okinawa oder den Philippinen befand, er nahm sich jeden Tag die Zeit, mir zu schreiben. Gelegentlich fand er sogar noch Zeit für mehr. Wenn er ein paar Augenblicke übrig hatte, bastelte er aus jeglichem einheimischen Material, das er finden konnte, Schmuck oder andere Kleinigkeiten für mich.

Während einer der Kampfpausen auf den Philippinen schnitzte er für mich einen wunderschönen Brieföffner aus Mahagoni, auf dessen einer Seite des Griffs sorgsam mein Name *Louise* eingraviert war, und auf der anderen *Philippinen 1944* stand. Er schrieb mir, daß der Brieföffner mir helfen solle, die täglichen Briefe von ihm zu öffnen. Jetzt, über fünfzig Jahre später, liegt er immer noch auf meinem Schreibtisch und wird zum Öffnen der täglichen Post benützt, obschon keiner der Briefe, die ich heute erhalte, so wichtig ist wie jene, die ich während des Krieges von meinem Mann erhielt.

Es gab Tage und Wochen, in denen ich keine Post bekam. Natürlich war ich dann in großer Sorge um das Wohlergehen meines Mannes – es waren schon viele aus seiner Truppeneinheit ums Leben gekommen. Doch der Postdienst holte immer wieder auf, und dann kam eine ganze Ladung von Briefen auf einmal. Ich sortierte sie jeweils nach ihrer Numerierung, um sie in chronologischer Reihenfolge lesen und jeden einzelnen auskosten zu können. Leider wurden die Briefe von der Armee zensiert, und ich mußte mir dann vorstellen, was wohl in den geschwärzten Zeilen geschrieben stehen mochte.

In einem der Briefe, die mir mein Mann schickte, als er auf Hawaii stationiert war, bat er mich um meine Körpermaße, damit er mir von den berühmten chinesischen Schneidern auf der Insel ein paar Hausanzüge anfertigen lassen konnte. Ich sandte ihm meine Maße, neunzig-sechzig-neunzig (ach ja, das waren noch die guten alten Tage), aber als er diesen Brief ausgehändigt bekam, hatten die Armeezensoren die Ziffern geschwärzt, weil sie dachten, es handle sich um einen Geheimcode. Irgendwie paßten die Hausanzüge trotzdem.

November 1945 war der Krieg vorbei, und mein Mann wurde endlich nach Hause geschickt. Wir hatten uns seit seiner Abreise vor zwei Jahren und vier Monaten nicht mehr gesehen und während der ganzen Zeit nur ein einziges Mal am Telefon gesprochen. Aber da wir uns an unser Versprechen, uns täglich zu schreiben, gehalten hatten, hatte jeder von uns an den anderen achthundertsechsundfünfzig Briefe geschrieben – insgesamt eintausendsiebenhundertsechzehn Briefe, die uns beide durch den Krieg geholfen haben.

Als mein Mann zurückkehrte, konnten wir uns glücklich schätzen, angesichts der großen Wohnungsknappheit in San Francisco, ein winziges Apartment zu ergattern. In diesem Miniquartier war kaum Platz für uns beide, und so mußten wir zu unserem Bedauern alle unsere Briefe wegwerfen. Da wir das Glück hatten, in all den Jahren seit Kriegsende nie länger als jeweils ein oder zwei Tage voneinander getrennt zu sein, gab es wenig Gelegenheit, sich wieder Briefe zu schreiben.

Doch in all diesen Jahren hat mein Mann nie aufgehört, mir und unseren Kindern und Enkeln die Treue und innige Liebe zu bezeugen, die er mir in jenen frühen Tagen zeigte. Wir haben gerade unser dreiundfünfzigstes Jahr einer glücklichen Ehe gefeiert, und während die Briefe aus jenen ersten Ehejahren nicht mehr existieren, wird doch die Liebe in ihnen für immer in unsere Herzen eingeprägt sein.

Louise Shimoff

Marthas geheimes Kräutlein

Sie ließ Ben keine Ruhe – die kleine Blechdose auf dem Regal über Marthas Herd. Wann immer er in die Küche kam, mußte er an sie denken. Sie wäre ihm vielleicht gar nicht so sehr aufgefallen oder hätte ihn nicht so stark beschäftigt, wenn Martha ihm nicht wiederholte Male eingeschärft hätte, sie nie anzurühren. Der Grund dafür, so sagte sie, sei der, daß sie ein »geheimes Kräutlein« enthielte, das sie von ihrer Mutter geerbt habe. Und da es unersetzlich sei, habe sie Sorge, daß Ben oder irgend jemand anders die Dose herunternehmen, hineinschauen, sie aus Versehen fallen lassen und ihren kostbaren Inhalt verschütten könnte.

An der Dose selbst gab es nicht viel zu sehen. Sie war schon so alt, daß ihr ursprüngliches, in Rot und Gold gehaltenes Blumenmuster verblichen war. Man konnte genau erkennen, wo sie, wenn sie heruntergehoben und ihr festsitzender Deckel abgenommen wurde, immer und immer wieder angefaßt worden war.

Nicht nur Martha hatte sie an dieser Stelle gepackt, sondern auch ihre Mutter und ihre Großmutter. Martha war sich nicht ganz sicher, meinte aber, daß vielleicht ihre Urgroßmutter schon diese Dose und ihr »geheimes Kräutlein« verwendet habe.

Ben wußte nur, daß kurz nach seiner Hochzeit mit Martha ihre Mutter diese Dose gebracht und Martha ermahnt hatte, denselben liebevollen Gebrauch von ihrem Inhalt zu machen, wie sie es selbst getan hatte.

Und daran hielt Martha sich getreulich. Ben sah sie nie eine Mahlzeit kochen, ohne daß sie die Dose herunternahm und ein ganz klein wenig von dem »geheimen Kräutlein« hineintat. Selbst wenn sie einen Kuchen, eine Pastete oder Kekse buk, sah er sie etwas davon darüberstreuen, bevor sie sie in den Herd schob.

Was immer sich auch in der Dose befinden mochte, es funktionierte, denn Ben hatte das Gefühl, daß Martha die beste Köchin der Welt war. Und nicht nur er dachte so – jeder, der bei ihnen zu Hause einmal gegessen hatte, pries Marthas Kochkünste in den höchsten Tönen.

Aber warum durfte Ben diese kleine Dose nicht anrühren? Hatte sie wirklich Angst, er könnte ihren Inhalt verschütten? Und wie sah dieses »geheime Kräutlein« aus? Es war so fein gemahlen, daß Ben es nie so recht erkennen konnte, wenn Martha es beim Kochen über das Essen streute. Offensichtlich durfte sie nur ganz wenig davon verbrauchen, denn die Dose konnte ja nicht wieder nachgefüllt werden.

Irgendwie hatte Martha es geschafft, in ihren bisher dreißig Ehejahren damit auszukommen, und das stets mit Resultaten, die einem den Mund wäßrig machten.

Die Versuchung in Ben, nur einmal in die Dose zu blicken, wurde immer größer, aber letztlich brachte er es doch nie über sich.

Dann wurde Martha eines Tages krank. Ben brachte sie ins Krankenhaus, wo man sie über Nacht dabehielt. Als er nach Hause zurückkehrte, fühlte er sich außerordentlich einsam in dem leeren Haus. Martha war noch nie zuvor über Nacht weggeblieben.

Und als die Abendessenszeit näher rückte, fragte er sich, was er tun sollte. Martha hatte so gerne gekocht, daß er sich selbst nie damit abgegeben hatte, viel über die Zubereitung von Mahlzeiten zu lernen.

Als er in die Küche ging, um zu sehen, was der Kühlschrank zu bieten hatte, fiel sein Blick sofort auf die Dose auf dem Regal. Sie zog ihn geradezu magisch an – rasch wandte er den Blick ab, doch die Neugier lenkte ihn zurück.

Und diese Neugier nagte an ihm.

Was enthielt diese Dose? Warum durfte er sie nicht anrühren? Wie sah dieses »geheime Kräutlein« aus? Wieviel war noch davon übrig?

Ben sah wieder weg und hob den Deckel von einer großen Kuchenform auf der Küchenanrichte. Ahhh... mehr als die Hälfte von einem dieser großartigen Kuchen Marthas war noch übrig. Er schnitt ein großes Stück ab, ließ sich am Küchentisch nieder und hatte noch kaum einen Bissen zu sich genommen, als sein Blick wieder zur Dose wanderte. Würde es etwas schaden, wenn er hineinsah? Waum machte Martha überhaupt so ein Geheimnis um diese Dose?

Ben nahm einen weiteren Bissen zu sich und rang mit sich – sollte er oder sollte er nicht? Fünf weitere große Bissen dachte er darüber nach und starrte dabei auf die Dose. Schließlich konnte er nicht länger widerstehen.

Er durchquerte mit langsamen Schritten die Küche und nahm ganz ganz vorsichtig die Dose vom Regal, damit er nicht, o Schrecken aller Schrecken, den Inhalt verschüttete, während er einen Blick hinein riskierte.

Er stellte sie auf die Anrichte und hob achtsam den Deckel ab. Er hatte fast Angst hineinzusehen! Als der Inhalt der Dose gänzlich sichtbar wurde, weiteten sich seine Augen – die Dose war leer... bis auf einen kleinen gefalteten Zettel, der auf dem Dosenboden lag.

Ben fischte ihn mit seinen großen derben Händen mühsam

heraus. Er hielt ihn vorsichtig an einer Ecke hoch und entfaltete ihn langsam unter dem Licht der Küchenlampe.

Es war ein kurzer Satz darauf geschrieben. Ben erkannte sogleich die Handschrift von Marthas Mutter. Da stand ganz einfach: »Martha – füg allem, was du machst, eine Prise Liebe hinzu.«

Ben schluckte, legte den Zettel wieder in die Dose und machte sich still daran, seinen Kuchen aufzuessen. Jetzt verstand er vollkommen, warum er so gut schmeckte.

Dot Abraham
aus: »Reminisce Magazine«

2

Einstellung und Selbstwertgefühl

Wir können nicht wählen,
wie und wann wir sterben. Wir können
nur darüber entscheiden,
wie wir leben wollen.

Joan Baez

Zu Hause ist da, wo das Herz ist

Nichts hat mich je so schwer getroffen wie die Fahrt im Gefolge der Ambulanz, die meine liebe Freundin Alice ins Pflegeheim brachte, wo sie von nun an leben sollte. Während Blitze über den dunklen, regnerischen Himmel jenes Aprilmorgens zuckten, sah ich den Zettel vor mir, den Alice in ihrem Krankenhauszimmer hinterlassen hatte. *Laß nicht zu, daß sie mich an diesen Ort bringen!*, stand da gekritzelt.

Aber Alice hatte den ihr zugestandenen Krankenhausaufenthalt überzogen, und ich konnte nichts tun, um ihre Verlegung zu verhindern. Sie konnte nicht mehr eigenständig atmen und war an einen komplizierten Beatmungsapparat angeschlossen, der rund um die Uhr überwacht werden mußte. Mir waren die Hände gebunden, so wie Alices Hände in der Nacht, um sie daran zu hindern, daß sie im verwirrten Zustand ihre Schläuche herauszog.

Seit meiner Kindheit war Alice meine Nachbarin gewesen. Sie hatte allein gelebt und mich in ihr großzügiges Herz geschlossen, in ihrem wunderschönen roten Backsteinhaus war ich stets willkommen. Herzliche Gastfreundschaft war ein Teil ihres Wesens. Sie war Kunstlehrerin und hatte zu jeder Zeit eine Menge kreativer Projekte laufen. Ich liebte ihre altmodische Wohnungseinrichtung, die Bücherstapel und den heimeligen Wirrwarr von »Zeug« – ihre in Arbeit befindlichen Werke, bei denen sie »aus nichts etwas machte«: Schmuck und kleine Geschenke für Freunde, die zufällig vorbeikamen.

Das Pflegeheim brodelte vor Aktivität, verfügte über die neuesten Technologien und sogar über einen gemütlichen Salon, eine Küche und ein Eßzimmer. Aber es war eben nicht zu Hause. Alices schlimmste Ängste waren Wirklichkeit geworden. An dem Morgen, an dem sie eingeliefert wurde, schüttelte sie verzweifelt den Kopf über die Heimbewohner in Rollstühlen, die in den Gängen aufgereiht standen wie Autos vor einer roten Ampel, die nie auf Grün schaltete. Über Nacht hatte sich ihr Leben auf ein Bett und einen Körper reduziert, dessen leerer Blick verkündete: »Niemand mehr zu Hause.«

Es wurde ein erstaunlich erfolgreiches Rehabilitationsprogramm für sie zusammengestellt, und während die Monate vergingen, klammerten wir uns an einen winzigen Hoffnungsschimmer, daß sie eines Tages doch wieder in ihr geliebtes Zuhause zurückkehren können würde. Doch sie erlebte einige Rückschläge, und ihre finanziellen Mittel gingen zur Neige. Alles, wofür sie hart gearbeitet hatte, mußte jetzt zu Geld gemacht werden, um ihre Pflege zu bezahlen. Und eines schrecklichen Tages stellte der Immobilienmakler das Schild VERKAUFT in ihrem Vorgarten auf. In Nullkommanichts durchwühlte eine endlose Parade von Schnäppchenjägern ihr »Zeug« und trug die ihr so lieben und vertrauten Schätze davon.

Es war, als sähe man einer Beerdigungsprozession zu. »Das sollte eigentlich erst passieren, wenn man tot ist, und nicht jemandem zustoßen, der noch lebt und von der Rückkehr nach Hause träumt«, dachte ich gequält. Ich bedauerte nicht nur Alices Verlust, sondern auch den meinen. Nie wieder würde ich die Wärme der Gastfreundschaft in ihrem Haus spüren.

Wochenlang konnte ich mich nicht dazu aufraffen, sie zu besuchen. Der Kummer beschlich mich in den merkwürdigsten Augenblicken und war mein ständiger Begleiter bei meiner Arbeit als Wohnungsdekorateurin für Fotoaufnahmen für Lifestylemagazine. Dann schaute ich eines Abends, nachdem wir Fotoaufnahmen in einem reizenden viktorianischen Landhaus in der Nähe ihres Pflegeheims gemacht hatten, doch bei ihr vorbei. Sie schlummerte, und in der zunehmenden Dunkelheit vermittelten die Gitter an ihrem Bett den Eindruck einer Gefängniszelle. Ihr ganzer weltlicher Besitz lag auf ihrem Bett aufgehäuft – ihre Tasche, eine Schachtel mit Tempotaschentüchern, teilweise vollendete Skizzen, Papier und Schreibzeug. Mein Blick fiel auf eine Rolle mit Adreßaufklebern. Auf ihnen stand die Adresse des Pflegeheims – nicht die ihres Hauses, das wir beide so liebten. Ich kämpfte angesichts dieser Endgültigkeit mit den Tränen. Das hier würde schlicht und einfach Alices ständige Adresse sein, bis dann der Himmel ihr nächster Aufenthaltsort wurde. »Lieber Gott«, betete ich, »hilf uns beiden… irgendwie.«

Ich berührte Alices Schulter, um sie zu wecken, und knipste die Lampe über ihrem schmalen Bett an. Ihr dauergewelltes graues Haar umrahmte sanft das faltige Gesicht. »Ich bin's – Roberta«, flüsterte ich, um eine fröhliche Stimme bemüht.

Ein Lächeln huschte über Alices Gesicht und erhellte die Dunkelheit. Es wirkte seltsam vielversprechend. »Laß mein Gitter runter, Liebes«, bat sie mich. Sie zog ihre Beine etwas zurück, um mir Platz zu machen, und strich die genoppte rosafarbene Tagesdecke an einer Stelle glatt, damit ich mich auf den Bettrand niederlassen konnte. Ich quetschte mich neben ihre offene Bibel und ihr Erbauungsbuch, die am Fußende ihres Bettes lagen. »Hab' dir etwas von meinem Mittagessen aufbewahrt«, sagte sie und holte aus der Schublade ihres Nachtkästchens zwei Vanillewaffeln, die in einer braunen Papierhülle steckten.

»Alice, die habe ich am liebsten«, rief ich überrascht. »Du hast dich daran erinnert.«

»Schau mal hinter den Vorhang. Ich habe bei unserer Party ein kleines Dings für dich gewonnen.« In einer farbenfroh eingewickelten Schachtel, die einmal medizinische Handschuhe enthalten hatte, befand sich ein hübscher Topf mit einem Blütenpotpourri. Alice rührte darin herum, um den würzigen Duft zu verstärken. »Zimt«, erklärte sie. »Deine Küche wird köstlich riechen.«

Am Nachmittag hatte ich erlesenen Kaffee geschlürft und feines Gebäck geknabbert, und das an einer Tafel, die mit altem Lin-

Abdruck mit Genehmigung von Bill Keane

nen und Spitze, fein geschliffenem Kristall und zartem Porzellan gedeckt war. Perfekt für die Fotos hergerichtet, die in ein paar Monaten die Seiten eines Lifestyle-Hochglanzmagazins zieren würden. Aber das reichte nicht im entferntesten an Alices liebevolle Gesten heran, an ihr selbstverständliches Teilen von allem, was sie hatte. Und mit einemmal war mein sehnsuchtsvoller Geist von der friedvollen neuen Erkenntnis erfüllt, daß unser Zuhause, wenn es sich in unserem Herzen befindet, mit uns reist, wohin immer es uns auch verschlägt.

Alice und ich genossen unser Zusammensein wie selten zuvor, tauschten Erinnerungen an die alte Nachbarschaft aus und dankten dem Herrn für ihre neue Umgebung. Sie war aufgeregt, weil sie nun eine kleine Bastelgruppe leitete, und ich war dankbar für ihren Rat, den sie mir für meine neuen Schlafzimmertapeten gab. Als es Zeit war zu gehen, humpelte Alice den langen Flur bis zur Eingangstür neben mir her. »Sie kümmern sich sehr gut um mich«, versicherte sie mir. »Und ich muß noch nicht mal nach jemandem suchen, der mir das Gras mäht.« Als ich zu meinem Wagen ging, blieb Alice an der Haustür stehen. Sie trug den neuen

Hausmantel, den ich ihr mitgebracht hatte, winkte und warf mir eine Kußhand zu. Aus den Augenwinkeln beobachtete ich, daß sie vergnügt kichernd mit einigen ihrer neuen Familienmitglieder beisammenstand.

Ich lächelte. Alices Herz war zu Hause. Und dank beantworteter Gebete und wahrer Gastfreundschaft traf das auch auf das meine zu.

Roberta L. Messner

Eine Geschichte über zwei Städte

Ein Reisender, der sich einer großen Stadt näherte, fragte eine Frau, die am Wegesrand saß: »Wie sind die Menschen in dieser Stadt?«

»Wie waren die Menschen in der Stadt, aus der du gekommen bist?«

»Schrecklich«, antwortete der Reisende. »Gemein, unzuverlässig und in jeder Hinsicht verabscheuungswürdig.«

»Ah«, sagt die Frau, »du wirst feststellen, daß sie in dieser Stadt nicht anders sind.«

Kaum war der Reisende weitergezogen, da kam ein anderer und erkundigte sich ebenfalls nach den Menschen in der Stadt, die vor ihm lag. Auch ihn fragte die alte Frau, wie die Leute in dem Ort waren, den er verlassen hatte.

»Es waren nette Menschen; ehrlich, fleißig und überaus großzügig. Es tat mir leid, sie verlassen zu müsen«, erklärte der zweite Reisende.

»Du wirst feststellen, daß sie in dieser Stadt nicht anders sind«, sagte die weise Frau.

The Best of Bits & Pieces

Der Pirat

> Wir sehen die Dinge nicht so, wie sie sind, sondern so, wie wir sind.
>
> *Anaïs Nin*

Eines Tages saß Mrs. Smith im Wartezimmer ihres Arztes, als ein kleiner Junge mit seiner Mutter hereinkam. Der kleine Junge erregte Mrs. Smith' Aufmerksamkeit, weil er über einem Auge eine Binde trug. Sie staunte darüber, wie unbekümmert er den Verlust seines Auges hinzunehmen schien, und sah zu, wie er seiner Mutter zu einem Stuhl in ihrer Nähe folgte.

An diesem Tag war die Arztpraxis sehr voll, und so hatte Mrs. Smith Gelegenheit, sich mit der Mutter des Jungen zu unterhalten, während dieser mit seinen Soldaten spielte. Erst saß er still da und spielte mit den Figuren auf seiner Stuhllehne. Dann glitt er auf den Boden und spielte dort weiter.

Nach einer Weile fragte Mrs. Smith den kleinen Jungen, was mit seinem Auge passiert war. Er dachte nach und sagte dann, seine Augenbinde lüftend: »Nichts. Mein Auge ist in Ordnung. Ich bin ein Pirat.« Dann wandte er sich wieder seinem Spiel zu.

Mrs. Smith war da, weil sie durch einen Autounfall vom Knie abwärts ein Bein verloren hatte. An diesem Tag sollte darüber entschieden werden, ob die Wunde ausreichend verheilt war, um eine Prothese anpassen zu können. Der Verlust des Beines hatte Mrs. Smith am Boden zerstört. So sehr sie sich auch bemühte, tapfer zu sein, sie fühlte sich als Invalidin. Verstandesmäßig wußte sie, daß dies ihr Leben nicht beeinträchtigen sollte, aber gefühlsmäßig war es ihr unmöglich, diese Hürde zu nehmen. Ihr Arzt hatte ihr vorgeschlagen, es mit Visualisierung zu versuchen, und das hatte sie auch getan, aber es gelang ihr einfach nicht, ein Bild heraufzubeschwören, das sie auf Dauer emotional akzeptieren konnte. Vor ihrem geistigen Auge sah sie sich als Krüppel.

Das Wort »Pirat« veränderte ihr Leben. Sofort fühlte sie sich an Bord eines Piratenschiffes versetzt, wo sie sich breitbeinig als Long John Silver dastehen sah, das eine Bein mit einem Holzstumpf versehen. Sie hatte die Hände in die Hüften gestemmt und lächelte erhobenen Hauptes und mit gestrafften Schultern in einen Sturm hinein. Die heftigen Sturmböen ließen ihren Mantel flattern und ihr Haar nach hinten wehen. Kalte Gischt schäumte über die Reling, während riesige Brecher gegen das Schiff schlugen; es schaukelte und ächzte unter den Sturmgewalten. Doch sie stand unbewegt da – stolz und unerschrocken.

Das Bild von der Invalidin wurde plötzlich durch dieses neue Bild ersetzt, und ihr Mut und ihre Tapferkeit kehrten zurück. Sie blickte auf den kleinen Jungen, der mit seinen Soldaten beschäftigt war.

Ein paar Minuten später wurde sie von der Schwester herausgerufen. Als sie aufstand und sich mit Hilfe ihrer Krücken ausbalancierte, bemerkte der kleine Junge ihre Amputation. »He, Lady«, rief er. »Was ist mit Ihrem Bein los?« Die Mutter erstarrte.

Mrs. Smith blickte einen Moment lang auf ihr verkürztes Bein hinunter. Dann antwortete sie lächelnd: »Nichts. Ich bin auch ein Pirat.«

Marjorie Wallé

Und … was läßt *du* wachsen?

Nicht das, was wir besitzen, macht uns reich, sondern das, was wir entbehren können.

Immanuel Kant

Sandy lebt in einem so winzigen Apartment, daß sie, wenn sie vom Einkaufen zurückkommt, erst einmal überlegen muß, was sie wegräumen kann, um Platz für ihre Einkäufe zu schaffen. Sie führt einen täglichen Überlebenskampf und versucht sich und ihre vierjährige Tochter mit dem Geld, das sie als freie Schriftstellerin und durch Gelegenheitsjobs verdient, zu ernähren und zu kleiden.

Ihr Exmann hat sich schon seit langem davongemacht und wird wahrscheinlich nie wieder von sich hören lassen. Ihr Auto beschließt die Hälfte der Zeit, daß es einen freien Tag braucht, und weigert sich dann, auch nur einen Pieps von sich zu geben. Das bedeutet für Sandy, sich aufs Fahrrad zu schwingen, zu Fuß zu gehen oder eine Mitfahrgelegenheit bei Freunden zu erbetteln.

Die Dinge, die die meisten Amerikaner für überlebensnotwendig halten – Fernseher, Mikrowelle, CD-Player und teure Turnschuhe – rangieren weit unten auf Sandys Liste von »Vielleicht eines Tages«-Anschaffungen.

Nahrhaftes Essen, warme Kleidung, ein Einzimmerapartment, Rückzahlungsraten für ihr Stipendium, Bücher für ihre Tochter, das absolut erforderliche Minimum an ärztlicher Versorgung und gelegentlich eine Filmmatinee verschlingen alles Geld, das sie zur Verfügung hat.

Sandy hat im Versuch, einen anständigen Job zu bekommen, an mehr Türen geklopft, als sie zählen kann, aber immer gab es ein Hindernis – zu wenig oder nicht die richtige Art von Erfahrung oder Arbeitsstunden, die die Versorgung ihres Kindes unmöglich machten.

Sandys Geschichte ist nicht ungewöhnlich. Viele alleinerziehende Mütter und ältere Menschen haben mit unserer Wirtschaftsstruktur zu kämpfen und fallen durch die Maschen des sozialen Netzes. Sie haben nicht genug, um sich wirklich ausreichend selbst versorgen zu können, und sind andererseits nicht arm genug, um vom Staat Sozialhilfe zu beziehen.

Es ist Sandys Einstellung, die sie zu einer ungewöhnlichen Person macht.

»Ich hab' nicht viel, was das Zeug oder die Dinge angeht, die den amerikanischen Traum ausmachen«, sagte sie mit aufrichtigem Lächeln.

»Macht es dir was aus?« fragte ich.

»Manchmal. Wenn ich ein kleines Mädchen im Alter meiner Tochter sehe, das hübsche Kleider und Spielzeug hat, in einem schicken Auto herumkutschiert wird oder in einem schönen Haus lebt, dann fühle ich mich schlecht. Jeder möchte das Beste für seine Kinder«, erwiderte sie.

»Aber du bist nicht verbittert.«

»Warum sollte ich verbittert sein? Wir verhungern oder erfrieren nicht, und ich habe das, was im Leben wirklich wichtig ist.«

»Und was ist das?«

»So wie ich das sehe, kannst du dir, egal wieviel Zeug du kaufst, egal wieviel Geld du verdienst, in Wirklichkeit nur drei Dinge im Leben bewahren«, erwiderte sie.

»Was meinst du mit ›bewahren‹?«

»Ich meine, daß dir niemand diese Dinge wegnehmen kann.«

»Und was sind das für drei Dinge?«

»Erstens, deine Erfahrung, zweitens, deine wahren Freunde; und drittens, das, was du in dir wachsen läßt«, antwortete sie ohne zu zögern.

Was Sandy angeht, so spielen sich ihre »Erfahrungen« nicht auf sehr großartiger Ebene ab. Es sind die ganz alltäglichen Augenblicke mit ihrer Tochter, Spaziergänge im Wald, ein Nickerchen unter einem schattigen Baum, Musik hören, ein warmes Bad oder Brotbacken.

Ihre Definition von Freunden reicht weiter. »Wahre Freunde sind Menschen, die nie dein Herz verlassen, auch wenn sie für eine Weile aus deinem Leben verschwinden sollten. Selbst wenn du sie jahrelang nicht gesehen hast, knüpfst du mit ihnen genau da wieder an, wo du aufgehört hast, und sollten sie sterben, so sind sie doch in deinem Herzen nie tot«, erklärte sie.

Und was das angeht, was wir in uns wachsen lassen, so sagte Sandy: »Das liegt bei jedem von uns selbst, nicht wahr? Ich lasse weder Bitterkeit noch Gram wachsen. Ich könnte es, wenn ich wollte, aber ich will es nicht.«

»Und was läßt du wachsen?« fragte ich.

Sandy betrachtete mit innigem Blick ihre Tochter und sah dann wieder mich an. Sie deutete auf ihre eigenen Augen, in denen Zärtlichkeit, Dankbarkeit und helle Freude leuchteten.

»Ich lasse das wachsen.«

Philip Chard, veröffentlicht von Laurie Waldron

Großmama Ruby

Als Mutter von sehr zwei aktiven Jungen im Alter von sieben und eins mache ich mir manchmal Sorgen, daß sie nur das ganze Haus verwüsten. Bei ihren Spielen werfen sie gelegentlich in aller Unschuld meine Lieblingslampe um oder bringen meine wohldurchdachten Arrangements durcheinander. In diesen Augenblicken, in denen ihnen nichts mehr heilig zu sein scheint, denke ich an die Lektion, die ich von meiner weisen Schwiegermutter Ruby erhalten habe.

Ruby ist Mutter von sechs Kindern und die Großmutter von dreizehn Enkeln. Und sie ist die Sanftheit, Liebe und Geduld in Person.

An einem Weihnachtstag waren wie üblich alle Kinder und Enkel in ihrem Haus versammelt. Sie hatte erst vor einem Monat einen wunderschönen weißen Teppich gekauft, nachdem sie über fünfundzwanzig Jahre lang immer »denselben alten Teppich« gehabt hatte. Sie war überglücklich über diesen neuen Glanz in ihrem Heim.

Mein Schwager Arnie hatte gerade alle seine Geschenke an seine Nichten und Neffen verteilt – köstlichen Honig aus der Produktion seiner Bienenstöcke. Die Kinder freuten sich sehr. Aber wie das Schicksal es wollte, verschüttete die achtjährige Sheena ihr Honigglas auf Großmamas neuem Teppich und zog eine Honigspur durch das ganze Haus.

Weinend rannte sie in die Küche und in Großmama Rubys

Arme. »Großmama, ich habe meinen Honig auf deinen neuen Teppich verschüttet.«

Großmama Ruby kniete nieder, blickte zärtlich in Sheenas tränenfeuchte Augen und sagte: »Mach dir keine Sorgen, Liebes, wir können dir noch mehr Honig besorgen.«

Lynn Robertson

Problem oder Lösung

Es war das Jahr 1933. Ich hatte meinen Teilzeitjob verloren und konnte nichts mehr zum Familienunterhalt beitragen. Wir lebten einzig von dem, was meine Mutter mit Näharbeiten verdiente.

Dann war Mutter ein paar Wochen lang krank und konnte nicht mehr arbeiten. Das Elektrizitätswerk stellte uns den Strom ab, als wir die Rechnung nicht mehr bezahlen konnten. Das Gaswerk stellte uns das Gas ab. Dann das Wasserwerk das Wasser. Aber die Gesundheitsbehörde sorgte dafür, daß das Wasser aus Hygienegründen wieder angestellt wurde. Unser Vorratsschrank wurde sehr leer. Glücklicherweise hatten wir einen Gemüsegarten und konnten einiges von dem, was er hergab, über einem Feuer im Garten hinter dem Haus kochen.

Eines Tages kam meine jüngere Schwester von der Schule heim und verkündete: »Wir sollen morgen etwas in die Schule mitbringen, um es den Armen zu geben.«

»Ich kenne keinen, der noch ärmer ist als wir«, platzte meine Mutter heraus, aber ihre eigene Mutter, die damals bei uns wohnte, legte die Hand auf ihren Arm und brachte sie mit einem Stirnrunzeln zum Schweigen.

»Eva«, sagte sie, »wenn du dem Kind in seinem Alter die Vorstellung vermittelst, daß es ›arme Leute‹ ist, dann wird es für den Rest seines Lebens ›arme Leute‹ bleiben. Es ist noch ein Glas selbstgemachte Marmelade da. Das kann sie nehmen.«

Großmutter fand noch etwas Seidenpapier und ein rosafarbenes Band, in das sie unser letztes Marmeladenglas einwickelte, und am nächsten Tag wanderte Sis stolz mit ihrem »Geschenk für die Armen« in die Schule.

Und wann immer es später ein Problem in der Gemeinde gab, nahm Sis ganz selbstverständlich an, daß sie zur Lösung beitragen würde.

Edgar Bledsoe

Wahre Schönheit

> Als Mutter Teresa einmal gefragt wurde, wie sie es anstellte, trotz ihres schwierigen Lebens immer noch so jung auszusehen, gab sie zur Antwort: »Manchmal ist ein gutes Gefühl aus dem Innern sehr viel mehr wert als eine Kosmetikerin.«

Jeannie hatte viele Gedanken und beträchtliche Mühe darauf verwandt, ihrer Mutter Bess zum Muttertag etwas ganz Besonderes zu schenken. Und so hatte sie von ihren ersten Gehaltsschecks etwas abgezweigt und einen Gutschein für eine Stilberatung gekauft. Am vereinbarten Tag brachte die Tochter ihre scheue, unscheinbar aussehende Mutter in mein Studio.

Während wir mit Farben experimentierten und mit dem Make-up beschäftigt waren, gestand Bess, daß sie sich jahrelang immer nur auf die Familie konzentriert und sich selbst vernachlässigt hätte. Folglich hatte sie nie auch nur darüber nachgedacht, was ihr gut stehen könnte oder wie man Make-up auflegte.

Als ich hübsche Farben neben ihr Gesicht hielt, begann sie aufzublühen, obwohl sie dies gar nicht zu bemerken schien. Und nachdem ich das letzte Rouge und den Lippenstift aufgetragen hatte, forderte ich sie auf, sich im großen Drehspiegel anzusehen. Sie warf einen langen Blick auf sich, so als überprüfte sie eine

Fremde, dann rückte sie näher und näher an ihr Spiegelbild heran. Schließlich berührte sie leicht den Spiegel und starrte sich mit offenem Mund an. »Jeannie, komm her«, rief sie. Sie zog ihre Tochter neben sich und deutete auf ihr Spiegelbild. »Jeannie, schau mich an. Ich bin schön!«

Die junge Frau lächelte mit Tränen in den Augen die ältere Frau im Spiegel an. »Ja Mutter, das bist du schon immer gewesen – schön.«

Charlotte Ward

Sag einfach ja

Ich bin eine professionelle Komikerin. Ich arbeitete bei einem Radiosender in New York und machte als eine Figur namens June East (Mae Wests lang verschollene Schwester) den Wetterbericht. Eines Tages rief mich eine Frau von »The Daily News« an und sagte, sie wolle einen Artikel über mich schreiben. Als sie das Interview mit mir beendet hatte, fragte sie mich: »Und was haben Sie als nächstes vor?«

Nun, zu diesem Zeitpunkt hatte ich absolut nichts als nächstes vor, und so fragte ich sie, um Zeit zu schinden, was sie damit meinte. Sie erwiderte, sie würde gerne meine Karriere verfolgen. Da saß diese Frau von »The Daily News« und sagte doch tatsächlich, daß sie an mir interessiert sei. Also dachte ich, es sei besser, wenn ich ihr etwas erzählte. Was herauskam, war: »Ich habe vor, den weiblichen Schnellsprechrekord zu brechen und ins Guiness-Buch der Rekorde aufgenommen zu werden.«

Am darauffolgenden Tag erschien der Artikel, und die Journalistin hatte meine letzte Bemerkung über meine Absicht, den Schnellsprechrekord zu brechen, mit aufgenommen. Gegen fünf Uhr nachmittags bekam ich einen Anruf von »Larry King Live«. Sie wollten mich in ihre Talkshow holen, wo ich den Versuch machen sollte, den Rekord zu brechen. Man würde mich um acht

»Mrs. Carlson, es ist unbedingt nötig, daß Sie sich etwas mehr Zeit für sich nehmen.«

Uhr abends abholen, denn ich sollte es noch an *diesem Abend* machen!

Nun hatte ich noch nie etwas von »Larry King Live« gehört, und als ich diese Frau sagen hörte, sie sei vom Manhattan Channel, meinte ich: »Das ist ein Porno-Kanal, oder?« Doch sie versicherte mir, daß es sich um eine landesweit ausgestrahlte Fernsehshow und um ein einmaliges Angebot und eine einzigartige Chance handle – und daß es entweder heute abend sein müsse oder gar nicht.

Ich starrte auf das Telefon. Ich hatte an diesem Abend schon einen Auftritt in New Jersey, aber die Entscheidung, welchem Engagement ich den Vorzug gab, fiel nicht schwer. Ich mußte für meine Show um sieben Uhr einen Ersatz finden und machte mich daran, jede mir bekannte Komikerin anzurufen. Der Himmel war mir gnädig. Ich fand eine, die für mich einsprang, und fünf Minuten vor Ablauf der Frist rief ich bei »Larry King Live« an, um zu sagen, daß ich kommen würde.

Dann setzte ich mich hin, um zu überlegen, was ich um Himmels willen in dieser Show tun sollte. Ich rief bei Guiness an, und erkundigte mich, wie man den Schnellsprechrekord brechen konnte. Man sagte mir, ich müsse entweder etwas von Shakespeare oder aus der Bibel rezitieren.

Plötzlich fing ich an, den einundneunzigsten Psalm aufzusagen, ein Schutzgebet, das mir meine Mutter beigebracht hatte. Shakespeare und ich waren noch nie gut miteinander ausgekommen, und so hielt ich die Bibel für meine einzige Rettung. Ich begann zu üben und zu üben, immer und immer wieder. Ich war nervös und aufgeregt zugleich.

Um acht Uhr wurde ich von einer Limousine abgeholt. Auf der Fahrt übte ich immer weiter, und als ich beim New Yorker Studio ankam, hatte ich einen Knoten in der Zunge. Ich fragte die für die Show verantwortliche Frau: »Was ist, wenn ich den Rekord nicht breche?«

»Larry ist es egal, ob Sie ihn brechen oder nicht«, erwiderte sie.

»Ihm liegt nur daran, daß Sie es zum erstenmal in seiner Show versuchen.« Also fragte ich mich: *»Was kann schlimmstenfalls passieren? Ich werde wie eine Idiotin im nationalen Fernsehen dastehen! Unwichtig«,* sagte ich mir und dachte, daß ich damit leben könnte. Und was war, wenn ich den Rekord brach?

Also entschied ich, einfach mein Bestes zu geben, und das tat ich auch. Ich brach den Rekord und wurde die am schnellsten sprechende Frau der Welt, indem ich vor einem nationalen Fernsehpublikum fünfhundertfünfundachtzig Worte in einer Minute sprach. (Zwei Jahre später brach ich diesen Rekord noch einmal mit sechshundertdrei Worten in der Minute.) Ab da ging es mit meiner Karriere steil aufwärts.

Die Leute fragen mich oft, wie ich das gemacht habe. Oder wie ich es schaffte, vieles von dem zu bewältigen, was ich getan habe, wie zum Beispiel meinen ersten Vortrag zu halten, zum erstenmal auf der Bühne zu stehen oder zum erstenmal einen Bungeesprung zu machen. Ich antworte darauf, daß ich mich in meinem Leben an eine sehr einfache Philosophie halte. Als erstes sage ich immer ja. Dann frage ich mich: *»Was muß ich jetzt tun, um das Ziel zu erreichen?«* Und danach: *»Was kann schlimmstenfalls passieren, wenn ich es nicht schaffe?«* Die Antwort lautet: Dann schaffe ich es eben nicht! Und was kann bestenfalls passieren? Ich schaffe es!

Was kann das Leben mehr von dir verlangen? Sei du selbst und hab eine gute Zeit!

Fran Capo

Die Gabe des Small talks

Obwohl meine Mutter mich angewiesen hatte, nicht mit Fremden zu reden, tat sie es selbst unentwegt. In der Schlange vor der Supermarktkasse, in der Handtaschenabteilung im Kaufhaus, im Aufzug, wenn alle anderen den Blick starr auf die Knöpfe gerichtet hielten. Im Flughafen, bei Footballspielen und am Strand.

Gott sei Dank beherzigte ich ihren Rat nur dann, wenn es sich um bedrohlich aussehende Fremde handelte. Ich glaube, das war auch besser für mich.

Die Angewohnheit meiner Mutter, mit allen möglichen Leuten Gespräche anzufangen, entlockt mir heute vielleicht ein kleines Lächeln, aber damals in meinen Teenagerjahren brachte sie mich damit in ziemliche Verlegenheit. »Lynn bekommt auch ihren ersten«, vertraute sie einer Frau an, die ebenfalls mit ihrer heranwachsenden Tochter in der Büstenhalterabteilung unseres örtlichen Kaufhauses einkaufen war. Ich dachte daran, wegzulaufen und mich hinter einem Frotteebademantel zu verstecken, aber statt dessen wurde ich knallrot und zischte zwischen zusammengebissenen Zähnen: »Mutttterrrr«. Ich fühlte mich nur wenig besser, als die Mutter des Mädchens sagte: »Wir versuchen einen für Sarah zu finden, aber sie sind alle zu groß.«

Nicht jedermann reagierte positiv, wenn meine Mutter eine Bemerkung machte und versuchte, ein kurzes Gespräch in Gang zu bringen. Manche Leute antworteten mit einem schmallippigen halben Lächeln und wandten sich ab. Und einige ignorierten sie völlig. In solchen Fällen war sie ein wenig verletzt, wie ich sehen konnte, doch dann schüttelte sie es ab, und wir setzten unseren Weg fort.

Meist schlenderte ich aber irgendwo anders hin, um sie, wenn ich zurückkam, redend vorzufinden. Gelegentlich hatte ich Sorge, sie in der Menge zu verlieren, doch dann hörte ich ihr Singsanggelächter und ihre Bemerkungen wie: »Ja, ja, ich auch.«

Durch diese spontanen Unterhaltungen lehrte sie mich, daß unsere Welt viel zu groß – oder zu klein, Sie haben die Wahl – ist, um sich nicht die Zeit zu nehmen, auf einander zuzugehen. Sie erinnerte mich daran, daß unter uns Frauen eine besondere Art verwandtschaftlicher Beziehung besteht, auch wenn wir uns im Grunde gar nicht ähneln. Es gibt gemeinschaftliche Bande, die uns in den meisten irdischen Dingen miteinander verbinden. Das mag der Grund sein, warum wir Papier und nicht Plastik mögen oder uns einig sind, daß ein Navypullover nie ein schlechter Kauf ist, oder warum die Nationalhymne noch immer eine Gänsehaut bei uns auslöst.

Eine meiner letzten Erinnerungen an meine Mutter ist die, als sie im Krankenhaus lag, ein paar Stunden, bevor sie an Brustkrebs starb, der sie auf fünfundachtzig Pfund hatte abmagern lassen. Sie lächelte schwach und sprach mit der Krankenschwester darüber, wie man am besten Tulpenzwiebeln einpflanzt. Ich stand still an der Tür und wollte weinen, empfand aber ein Aufwallen von Liebe und Wärme. Ich werde es nie vergessen, vor allem nicht, wenn ich mich jetzt an jemanden wende und sage: »Finden Sie es nicht auch einfach schön, wenn ...«

Lynn Rogers Petrak

Ich war Sechtskläßlerin und eine Vogelscheuche

Freundliche Worte können kurz und leicht auszusprechen sein, doch sie hallen wahrlich endlos nach.

Mutter Teresa

»Schäm dich! Eine Sechstkläßlerin und benimmt sich immer noch wie eine Barbarin!« schnarrte Mrs. Brimm und schob mich auf die schlüpfrige Holzbank vor dem Büro der Schulleiterin. Unter uns nannten wir Kinder sie »Mrs. Grimm«. Es war mein Pech, daß sie gerade dann auf dem Spielplatz Aufsicht hatte, als ich beschloß, Johnny Welson, einem meiner schlimmsten Peiniger, eine wohlverdiente Lektion zu erteilen. Die gräßliche Klassenlehrerin der dritten Klasse – das schwarze Haar ihres perfekten Pagenschnittes umrahmte geishaweiße Wangen – zog mißbilligend die feingezeichneten Augenbrauen über kieselharten Augen hoch.

Wie anders war doch Mrs. Peterson, meine wunderbare Klassenlehrerin, die selbst dann, wenn sie ernst war, so wirkte, als wollte sie gleich lächeln. Doch Mrs. Peterson war nirgendwo zu sehen. *»Nie hört sich jemand mal die Dinge aus meiner Sicht an!«* dachte ich und verdrängte meine Angst durch einen Ausbruch von Wut und Verletztheit. »John und diese Mistkerle können mich das ganze Jahr über mit Kopfnüssen traktieren, mir ein Bein stellen und mir Schimpfnamen geben. Doch jedesmal, wenn ich es dann einem von ihnen mal heimzahlen will, taucht *sie* auf und gibt *mir* die Schuld!«

»Wann wirst du endlich erwachsen werden und dich wie eine *junge Dame* benehmen ...?« zischte Mrs. Brimm und ließ schließlich angewidert meinen Arm los. »Sie bleiben *hier,* Miss Moss!« befahl sie, als sie das erschrockene Gesicht der Sekretärin ängstlich hinter einem hohen Aktenschrank hervorlugen sah. »Sie lassen diese Verbrecherin nicht aus den Augen!« Miss Moss zog wie eine aufgeregte Henne ihren faltigen Hals ein, warf einen Blick auf mein dreckverschmiertes Gesicht und die Mordlust in Mrs. Brimms Augen, wies wortlos auf die offene Tür des Büros der Schulleiterin und hastete zu ihrem Schreibtisch zurück. Mrs. Brimm marschierte in Mrs. Swensons Zimmer und schlug die massive Tür hinter sich zu, durch die aber doch ab und zu Wortexplosionen wie »*Absolut* unmöglich!« und *»Schändlich!«* durchdrangen.

Miss Moss duckte sich hinter ihrem Schreibtisch, wühlte in ihren Papieren herum und öffnete und schloß ohne ersichtlichen Grund ihre Schubladen, während ich verstohlen die Überreste meines rechten Oberarms inspizierte. Es war der Arm, den sich John Ross, der beliebteste Junge in der Klasse, und sein bester Freund John Welson aussuchten, um ihn zu boxen, wenn sie mich »Bohnenstange«, »Vogelscheuche«, »Blechmaul« oder »Doofie« nannten oder auf meine klobigen Schuhe deutend von den »Siebenmeilenstiefeln der Linda Legree« sprachen.

Ich war die erste, die zugab, daß ich keine Schönheit war. Ich war zu einer gegenwärtig nicht beneidenswerten Höhe von ein Meter vierundsiebzig aufgeschossen, obwohl ich im letzten Jahr Kinderlähmung gehabt hatte, die mich »so mager wie eine gerupfte Krähe« hatte werden lassen, wie meine Großmutter gerne sagte. Zahnspangen sowohl oben wie unten, orthopädische Schuhe und die verhaßte Brille trugen ebenfalls nicht gerade zur Verbesserung meines Erscheinungsbildes bei. Und obwohl ich die Schultern einzog, um kleiner zu wirken, war ich dennoch das körperlich größte Kind der gesamten Schule. Und zur Krönung des Ganzen war ich in diesem Jahr nicht versetzt worden – angeblich, um die durch meine Krankheit in der Schule versäumten Monate aufzuholen, aber in Wirklichkeit, um mir die Chance zu geben, meine absolut erbärmlichen schulischen Leistungen zu verbessern.

Meine Mutter baute fest auf Mrs. Peterson, die freundliche Klassenlehrerin der sechsten Klasse, »die, wenn überhaupt irgend jemand, etwas für Linda tun kann«, wie sie ihrem College Women's Club anvertraut hatte. Nun gut, jetzt war es Mitte November und das dritte Mal seit Schulbeginn, daß ich wegen einer Prügelei ins Büro der Schulleiterin zitiert wurde. Plötzlich ging die Tür auf und Mrs. Brimm stürmte aus dem Zimmer, wobei sie ein letztes »... einfach *schändlich*!« fallen ließ. Mrs. Swenson stand zusammengesunken und mit müdem Gesicht an der Türschwelle und wirkte weitaus besiegter, als ich mich fühlte. »Wenn Mrs. Peterson etwas für mich tun kann, dann sollte sie sich besser beeilen!« dachte ich.

Es folgten fünf Tage Verbannung aus der Schule und viele zusätzliche Hausaufgaben, eine größere Schelte von beiden Elternteilen und eine schlimme Fahrt zu Johnny Welsons Haus, wo ich mich »entschuldigen« mußte und mit so unhörbarer Stimme wie nur irgend möglich sprach. Nach einer Woche kehrte ich in die Schule zurück. Ich stand vor der Klassentür, hörte das fröhliche Lärmen und hatte das Gefühl, mich beim Anblick all der selbstgefälligen Gesichter meiner Klassenkameraden übergeben zu müssen.

Eine Hand berührte meine Schulter, und Mrs. Petersons freundliche Stimme sagte: »Da bist du ja! Meine Güte Linda, ich habe dich sehr vermißt.« Ich sah in ihr lächelndes Gesicht mit den Lachfältchen um die Augen. »Ich möchte dich um einen Gefallen bitten, über den ich gerne heute mit dir sprechen würde«, fuhr sie fort und geleitete mich elegant ins Klassenzimmer. »Ich finde, daß unser Raum ein bißchen Verschönerung brauchen könnte. Vielleicht ein Wandbild von einem dieser sich aufbäumenden Pferde, die du so oft zeichnest? Du bist groß genug, um bis zum Anschlagbrett beim Fenster hochzureichen, und du könntest daran arbeiten, während die Klasse liest oder wann immer du mit deinen Aufgaben fertig bist.« Ich lächelte sie an und vergaß für den Augenblick die Tortur, die mir bevorstand. »Würdest du nach vorne zu meinem Pult kommen, wenn sich die Klasse gesetzt hat, damit ich dann genauer erklären kann, was mir vorschwebt?« Ich nickte und fühlte mich wie immer durch ihre Aufmerksamkeit in Wärme eingehüllt und geehrt. Sie drückte freundlich kurz meine Hand und wandte sich dann ab.

Alice Linn grinste und knuffte mich, als ich an ihrem Pult vorbeiging. Ich sah auf ihr rundes, fröhliches Gesicht herab, und sie sagte mit sanfter Stimme »Hi.« Plötzlich hörte ich hinter mir Gekicher und lautes Geflüster: »He, die Vogelscheuche ist wieder da.« Das war Cherri. »Die kauf' ich mir nach der Schule«, dachte ich wütend, während sich mein Magen wie eine harte Faust zusammenzog. »Doofie, Doofie«, sang Wardie Masterson leise, und John Ross fragte unter Gekicher: »Wie ist das Wetter da oben, Bohnenstange?« Das Gelächter kochte hoch und verbrühte gleichsam meinen ganzen Körper.

Dann hörte man eine andere Stimme, volltönend und melodisch, die das Gewisper und Gelächter augenblicklich zum Verstummen brachte. »Bohnenstange?« fragte sie ungläubig. Alle drehten sich um, um den Ausgangsort dieser Stimme, Mrs. Peterson, anzustarren, die sich über Denises Zeichnung gebeugt hatte. Nun richtete sie sich mit geweiteten und verblüfft blickenden

Augen zu voller Höhe auf. »Hat jemand unsere Linda einen Bohnenstange genannt?« fragte sie noch einmal ungläubig. Sie schien dort zu schweben und eine Stille auszustrahlen, die uns alle gefangennahm.

Unsere Linda! Mrs. Peterson verlieh diesen Worten einen Beiklang von Bedeutung und Geheiligtheit, so wie *Unser Vater.* Mir stockte vor Verblüffung der Atem. »Warum, *ich* stelle mir Linda immer als unser Powers Model vor.« Neunundzwanzig verständnislos dreinblickende Gesichter starrten sie an. »Kennt ihr die Powers Modelagentur in New York?« fragte Mrs. Peterson und umfaßte uns mit ihrem Blick aus haselnußbraunen Augen. Als hingen sie allesamt am selben Faden, schüttelten wir einhellig unsere Köpfe. »Nein.« New York! Das andere Ende des Universums von Ogden, Utah.

»Na, die Powers Modelagentur hat die berühmtesten Models der Welt«, fuhr sie mit dramatischer Stimme fort. »Alle ihre Models müssen mindestens ein Meter achtzig groß sein.« Die ganze Klasse, einschließlich mir, seufzte auf. Einige Augenpaare taxierten mich, aber statt mich unter ihrem Blick zu krümmen, richtete ich mich diesmal kerzengerade auf und wünschte mir zum erstenmal in meinem Leben, noch größer zu sein.

»Und wißt ihr, warum diese Models so groß sein müssen?« fragte Mrs. Peterson weiter. Wiederum ein langsames vereintes Kopfschütteln. »Nun, das ist deshalb so, weil hochgewachsene Frauen majestätisch sind, und das läßt die Kleider an ihnen noch schöner aussehen.« Majestätisch! Das war wunderbar! Mrs. Peterson lächelte uns alle liebevoll an und brach den Bann, in den sie uns gezogen hatte. Sie berührte den Arm der beliebten (aber jammervoll zu klein geratenen) Annelle Crabtree und fragte: »Bist du nun bereit, mir deine Skizze zu zeigen, Annelle?«

Ich stolzierte hocherhobenen Hauptes zu meinem Pult. Die Kinder im Gang, sogar John Rosse, drückten sich hastig zur Seite, um den Weg frei zu machen. Ich mußte über eine Menge nachdenken, Skizzen sammeln und Entscheidungen treffen. Sollte ich ein Powers Model werden, bevor ich Forstaufseherin und Tierärztin geworden war oder danach? Würde meine Weltberühmtheit einem Leben auf einem Feuerschutzwachturm hoch oben auf einem großen Berg entgegenstehen? Ich ließ mich auf meinem Platz auf der verkratzten Holzbank nieder und kostete diesen neuen Hoffnungsstrahl für mich aus – majestätisch! Feurige Pferde sprangen und tänzelten vor meinem geistigen Auge umher. Majestätische Pferde! Es würde ein großartiges Wandbild werden!

Linda E. Jessup

3

Hindernisse überwinden

Die Vielfalt menschlicher Erfahrung würde
an lohnenswerter Freude verlieren, wenn wir
keine Grenzen zu überwinden hätten.

Helen Keller

Wir haben einen langen Weg zurückgelegt

> Eine Frau ist wie ein Teebeutel. Man weiß nie, wie stark sie ist, bis man sie in heißes Wasser taucht.
>
> *Eleanor Roosevelt*

Jetzt, im Jahr 1996, sind wir Frauen im allgemeinen dabei, solide Netzwerke aufzubauen und uns gegenseitig zu unterstützen, wie es die Männer ihrerseits schon seit Jahrzehnten getan haben. Unser Land ist für Frauen ein sehr viel freundlicherer Ort geworden, als es das vor vierzig oder fünfzig Jahren war. Wann immer ich Gefahr laufe, in diesem Punkt in Selbstzufriedenheit zu verfallen, denke ich an meine Mutter – und ich frage mich, ob ich all das hätte überleben können, was sie damals durchmachte.

1946 war meine Mutter Mary Silver bereits fast sieben Jahre mit Walter Johnson verheiratet und hatte vier sehr lebendige und lärmende Kinder. Ich war mit fast sechs Jahren die Älteste, die anderen folgten dichtauf: zwei Jungen, vier und zwei Jahre alt, und dann ein Mädchen, das noch ein Baby war. Wir lebten in einem sehr alten Haus und hatten keine unmittelbaren Nachbarn.

Ich weiß nur wenig über das Leben meiner Eltern zu jener Zeit, aber da ich selbst zwei Kinder in abgelegenen Gegenden dieses Landes großgezogen habe, kann ich mir vorstellen, wie es vor allem für meine Mutter ausgesehen haben muß. Mit vier kleinen Kindern, einem Mann, dessen Pflichtgefühl sich darauf beschränkte, die Brötchen nach Hause zu bringen und den Rasen zu mähen, ohne Nachbarn und fast ohne Möglichkeit, eigenständige Freundschaften zu entwickeln, hatte sie praktisch keinen Ort, wo sie den immens starken Druck, der sich in ihr aufgebaut haben mußte, ablassen konnte. Aus irgendeinem Grund setzte sich in meinem Vater der Gedanke fest, daß sie »fremdging«. Wann sie dafür Zeit hätte finden und wen sie überhaupt hätte treffen können, vom »Fremdgehen« gar nicht zu reden, da wir vier ständig um sie herum waren, ist mir ein Rätsel. Aber mein Vater blieb dabei, und damit hatte es sich.

An einem Frühlingstag im Jahr 1946 verließ meine Mutter das Haus, um Milch für das Baby zu holen. Als sie zurückkam, stand mein Vater an einem Fenster im ersten Stock und hielt ein Gewehr auf sie gerichtet. »Mary«, sagte er, »wenn du versuchst, ins Haus zu kommen, erschieße ich die Kinder«. Das war seine Art, sie wissen zu lassen, daß er die Scheidung einreichte.

Das war das letzte Mal, daß meine Mutter dieses Haus sah. Sie war gezwungen fortzugehen, mit nichts weiter als den Kleidern, die sie am Leib trug, dem Geld, das sie in ihrem Portemonnaie hatte – und einem Liter Milch. Heute hätte sie wahrscheinlich mehrere Alternativen: Ein örtliches Frauenhaus, eine Notrufnummer, die sie anwählen konnte, ein Netzwerk von Freundinnen, das sie sich bei einem Ganztags- oder Halbtagsjob aufgebaut hatte. Sie hätte ein Scheckbuch und Kreditkarten in der Tasche. Und sie hätte, ohne sich schämen zu müssen, ihre Familie um Unterstützung bitten können.

Aber 1946 hatte sie all das nicht. Man ließ sich nun mal nicht scheiden.

Da stand sie also – völlig allein. Mein Vater hatte es tatsächlich geschafft, ihren eigenen Vater gegen sie aufzubringen. Nun verbot mein Großvater meiner Großmutter, mir ihrer Tochter zu sprechen – in dem Moment, in dem diese sie am dringendsten gebraucht hätte.

Irgendwann vor der Gerichtsverhandlung nahm mein Vater mit meiner Mutter Kontakt auf und sagte: »Schau Mary, im Grunde will ich gar keine Scheidung. Ich habe das alles nur getan, um dir eine Lektion zu erteilen.« Aber meiner Mutter war klar, daß, so schlimm ihre Situation auch sein mochte, sie immer noch der Rückkehr zu meinem Vater vorzuziehen war, der dann auch uns Kinder erziehen würde. So sagte sie: »Auf keinen Fall. Jetzt bin ich so weit gekommen, jetzt gibt es kein Zurück mehr.«

Wohin konnte sie gehen? Nicht nach Hause. Sie konnte auch nicht in Amherst bleiben, erstens, weil sie wußte, daß ihr niemand Unterkunft gewähren würde; zweitens, weil sie angesichts all der zurückkehrenden Soldaten nicht auf Arbeit hoffen konnte; und drittens – das war der wichtigste Grund –, weil mein Vater dort lebte. Also bestieg sie einen Bus, der sie an den einzigen Ort bringen würde, wo Hoffnung für sie war – nach New York.

Meine Mutter hatte einen Punkt zu ihren Gunsten aufzuweisen: Sie hatte eine gute Ausbildung und ihren Abschluß in Mathematik am Mt. Holyoke College gemacht. Aber sie hatte den für die Frauen der dreißiger und vierziger Jahre üblichen Weg eingeschlagen: von der High-School zum College zur Ehe. Sie hatte keine Ahnung, wie sie Arbeit finden und sich über Wasser halten sollte.

Für New York sprach einiges. Es war nur dreihundert Kilometer weit entfernt, darum konnte sie sich eine Busfahrkarte leisten, und es war eine große Stadt, also mußte es irgendwo einen Job für sie geben. Sie mußte unbedingt eine Möglichkeit finden, den Lebensunterhalt für sich und uns vier Kinder zu verdienen, um uns nachkommen lassen zu können. Nach ihrer Ankunft in New York machte sie ein YMCA ausfindig, wo sie für eineinhalb Dollar die Nacht bleiben konnte. In der Nähe gab es einen Horn-&-Hardart-Essensautomaten, wo sie sich für einen Dollar am Tag mit Eiersalatsandwiches und Kaffee verköstigen konnte. Als nächstes begann sie die Straßen abzuklappern.

In den nächsten Tagen, die sich zu einigen Wochen ausdehnten, fand sie nichts: Es gab keine Jobs für Leute mit einem Mathematikabschluß, ob nun männlich oder weiblich. Es gab überhaupt keine Jobs für Frauen. Jeden Abend kehrte sie zum YMCA zurück, wusch ihre Unterwäsche und ihre weiße Bluse, hängte sie zum

Trocknen auf und benutzte am nächsten Morgen das hauseigene Bügeleisen und Bügelbrett, um die Falten aus der Bluse zu bügeln. Diese Kleidungsstücke machten neben einem grauen Flanellrock ihre ganze Garderobe aus. Ihre Pflege nahm einen Teil ihrer langen, einsamen Abende im YMCA in Anspruch. Ohne Bücher, ohne ein paar übrige Nickels oder Dimes, um sich eine Zeitung kaufen zu können, ohne Telefon (und jemanden, den sie hätte anrufen können, wenn sie eines gehabt hätte), und ohne Radio müssen ihre Nächte wirklich schrecklich gewesen sein.

Wie vorauszusehen war, schwand ihr Geld dahin, so wie auch die Anzahl der noch verbliebenen Stellenvermittlungen. Schließlich waren an einem Donnerstag nur noch eine Stellenvermittlung und weniger als eineinhalb Dollar, die sie für ihre Übernachtung brauchte, übriggeblieben. Sie bemühte sich sehr, nicht daran zu denken, daß sie die Nacht vielleicht auf der Straße verbringen mußte.

Mühsam stieg sie die Stockwerke zur Agentur hoch, füllte die obligatorischen Fragebogen aus und machte sich, als sie an der Reihe für ein Gespräch war, auf schlechte Nachrichten gefaßt. »Es tut uns wirklich sehr leid, aber wir haben nichts für Sie. Wir haben kaum genug Arbeitsstellen für die Männer, die wir unterbringen müssen.« Denn natürlich kamen die Männer, wenn irgendwelche Jobs verfügbar waren, als erste dran.

Meine Mutter empfand nichts, als sie sich von ihrem Stuhl erhob und zum Gehen wandte. Völlig benommen war sie schon fast aus der Tür, als ihr bewußt wurde, daß die Frau noch etwas anderes gemurmelt hatte.

»Es tut mir leid, das ist mir entgangen. Was haben Sie gesagt?« fragte sie.

»Nun, ich sagte, daß es da immer noch George B. Buck gibt, aber niemand will diesen Job. Niemand bleibt dort«, wiederholte die Frau und wies mit dem Kopf auf einen Karteikasten, der oben auf einem Schränkchen stand.

»Um was handelt es sich? Erzählen Sie«, sagte meine Mutter begierig und ließ sich wieder auf dem Holzstuhl nieder. »Ich nehme alles. Wann kann ich anfangen?«

»Nun, es ist ein Job als versicherungsstatistische Angestellte, für den Sie qualifiziert sind, aber die Bezahlung ist nicht gut, und ich bin sicher, er wird Ihnen nicht gefallen«, erwiderte die Frau und zog die entsprechende Karteikarte aus dem Kasten. »Lassen Sie sehen... hier steht, daß Sie jederzeit anfangen können. Ich nehme an, Sie könnten jetzt gleich dorthin gehen. Es ist noch nicht zu spät am Morgen.«

Meine Mutter erzählte, daß sie der Frau die Karteikarte buchstäblich aus der Hand riß und die Treppen hinunterlief. Sie hielt noch nicht einmal inne, um Atem zu holen, sondern rannte die paar Blocks zu der auf der Karte angegebenen Adresse. Als sie sich dem überraschten Personalchef vorstellte, entschied dieser, daß sie tatsächlich noch an diesem Morgen mit der Arbeit anfangen konnte, wenn sie wollte – es gab eine Menge zu tun. Und es stellte sich heraus, daß Donnerstag auch Zahltag war. In jenen Tagen bezahlten die meisten Firmen ihre Angestellten bar aus der Kasse nach den jeweils geleisteten Arbeitsstunden, den Zahltag eingeschlossen – und so wurde meiner Mutter, als es fünf Uhr war, wundersamerweise das Geld für die fünf Stunden, die sie an diesem Tag gearbeitet hatte, ausgehändigt. Es war nicht viel, aber sie kam bis zum nächsten Donnerstag damit durch, und dann den nächsten und so weiter.

Mary Silver Johnson blieb achtunddreißig Jahre lang bei George B. Buck & Company und erreichte dort eine hochangesehene Position. Ich entsinne mich, daß sie ein Eckbüro hatte – keine Kleinigkeit in Downtown Manhattan. Nachdem sie zehn Jahre dort gearbeitet hatte, konnte sie uns ein Haus im vorstädtischen New Jersey kaufen, nur einen halben Block von der Haltestelle eines Busses in die Stadt entfernt.

Heutzutage scheint jedem zweiten Haushalt eine berufstätige alleinerziehende Mutter vorzustehen, und wir vergessen leicht, daß es einmal eine Zeit gab, in der ein solches Leben geradezu unvorstellbar war. Wenn ich an die Leistungen meiner Mutter denke, bin ich demütig und zugleich so stolz, daß es mir die Knöpfe wegsprengt! Wenn ich selbst einen langen Weg zurückgelegt habe, Baby, dann deshalb, weil ein großer Teil dieses Weges von den Bemühungen vieler, vieler anderer Frauen vor mir gegangen wurde – mit dieser bemerkenswerten Frau, meiner Mutter, als Wegweiserin.

Pat Bonney Shepherd

Und der Gerechtigkeit wurde Genüge getan

Das Leben war nicht leicht für die kleine Sandra. Sie wuchs in den dreißiger Jahren auf der Familienranch an der Grenze zwischen Texas und New Mexico auf. In dem Lehmziegelhaus gab es weder Strom noch fließendes Wasser. Man sollte meinen, daß Sandras Zukunft angesichts dieser Voraussetzungen nicht allzu leuchtend aussah. Aber ihre Eltern hatten einen Traum für sie – sie träumten davon, daß ihre Tochter eines Tages aufs College gehen würde, etwas, wozu beide selbst nie Gelegenheit hatten.

Der Traum war nicht leicht zu verwirklichen. Zum einen gab es nicht einmal eine Schule in erreichbarer Nähe. Also begann Sandras Mom ihre Tochter selbst zu unterrichten, als diese vier Jahre alt war. Sie lasen zusammen, Stunden um Stunden, Tag um Tag. Und dann war da noch das Geldproblem. Sandras Vater mußte sehr hart auf der Familienranch schuften, um ihren Collegebesuch finanzieren zu können.

Schließlich ging Sandra nicht nur aufs College, sondern begann auch ein Jurastudium. Und 1952 machte sie ihren Abschluß als eine der besten ihrer Klasse an der Stanford University Law School. Der Traum ihrer Eltern war wahr geworden.

Die Welt stand ihr nun offen, und Sandra machte sich mit Zuversicht daran, ihren ersten Job als Anwältin zu ergattern. Doch es war das Jahr 1952, und Sandra war eine Frau. Sie bekam nur

Angebote als Sekretärin in einer Anwaltskanzlei. Sie war zwar enttäuscht, blieb aber hartnäckig und bekam schließlich ihren ersten Job als Anwältin – als stellvertretende Staatsanwältin des Bezirks von San Mateo in Kalifornien. In den folgenden Jahren arbeitete sie weiterhin sehr hart und baute sich schließlich eine prominente Anwaltskanzlei in Arizona auf.

Neunundzwanzig Jahre nach ihrem Abschluß an der Stanford Law School bekam sie einen Anruf von Generalstaatsanwalt William French Smith. Vor vielen Jahren war Mr. Smith einer der Partner einer großen Anwaltskanzlei in Los Angeles gewesen, die ihr Gesuch um eine Anstellung als Anwältin abgewiesen hatte. Aber an diesem Tag rief er sie nicht an, um ihr einen Job als Anwaltssekretärin anzubieten. Vielmehr rief er an, um ihr mitzuteilen, daß Präsident Reagan sie – Sandra Day O'Connor – als erste Frau für den Posten einer Richterin am Obersten Gerichtshof der Vereinigten Staaten nominiert hatte.

Überarbeitet aus: The Best of Bits & Pieces

No-Hair-Day

Wenn du sechzehn bist, stehst du vor dem Spiegel und überprüfst jeden Millimeter deines Gesichts. Du stehst Qualen aus, weil deine Nase zu groß ist und du noch einen Pickel kriegst – und vor allem findest du dich blöd, ist dein Haar nicht blond und hat der Junge in deiner Englischklasse noch keine Notiz von dir genommen.

Alison hatte nie derartige Probleme. Vor zwei Jahren war sie eine schöne, beliebte und smarte Schülerin der elften Klasse, ganz zu schweigen davon, daß sie auch die Torhüterin der Lacrasse-Schulmannschaft und Rettungsschwimmerin war. Schlank, großgewachsen, mit ihren tiefblauen Augen und ihrem dichten blonden Haar sah sie eher nach einem Model für Badeanzüge als nach einer High-School-Schülerin aus.

Nachdem sie den ganzen Tag lang ihren Dienst als Rettungsschwimmerin versehen hatte, konnte sie es kaum erwarten, nach Hause zu kommen, das Salzwasser aus ihrem Haar zu waschen und ihre verfilzten Locken durchzukämmen. Sie warf ihre sonnengebleichte Mähne nach vorn. »Ali!« rief ihre Mutter, »was hast du getan?« Sie hatte einen kahlen Fleck auf dem Kopf ihrer Tochter entdeckt. »Hast du ihn rasiert? Kann das jemand getan haben, während du geschlafen hast?« Sie lösten rasch das Rätsel – Alison mußte das Gummiband zu fest um ihren Pferdeschwanz geschlungen haben. Bald war der Vorfall vergessen.

Drei Monate später wurde ein weiterer kahler Fleck entdeckt und dann noch einer. Bald war Alisons Kopf mit merkwürdigen markstückgroßen kahlen Flecken übersät. Nach Diagnosen wie »Es ist nur Streß« und einigen Salben begann ein Spezialist ihr alle zwei Wochen Kortisonspritzen zu geben, fünfzig in jede kahle Stelle, um genau zu sein. Um den von den Spritzen blutigen Kopf zu bedecken, wurde Alison erlaubt, in der Schule eine Baseballkappe zu tragen, was normalerweise gegen die strikten Regeln der Kleiderordnung verstieß. An den verschorften Stellen wuchsen Haare nach, nur um nach zwei Wochen wieder auszufallen. Alison litt an einem unter dem Namen Alopecia bekannten krankhaften Haarausfall, der durch nichts aufzuhalten war.

Alisons sonniges Gemüt und die Unterstützung ihrer Freunde und Freundinnen ließen sie durchhalten, aber es gab einige Tiefpunkte. So zum Beispiel, als ihre kleine Schwester in ihr Zimmer kam, ein Handtuch um den Kopf gewickelt, um sich ihr Haar kämmen zu lassen. Als ihre Mutter das Handtuch abnahm, sah Alison deren dichtes verwuscheltes Haar auf die Schultern herabfallen. Sie klemmte ihr eigenes schlaffes Haar zwischen zwei Finger und brach in Tränen aus. Seit Beginn ihrer Krankheit weinte sie zum erstenmal.

Mit der Zeit ersetzte ein Kopftuch die Baseballkappe, die nicht länger die zunehmende Kahlheit verdecken konnte. Als nur noch ein paar Strähnen übrig waren, war es an der Zeit, eine Perücke zu kaufen. Statt den Versuch zu unternehmen, ihre einstmalige blonde Mähne wieder zurückzubekommen und so zu tun, als sei sie nicht verlorengegangen, entschied Alison sich für eine Perücke mit kastanienbraunem, schulterlangem Haar. Warum nicht? Die Leute schnitten und färbten ihre Haare unentwegt. Alisons Selbstvertrauen wurde durch ihr neues Aussehen gestärkt. Selbst als die Perücke durch das offene Autofenster ihres Freundes davongeweht wurde, konnte sie es mit Humor nehmen.

Als der Sommer nahte, begann Alison sich Sorgen zu machen. Wie konnte sie weiter Rettungsschwimmerin sein, wenn sie im Wasser keine Perücke tragen konnte? »Wieso, hast du etwa vergessen, wie man schwimmt?« fragte ihr Vater. Die Botschaft kam bei ihr an.

Und nachdem sie nur einen Tag lang eine unbequeme Badekappe getragen hatte, nahm sie all ihren Mut zusammen und zeigte sich völlig kahl. Trotz der Blicke und gelegentlichen Bemerkungen von mehr als unhöflichen Nichtstuern am Strand – »Warum schert ihr verrückten Punks eure Köpfe?« – gewöhnte sich Alison an ihr neues Aussehen.

Im folgenden Herbst kam sie wieder in die Schule, ohne Haar, ohne Augenbrauen, ohne Augenwimpern, die Perücke irgendwo hinten in ihrem Schrank verstaut. Sie hatte schon immer vorgehabt, als Schulsprecherin zu kandidieren – und nahm nur geringfügige Veränderungen an ihrer Kandidatenrede vor. Sie präsentierte eine Diashow über berühmte kahlköpfige Führungspersonen, von Gandhi bis hin zu Mr. Clean, und Schüler und Lehrer hielten sich den Bauch vor Lachen.

Bei ihrer Antrittsrede als gewählte Schulsprecherin ging Alison auf ihre Situation ein und beantwortete ganz gelassen die Fragen. Sie trug ein T-Shirt, auf dem »Bad-Hair-Day« stand, deutete auf ihr Hemd und sagte: »Wenn ihr am Morgen aufwacht und euch euer Aussehen nicht gefällt, dann könnt ihr dieses Hemd anziehen.« Dann zog sie ein weiteres T-Shirt darüber und fuhr fort: »Wenn *ich* am Morgen aufwache, dann ziehe ich das hier an.« Auf ihm stand zu lesen: »No-Hair-Day«. Alle johlten und applaudierten. Und Alison, schön, beliebt und smart, nicht zu reden davon, daß sie Lacrosse-Torhüterin, Rettungsschwimmerin und nun auch Schulsprecherin mit tiefblauen Augen war, lächelte von ihrem Podium in die Menge.

Alison Lambert in Zusammenarbeit mit Jennifer Rosenfeld

Genau wie Sie

Als ich in der Unterstufe der High-School war, ereigneten sich zwei sehr wichtige Dinge in meinem Leben. Zum einen verliebte ich mich in einen jungen Mann namens Charlie. Er war in der Oberstufe, er war Footballspieler, er war großartig! Ich *wußte,* daß er der Mann war, den ich heiraten und mit dem ich Kinder haben wollte. Leider gab es da ein ernsthaftes Problem: Charlie wußte gar nicht, daß ich existierte. Und er wußte auch nicht, daß wir Pläne hatten!

Die zweite wichtige Sache war mein Beschluß, keine weiteren Operationen an meinen Händen zuzulassen. Ich wurde mit jeweils sechs Fingern an beiden Händen und ohne Handknöchel geboren. Als ich sechs Monate alt war, begann man mit der ersten Operation an meinen Händen, und als ich sechzehn war, hatte ich siebenundzwanzig Operationen hinter mir. Die Chirurgen hatten die zusätzlichen Finger entfernt, einige Finger gekürzt und Handknöchel geschaffen. Ich war ein junges Fallbeispiel, das man zuweilen bis zu fünfhundert Handchirurgen vorgeführt hatte. Meine Hände waren zwar immer noch nicht »normal«, aber ich hatte es satt.

Mit sechzehn fand ich, daß ich das Recht hatte zu sagen: »Laßt meinen Körper in Ruhe!« Meine Familie unterstützte meine Entscheidung und meinte, daß ich ja als Erwachsene noch weitere Operationen haben könnte. Aber ich dachte:

»Nichts da. Ich brauche keine weiteren. So werden meine Hände bleiben.« Und damit hatte es sich.

Seit meiner Kindheit hatte ich einen Freund namens Don. Wir waren schon in der ersten Klasse zusammen zur Schule gegangen und wirklich gute Kumpel. Eines Nachmittags besuchte mich Don zu Hause, und wir fingen an, über den anstehenden Abschlußball für die Unter- und Oberstufe zu reden und darüber, daß wir vorhatten, die ganze Nacht über aufzubleiben. Wir hatten keine Ahnung, was wir dann *tun* wollten, aber wir waren bei diesem Gedanken sehr aufgeregt.

Plötzlich sah mich Don an und sagte: »Du hast Charlie wirklich sehr gern, stimmt's?«

»Ja, stimmt«, erwiderte ich.

»Aber Carol, du weißt, daß es da ein Problem gibt – Charlie wird dich nie wollen«, sagte Don.

»Warum nicht?« fragte ich. »Ich weiß – ich werde meine Haare blond färben«, dachte ich bei mir. »Ich weiß, wie das funktioniert. Nein, ich weiß – ich werde ein Cheerleader werden. Alle sind wild auf Cheerleader.«

Aber Don sagte: »Carol, du verstehst nicht ganz. Charlie wird dich nie wollen, weil du deformiert bist.«

Ich hörte es. Ich glaubte es. Ich lebte es.

Seine Worte trafen mich. Ich wurde Volksschullehrerin für die erste Klasse, weil ich dachte, dies wäre ein guter Ort für eine Person mit einer Deformierung.

In meinem ersten Jahr als Volksschullehrerin hatte ich ein kleines Mädchen in meiner Klasse namens Felicia. Sie war das wunderbarste kleine Mädchen, das ich je in meinem Leben gesehen hatte. Eines Nachmittags arbeiteten wir alle daran zu lernen, wie man ein großes und kleines »A« schreibt. Für Erstkläßler bedeutet das einen großen, dicken roten Stift, liniertes grünes Papier und ein konzentriertes Bemühen darauf, den Stift »erst-ganz-rund-und-dann-abwärts« zu führen. Im Klassenzimmer war es sehr still, während alle sorgfältig an dem A arbeiteten.

Ich sah wie so oft zu Felicia hinüber und bemerkte, daß sie mit gekreuzten Fingern schrieb. Ich ging auf Zehenspitzen zu ihr hin, beugte mich zu ihr hinunter und flüsterte: »Felicia, warum schreibst du mit gekreuzten Fingern?« Das kleine Mädchen hob den Kopf und sah mich mit ihren riesig großen wunderschönen Augen an: »Weil ich *genau wie Sie* sein möchte, Mrs. Price«, sagte sie.

Felicia sah nie eine Deformierung, nur eine Besonderheit, die sie auch für sich haben wollte. Wir alle haben etwas an uns, das wir als nicht okay ansehen – als eine Deformierung. Wir können uns als deformiert betrachten oder als etwas Besonderes. Und diese Wahl bestimmt darüber, wie wir unser Leben leben.

Carol Price

Das rote Wägelchen

Um ganz ehrlich zu sein, der erste Monat war Seligkeit. Als Jeanne, Julia, Michael – sechs, vier und drei Jahre alt – und ich am Tag meiner Scheidung aus Missouri in meine Heimatstadt im nördlichen Illinois zogen, war ich einfach nur glücklich, einen Ort zu finden, wo es keine Kämpfe und Mißhandlungen gab.

Doch nach dem ersten Monat begann ich meine alten Freunde und Nachbarn zu vermissen. Mir fehlte unser hübsches, modernes im Ranchstil gehaltenes Backsteinhaus in einem Vorort von St. Louis. Dies vor allem, nachdem wir uns in dem achtundneunzig Jahre alten gemieteten Fachwerkhaus niedergelassen hatten, denn mehr konnten wir uns mit meinem Einkommen nach der Scheidung nicht leisten.

In St. Louis hatten wir allen Komfort genossen: Waschmaschine, Trockner, Geschirrspüler, Fernseher und Auto. Jetzt hatten wir nichts davon. Nach dem ersten Monat in unserem neuen Haus schien es mir, daß wir von der komfortablen Mittelklasse direkt zur Armutsgrenze abgesunken waren.

Die Schlafzimmer im ersten Stock ließen sich nicht einmal heizen, aber irgendwie schienen die Kinder das gar nicht zu bemerken. Der für ihre kleinen Füße kalte Linoleumboden ermunterte sie anscheinend nur dazu, sich am Morgen schneller anzuziehen und am Abend rascher ins Bett zu hüpfen.

Ich klagte über die Kälte, als der Dezemberwind durch alle Fenster- und Türritzen des alten Hauses pfiff. Doch die Kinder kicherten über die »komischen Luftstellen« und kuschelten sich einfach unter die schweren Quiltdecken, die Tante Bernadine am Tag unseres Einzugs vorbeigebracht hatte.

Die Tatsache, daß wir keinen Fernseher hatten, brachte mich zur Verzweiflung. »Was machen wir an den Abenden ohne unsere Lieblingsshows?« fragte ich. Es kam mir wie Betrug vor, daß die Kinder all die Weihnachtsprogramme nicht sehen konnten. Aber meine drei kleinen Kinder waren sehr viel optimistischer und kreativer als ich. Sie holten ihre alten Spiele hervor und bettelten, ich möge Candyland und Old Maid mit ihnen spielen.

Wir saßen aneinandergekuschelt auf dem ramponierten grauen Sofa, das uns der Vermieter überlassen hatte, und lasen ein Bilderbuch aus der Leihbibliothek nach dem anderen. Auf ihr Verlangen hin hörten wir Schallplatten, sangen Lieder, ließen Popcorn ploppen, bauten herrliche Legotürme und spielten Verstecken in unserem verschachtelten alten Haus. Die Kinder brachten mir bei, wie man sich ohne Fernseher vergnügen kann.

An einem frostigen Dezembertag eine Woche vor Weihnachten – ich war gerade drei Kilometer von meinem zeitweiligen Halbtagsjob in einem Versandhaus nach Hause gegangen – fiel mir ein, daß wir noch an diesem Abend die Wäsche, die sich in der Woche angesammelt hatte, waschen mußten. Ich hatte stundenlang die Weihnachtsgeschenke anderer Leute aus dem Lager geholt und sortiert und war nun todmüde und auch etwas verbittert, da ich wußte, daß ich selbst kaum Geld für Geschenke hatte.

Nachdem ich die Kinder vom Babysitter abgeholt hatte, packte ich vier große Wäschekörbe mit schmutziger Wäsche in unser rotes Wägelchen, und dann brachen wir zu viert zum Waschsalon auf, der drei Blocks entfernt war.

Dort mußten wir erst darauf warten, daß Waschmaschinen frei wurden, und dann darauf, daß wir einen Platz an den Tischen zum Zusammenlegen der Wäsche bekamen. Das Sortieren, Waschen, Trocknen und Zusammenlegen dauerte länger als gewöhnlich.

Jeanne fragte: »Hast du Rosinen oder Crackers mitgebracht, Mami?«

»Nein. Wir essen zu Abend, sobald wir nach Hause kommen«, schnauzte ich sie an.

Michael drückte seine Nase gegen das beschlagene Fenster. »Schau, Mami! Es schneit! Große Flocken!«

Julia fügte hinzu: »Die Straße ist ganz naß. Es schneit in der Luft, aber nicht auf dem Boden!«

Ihre Aufregung brachte mich nur noch mehr aus der Fassung. Als wäre die Kälte nicht schon schlimm genug, mußten wir uns jetzt auch noch mit Schnee und Matsch herumschlagen. Ich hatte noch nicht einmal die Kiste ausgepackt, in der ihre Stiefel und Handschuhe waren.

Endlich wurde die saubere und zusammengelegte Wäsche in die Wäschekörbe gepackt und diese übereinandergestapelt in dem roten Wägelchen verstaut. Draußen war es stockdunkel. Schon halb sieben? Kein Wunder, daß die Kinder hungrig waren! Gewöhnlich aßen wir um fünf Uhr.

Wir machten uns langsam auf den Weg in die kalte Winternacht und rutschten auf dem matschigen Bürgersteig dahin. Unsere Prozession, die aus drei kleinen Wesen, einer mürrischen Mutter und vier in ein altes rotes Wägelchen gepackte Wäschekörbe mit frischer Wäsche bestand, zog langsam dahin, während uns der beißend kalte Wind in die Gesichter blies.

An der Kreuzung überquerten wir die dicht befahrene vierspurige Straße. Als wir auf der gegenüberliegenden Seite anlangten, kamen die Vorderräder des Wägelchens auf dem Eis ins Rutschen, es kippte zur Seite, und die ganze Wäsche landete in einer matschigen, schwarzen Pfütze.

»O nein!« heulte ich auf. »Jeanne, nimm die Körbe! Julia, halt den Wagen fest! Michael, geh zurück auf den Bürgersteig!«

Ich stopfte die schmutzige, nasse Wäsche wieder in die Körbe.

»Ich hasse das!« schrie ich. Mir kamen Tränen der Wut. Ich haßte es, arm zu sein, kein Auto und keine Waschmaschine und keinen Trockner zu haben. Ich haßte das Wetter. Ich haßte es, eine alleinerziehende Mutter zu sein, die die ganze Verantwortung für drei kleine Kinder übernehmen mußte. Und ganz ohne Zweifel haßte ich die ganze verdammte Weihnachtszeit.

Als wir zu Hause ankamen, schloß ich die Tür auf, warf meine Tasche quer durch den Raum und stürmte hinauf in mein Schlafzimmer, um mich ordentlich auszuweinen.

Ich schluchzte laut genug, daß die Kinder es hören konnten. Selbstsüchtig wollte ich sie wissen lassen, wie elend mir zumute war. Das Leben konnte nicht schlimmer werden. Die Wäsche war immer noch schmutzig, wir waren alle hungrig und müde, das Abendessen war noch nicht gekocht, und es gab keine Hoffnung auf eine bessere Zukunft.

Als die Tränen schließlich versiegten, setzte ich mich auf und starrte auf das auf Holz aufgezogene Jesusbild, das am Fußende meines Bettes an der Wand hing. Ich hatte es schon als kleines Kind und dann in jedes Haus mitgenommen, in dem ich jemals wohnte. Auf dem Bild war Jesus zu sehen, wie er die Arme über der Erde ausbreitet und offensichtlich die Probleme der Welt löst.

Ich betrachtete sein Gesicht und wartete auf ein Wunder. Ich schaute und wartete und fragte schließlich laut: »Gott, kannst du nicht irgend etwas tun, um mein Leben zu verbessern?«

Ich wünschte mir verzweifelt, daß ein Engel auf einer Wolke herabgeschwebt käme und mich rettete.

Aber niemand kam ... außer der vierjährigen Julia, die in mein Schlafzimmer lugte und mir mit ihrem piepsigen Kleinmädchenstimmchen mitteilte, daß sie den Tisch für das Abendessen gedeckt hatte.

Ich konnte die sechsjährige Jeanne im Wohnzimmer hören, die

die Wäsche in zwei Haufen aufteilte: »... wirklich schmutzig, geht so sauber, wirklich schmutzig, geht so sauber ...«

Michael, der Dreijährige, platzte in mein Zimmer und gab mir ein Bild vom ersten Schnee, das er gerade gemalt hatte.

Und wissen Sie was? In diesem Augenblick sah ich nicht einen, sondern drei Engel vor mir: drei kleine, ewig optimistische Cherubim, die mich wieder einmal aus meiner Düsternis und Weltuntergangsstimmung in die Welt von »Morgen wird alles besser sein, Mami« hineinzogen.

Das Weihnachtsfest in diesem Jahr war zauberhaft. Wir umgaben uns mit einer ganz besonderen Art von Liebe, die sich auf die Freude gründete, gemeinsam ganz simple Dinge zu tun. Eines ist sicher: Mein Dasein als alleinerziehende Mutter war nie wieder so schrecklich oder deprimierend wie an jenem Abend, als das Wägelchen umfiel. Diese drei Weihnachtsengel machten mir immer wieder Mut, und auch heute, über zwanzig Jahre später, erfüllen sie mein Herz mit der Gegenwart Gottes.

Patricia Lorenz

Die Narben des Lebens

Meine Mannschaftskameradinnen im amerikanischen Skiteam der Behinderten pflegten mich wegen meines kleinen Busens aufzuziehen und machten Witze darüber, daß mein größtes Handicap nicht mein fehlendes Bein, sondern mein mangelndes »Holz vor der Hütte« war. Sie wußten nicht, wie sehr sich dies bewahrheiten sollte. Letztes Jahr mußte ich feststellen, daß ich zum zweitenmal in meinem Leben Krebs bekommen hatte, diesmal in beiden Brüsten. Ich mußte mir beide Brüste entfernen lassen.

Als ich hörte, daß ich operiert werden mußte, hielt ich das zunächst für keine große Sache. Schließlich hatte ich mit zwölf bei meiner ersten Runde im Kampf gegen den Krebs ein Bein verloren und war dann Weltmeisterin im Skirennen geworden. Uns allen, die wir dem Skiteam der Behinderten angehörten, fehlte der eine oder andere Körperteil. Ich entdeckte, daß ein Mann im Rollstuhl außerordentlich sexy sein kann. Daß eine Frau, der beide Hände fehlten, so wirken kann, als ginge ihr überhaupt nichts ab. Daß Ganzheitlichkeit nichts mit fehlenden Körpergliedern, aber alles mit Geist, Gesinnung und Mut zu tun hatte. Doch obwohl ich das wußte, mußte ich überrascht feststellen, daß es mir schwerfiel, mit meinen neuen Narben zurechtzukommen.

Als ich nach der Operation wieder zu Bewußtsein kam, begann ich zu schluchzen und zu hyperventilieren. Plötzlich merkte ich, daß ich mich dem Verlust eines weiteren Körperteils nicht stellen wollte. Ich wollte nicht wieder eine Chemotherapie durchmachen. Ich wollte nicht tapfer und hart im Nehmen sein und ein ewiges Lächeln aufsetzen. Ich wollte nie wieder aufwachen. Meine Atmung wurde so schwach, daß mir der Narkosearzt Sauerstoff verabreichte und mich dann dankenswerterweise wieder in Schlaf versetzte.

Wenn ich früher Hügelläufe unternahm, um mich auf meine Skirennen vorzubereiten – mein Herz, meine Lungen und meine Beinmuskeln brannten wie Feuer –, überkam mich oft das Gefühl, daß ich absolut keine Kräfte mehr mobilisieren könnte, um noch weiterzumachen. Dann dachte ich an die bevorstehenden Rennen – an meinen Traum, mein Potential soweit auszureizen wie nur irgend möglich, an die Befriedigung, die es mir verschaffte, wenn ich meine eigenen Grenzen durchbrach – und das half mir, die Läufe durchzustehen. Diese Zähigkeit, die mir bei den Skirennen so dienlich war, half mir auch, die zweite Runde im Kampf gegen den Krebs zu überstehen.

Ich wußte, daß ich auch mit dem körperlichen Training anfangen mußte, um nach der Brustamputation wieder auf die Beine zu kommen, also ging ich ins örtliche Schwimmbad. Während ich im Duschraum stand, bemerkte ich, daß ich mir zum erstenmal in meinem Leben die Brüste anderer Frauen ansah. Brüste mit D-Größe, Brüste mit A-Größe, Hängebrüste und spitze Brüste.

Plötzlich und zum ersten Mal seit dem Verlust meines Beines fühlte ich mich äußerst befangen. Ich konnte mich nicht dazu überwinden, mich auszuziehen.

Ich entschied, daß es an der Zeit war, mich mit mir selbst auseinanderzusetzen. An diesem Abend zog ich mich aus, stellte mich nackt vor den Spiegel und betrachtete sehr lange die Frau, die ich darin sah. Sie war androgyn. Mein Gesicht zum Beispiel – ohne Make-up war es ein niedliches Knabengesicht. Meine Schultermuskeln, Arme und Hände waren durch die Krücken muskulös und kraftvoll. Ich hatte keinen Busen; statt dessen waren da zwei sehr auffällige Narben auf meiner Brust. Ich hatte aufgrund der jahrelangen Skirennen einen sexy flachen Bauch, einen knackigen Po und einen gut ausgebildeten Oberschenkel. Mein rechtes Bein endete in einer großen Narbe kurz über dem Knie.

Ich merkte, daß ich meinen androgynen Körper mochte. Er paßte zu meiner Persönlichkeit – meiner aggressiven männlichen Seite, die sich gerne mit einem Sturzhelm, Arm- und Schienbeinschützern bekleidete, um mit den Slalomtoren den Kampf aufzunehmen, und meiner sanften weiblichen Seite, die sich danach sehnte, eines Tages Kinder zu haben, ein schönes Seidenkleid zu tragen, mit einem Liebhaber auszugehen und sich danach zurückzulehnen, um langsam von ihm ausgezogen zu werden.

Ich stellte fest, daß die Narben auf meiner Brust und an meinem Bein *doch* eine große Sache waren. Sie waren die Narben meines Lebens. Wir alle tragen vom Leben Narben davon; nur zeigen sich manche von ihnen deutlicher als andere. Unsere Narben spielen eine Rolle. Sie sagen uns, daß wir gelebt, daß wir uns nicht vor dem Leben versteckt haben. Wenn wir uns unsere Narben genau ansehen, können wir, so wie ich an jenem Tag, unsere eigene, ganz einzigartige Schönheit in ihnen entdecken.

Als ich das nächste Mal ins Schwimmbad ging, duschte ich nackt.

Diana Golden

Sich befreien und emporschwingen

> Es ist nicht leicht, das Glück in sich
> selbst zu finden, und es ist
> unmöglich, es anderswo zu finden.
> *Agnes Repplier*

Ein neues Heim, ein Swimmingpool hinterm Haus, zwei schöne Autos in der Einfahrt und mein erstes Kind unterwegs. Nach neun Jahren Ehe hatte ich alles – so dachte ich.

Nur wenige Tage vor der Entbindung zerstörte ein Gespräch mit meinem Mann die Welt, in der ich lebte. »Ich will für das Baby da sein, aber ich glaube nicht, daß ich dich noch liebe«, sagte er. Ich konnte nicht glauben, was ich da hörte! Er war während meiner Schwangerschaft auf Distanz zu mir gegangen, aber ich hatte das auf seine Angst und sein Mißbehagen darüber, daß er nun Vater wurde, zurückgeführt.

Als ich ihn um eine Erklärung bat, erzählte er mir, daß er vor fünf Jahren eine Affäre gehabt hatte und sich seither seine Gefühle für mich geändert hätten. Da ich nur an mein Baby dachte und die Ehe unbedingt retten wollte, erwiderte ich, daß ich ihm alles verzeihen könne und daß ich unser Problem lösen wolle.

Die Woche vor der Geburt meines Sohnes war eine emotionale Achterbahnfahrt. Ich war aufgeregt wegen des Babys, hatte furchtbare Angst, meinen Mann zu verlieren, und fühlte mich manchmal grauenhaft schuldig, weil ich dachte, es läge an dem Kind, daß das alles passierte.

T. J. wurde an einem Freitag im Juli geboren. Er war so wunderschön und unschuldig. Er hatte keine Ahnung, was sich in der Welt seiner Mutter abspielte. Er war vier Wochen alt, als ich den wahren Grund für die Distanziertheit seines Vaters entdeckte. Er hatte nicht nur vor fünf Jahren eine Affäre gehabt, sondern während meiner Schwangerschaft eine weitere angefangen, die noch immer andauerte. Also ließen T. J. und ich unser neues Haus, den Swimmingpool und alle meine zerbrochenen Träume hinter uns, als er fünf Wochen alt war. Wir zogen in ein Apartment am anderen Ende der Stadt.

Ich versank so tief in Depressionen, wie ich es niemals für möglich gehalten hätte. Nie zuvor hatte ich etwas Ähnliches erlebt wie diese Einsamkeit, als ich stundenlang allein mit dem neugeborenen Baby war. An manchen Tagen überwältigte mich die Bürde der Verantwortung, und ich zitterte vor Angst. Zwar waren da meine Familie und Freunde, die mir halfen, aber die meiste Zeit war ich erfüllt von Gedanken über zerbrochene Träume und von Verzweiflung.

Ich weinte oft, achtete aber immer darauf, daß T. J. dies nie sah. Das alles sollte sich nicht auf ihn auswirken. Irgendwo im Innern fand ich immer die Kraft, ihm ein Lächeln zu schenken.

Die ersten drei Monate in T. J.s Leben waren in einen Tränenschleier gehüllt. Ich fing wieder an zu arbeiten und versuchte das, was sich da abspielte, vor allen zu verbergen. Ich schämte mich, ohne zu wissen warum.

An einem Samstagmorgen, T. J. war vier Monate alt, erreichte ich den Tiefpunkt. Ich hatte gerade eine weitere emotional geladene Auseinandersetzung mit meinem Mann gehabt, und er war aus meinem Apartment gestürmt. T. J. schlief in seinem Kinderbett, und ich selbst fand mich zusammengekauert auf dem Badezimmerboden sitzen und mich hin und her wiegen. Ich hörte mich laut sagen: »Ich will nicht mehr leben.« Danach trat eine überwältigende Stille ein.

Ich glaube, daß Gott an jenem Tag bei mir war. Nachdem ich dies ausgesprochen hatte, saß ich eine Weile still da und ließ die Tränen über die Wangen rinnen. Ich weiß nicht, wieviel Zeit verging, aber von irgendwo in meinem Innern stieg eine Kraft auf, die ich noch nie zuvor gefühlt hatte. Ich beschloß, auf der Stelle die Kontrolle über mein Leben zu übernehmen. Ich würde meinem Mann nicht mehr die Macht einräumen, mein Leben auf so negative Weise zu beeinflussen. Mir wurde klar, daß ich dadurch, daß ich mich so intensiv mit seinen Schwächen beschäftigte, zuließ, daß diese mein Leben ruinierten.

Noch am selben Tag packte ich einen Koffer für T. J. und mich und fuhr los, um ein Wochenende im Haus meines Bruders zu verbringen. Es war die erste Reise, die ich mit dem Kind allein unternahm, und ich fühlte mich so stark und unabhängig! Ich entsinne mich, daß ich während der ganzen zweistündigen Fahrt lachte, mit T. J. redete und ihm etwas vorsang. Auf dieser Reise wurde mir klar, was für ein Retter mein Sohn in all diesen Monaten für mich gewesen war. Das Wissen, daß er jeden Tag da war und mich brauchte, hatte mich in Gang gehalten und mich dazu gebracht, morgens überhaupt aufzustehen. Was für ein Segen er für mein Leben bedeutete!

Von diesem Tag an zwang ich mich, mich auf die Zuversicht und Stärke zu konzentrieren, die mich dazu gebracht hatte, vom Badezimmerboden aufzustehen. Ich konnte, nachdem ich meine Gedanken nun in eine so positive Richtung gelenkt hatte, nicht fassen, was für einen Unterschied das in meinem Leben ausmachte. Zum erstenmal nach Monaten konnte ich wieder lachen und das Zusammensein mit anderen Menschen genießen. Ich begann den Menschen zu entdecken, den ich so lange in mir verborgen gehalten hatte – ein Prozeß, der mir heute noch immer Spaß macht.

Kurz nachdem T. J. und ich aus dem Haus ausgezogen waren, hatte ich eine Therapie begonnen, die ich auch nach jenem Tiefpunkt noch einige Monate fortsetzte. Am Ende meiner letzten Sitzung stellte mir die Beraterin eine Frage: »Was haben Sie gelernt?« Ich antwortete ohne zu zögern: »Ich habe gelernt, daß mein Glück aus dem Innern kommen muß.«

Das ist die Lektion, an die ich jeden Tag erinnert werde und die ich gerne mit anderen teilen möchte. Ich hatte den Fehler gemacht, mein Leben und meine Identität auf meine Ehe und all die sie umgebenden materiellen Dinge zu gründen. Ich habe gelernt, daß ich selbst für mein Leben und mein Glück verantwortlich bin.

Wenn ich meinen Lebensmittelpunkt in einer anderen Person sehe und verstehe, mein Dasein und mein Glück um diese Person herum aufzubauen, dann lebe ich nicht wirklich. Um wirklich zu leben, muß ich den Geist in mir freilassen und mich an seiner Einzigartigkeit erfreuen. Erst in diesem Seinszustand wird die Liebe einer anderen Person zur Freude und nicht zu etwas, das man zu verlieren fürchtet.

Möge *Ihr* Geist frei sein und sich hoch emporschwingen!

Laurie Waldron

Tränen der Freude

> Liebe zuerst dich selbst, dann kommt alles an seinen Platz. Du mußt wirklich erst dich selbst lieben, um irgend etwas in dieser Welt zuwegezubringen.
>
> *Lucille Ball*

Weinen ist etwas einzigartig Menschliches, vor allem das Weinen aus Freude. Ich weine jeden Tag.

Ich weine um all die Jahre, die ich weinen wollte und es nötig gehabt hätte, es aber nicht getan habe. Ich weine wegen der Einsamkeit und des Schmerzes, die ich empfand. Ich weine aus reiner Freude, am Leben zu sein. Ich weine, weil mir die Bewegung meines Körpers, die Fähigkeit zu tanzen, mich zu strecken und zu schwitzen so viel Vergnügen machen. Ich weine aus Dankbarkeit für das Leben, das ich jetzt führe.

Ich war ein niedliches kleines Mädchen. Ich lachte und spielte gerne mit meinen Freunden. Dann erlebte ich mit acht Jahren ein verheerendes Inzesttrauma. Um mit diesem physischen, mentalen und emotionalen Alptraum fertigzuwerden, traf ich unbewußt zwei Entscheidungen: Erstens wollte ich so häßlich wie nur möglich sein; zweitens wollte ich nicht mehr denken oder fühlen. Ich wußte, daß es zuviel für mich wäre, wenn ich zuließ, daß ich noch irgend etwas fühlte.

Also begann ich zu essen. Wenn die Angst kam, aß ich; wenn der Schmerz kam, aß ich. Als ich zwölf war, wog ich neunzig Kilo.

Ich verbrachte die meiste Zeit für mich allein, machte irgend etwas mit den Händen oder saß vor dem Fernseher. Selbst wenn ich mit meinen Brüdern und Schwestern zusammen war, fühlte ich mich allein. Keiner fragte mich, ob ich Tanzen oder ins Kino gehen wolle, niemand verabredete sich mit mir. Ich war gesellschaftlich unsichtbar.

Als ich fünfundzwanzig war, wog ich hundertneunzig Kilo. Mein Arzt gab mir noch sechs Monate zu leben. Mein Körper konnte das Fett, das ich mit mir schleppte, nicht mehr tragen. Ich verließ das Haus zwei Jahre lang nicht. Ich konnte mich buchstäblich nicht mehr bewegen. Ich *mußte* abnehmen, wenn ich leben wollte. Da beschloß ich, alles zu tun, was der Arzt verlangte, um abzunehmen.

Ich verlor meine ersten fünfzig Kilo und fühlte mich so leicht, daß ich tanzen wollte. Doch ich fing an, wieder zuzunehmen, und mir wurde klar, daß ich tiefer gehen und das Problem an der Wurzel packen mußte – dem ungefühlten Schmerz. Ich begann eine Therapie, schloß mich einem Programm der Zwölf Schritte an und nahm die Liebe und Unterstützung meiner Familie und Freunde an. Als ich fünfunddreißig war, weinte ich zum ersten Mal, seit ich acht war. Meinen Schmerz zu fühlen, darin lag das wahre Geheimnis meines Gewichtsverlusts.

Nachdem ich erst einmal diese Hürde genommen hatte, lag es an mir, weiterzuarbeiten und jeden Tag von neuem bewußt zu leben. Ich hatte einen Prozeß begonnen, in dessen Verlauf meine Selbsterkenntnis und Selbstannahme stetig wuchs. Ich setzte meine Therapie fort. Ich begann mich mit Ernährungswissenschaft zu befassen und lernte, daß für mich das Essen von Fett ein Beruhigungsmittel ist. Ich beobachtete mein Verhalten und überprüfte, was mein Eßbedürfnis auslöste. Wenn ich mich mal wieder dabei ertappte, daß ich knietief in Eiscreme steckte, hielt ich inne und fragte mich, wie ich dahin gelangt war.

Es gab zwar Rückschläge, aber die Tatsache, daß ich mich in allen meinen Stärken *und* Schwächen akzeptierte, half mir, mich immer wieder zu berappeln und weiterzumachen. Mein Ziel war es, besser zu sein – nicht perfekt.

Wenn ich heute Kinder sehe, die an Fettleibigkeit leiden, bricht es mir das Herz. Wir würden nicht im Traum daran denken, über ein Kind zu lachen, dem ein Bein fehlt oder das im Rollstuhl sitzt. Aber die Leute verspötteln ein Kind, das an einer Eßstörung leidet und fett ist. Wir verstehen noch immer nicht, daß das Gewicht, das so ein Kind trägt, das Gewicht seines Schmerzes ist.

Bei der Heilung meines Lebens ging es nicht nur um das Abnehmen. Ich mußte auch lernen, wie man ein Erwachsenenleben führt. Ich hatte kein normales Sozialverhalten gelernt – einmal sprach mich bei der Arbeit ein Mann beim Wasserspender an, und ich kicherte wie eine Vierzehnjährige. Ich begann mit einem Lernprozeß in bezug auf Beziehungen und Erwachsenwerden.

Jetzt, mit sechsundvierzig, bin ich erwachsen. Ich bin eine Person geworden, die ich wahrhaft liebe. Mein Gewicht bewegt sich im durchschnittlichen Bereich, ich mache Gymnastik, und ich halte Vorträge über Motivation – ich liebe meinen Beruf. Ich erkenne die guten Dinge an, die sich aus den Jahren meiner Kindheit, dem Schmerz und der Isolation ergeben haben: meine Liebe zur klassischen Musik, meine Begabung für das Nähen und die Glasmalerei – die Fähigkeit, mit den Händen Schönheit zu schaffen. Selbst meine Gabe, gut und fesselnd zu sprechen, läßt sich auf die vielen Stunden vor dem Fernseher zurückführen, in denen ich mir so großartige Entertainer wie Lucille Ball und Milton Berle ansah.

Ich bin dankbar für die Segnungen in meinem jetzigen Leben und akzeptiere die Ereignisse in meinem Dasein als Geschenke des Wachstums, die zu Charakter- und Glaubensstärke führen. Heute weine ich aus Dankbarkeit für das Leben, das ich habe.

Joan Fountain in Zusammenarbeit mit Carol Kline

4

Über die Ehe

Nun werdet ihr keinen Regen mehr spüren,
denn jeder von euch wird für den anderen ein
Schutzdach sein.
Nun werdet ihr keine Kälte mehr spüren,
denn jeder von euch wird für den anderen Wärme sein.
Nun gibt es für euch keine Einsamkeit mehr,
denn jeder von euch wird dem anderen Gefährte sein.
Nun seid ihr zwei Körper,
doch vor euch liegt nur ein Leben.
Geht nun zu eurer Wohnstätte,
um in die Tage eurer Gemeinsamkeit einzutreten.
Und mögen eure Tage auf Erden gut sein
und lange währen.

Segensspruch der Apachen

Für immer zu Hause

Der kostbarste Besitz, den ein Mann
in dieser Welt je erlangen kann, ist
das Herz einer Frau.

Josiah G. Holland

Es war einer dieser seltenen Tage. Sie wissen, was ich meine. Als ich am Morgen aufwachte, fühlte ich mich im Einklang mit der Welt. Die Sonne schien. Die Luft war frisch und erfüllt vom Geruch des Grüns. Es war ein wunderschöner Tag, und rundum war alles in Ordnung.

Ich hatte meinen freien Tag und freute mich tatsächlich darauf, das Haus durchzuputzen und mich um die Wäsche zu kümmern. Ich arbeite als Krankenschwester in einem Rehabilitationszentrum für Langzeitpatienten und begrüße an manchen Tagen die Ablenkung, die mir die Hausarbeit bietet. Nicht immer, aber zuweilen bedeutet sie eine erfrischende Ablenkung für mich.

Das Telefon klingelte um acht Uhr morgens. Ich hörte die Stimme meiner Mutter am anderen Ende der Leitung. Sie klang angespannt, und ich merkte sofort, daß irgend etwas nicht stimmte. Sie war kurz davor, in Tränen auszubrechen.

Dann erzählte sie mir, daß mein Großvater, ihr Vater, schrecklich verstört war, weil das Pflegeheim, in das er vor zwei Wochen gebracht worden war, ihn noch immer nicht in ein Zimmer mit meiner Großmutter verlegt hatte. Das war die Abmachung gewesen: Er sollte sich ein Zimmer mit seiner Frau teilen können. Das hatten wir ihm versprochen, und er hatte sich darauf verlassen.

Meine Großmutter war vor siebeneinhalb Jahren in ein Pflegeheim gebracht worden, weil sie Alzheimer im fortgeschrittenen Stadium hatte und mein Großvater nicht mehr für sie sorgen konnte. Sie war damals neunzig und er einundneunzig. In den folgenden siebeneinhalb Jahren ging er jeden Tag jeweils eineinhalb Kilometer hin und zurück, um seine Zeit bei ihr zu verbringen. Er fütterte sie, kämmte ihr Haar, streichelte sie, sprach zärtlich mit ihr und sagte ihr, wie sehr er sie liebte. Und obwohl sie nicht sprechen oder seine Fürsorge und sein Mitgefühl erwidern konnte, setzte Großvater seine tägliche Betreuung fort.

Jedesmal, wenn ich zu Besuch kam, erzählte er mir die Geschichte von dem Tag, an dem sie sich zum ersten Mal begegnet waren – ein Tag, den er nie vergessen würde, wie er sagte. Er schilderte, wie er sie zum ersten Mal in einer Menschenmenge auf dem Jahrmarkt sah und sofort von ihrer »hübschen roten Schleife in ihrem wunderschönen braunen Haar« beeindruckt war. Dann pflegte er seine Brieftasche hervorzuholen und mir ein Foto von ihr zu zeigen, das an jenem Tag aufgenommen worden war. Er trug es immer bei sich. Ich kann mich entsinnen, daß er es mir schon zeigte, als ich noch ein kleines Kind war.

Schließlich wurde auch Großpapa zu hinfällig, um noch alleine leben und für sich selbst sorgen zu können. Zuweilen vergaß er sogar zu essen. Wir wußten, daß es nur noch eine Frage der Zeit war, bis auch er von anderen versorgt werden mußte.

Das zu akzeptieren fiel ihm nicht leicht. Er war ein Mann, der immer ausgesprochen unabhängig gewesen war. Er besaß ein Auto und fuhr es auch, bis er dreiundneunzig war, und er ging täglich, sofern das Wetter es erlaubte, zum Golfspielen bis er sechsundneunzig war. Er bezahlte seine Rechnungen selbst, hielt sein Apartment in Ordnung, wusch seine Kleidung, ging einkaufen und kochte seine Mahlzeiten, bis er siebenundneunzig war. Aber jetzt, mit fast achtundneunzig, konnte er nicht mehr für sich selbst sorgen.

Es brauchte eine Menge Überredungskunst, Liebe und Unterstützung, bis wir Großpapa dazu bewegen konnten, in das Pflegeheim zu gehen, in dem sich auch meine Großmutter befand. Aber nur unter einer Bedingung: Er würde ein Zimmer mit meiner Großmutter teilen. Das war die Abmachung, und die Familie willigte ein. Er wollte »mit seiner Liebsten zusammensein«, wie er sagte.

Die Leiterin des Pflegepersonals stimmte der Forderung zu, und Großpapa wurde in das Pflegeheim aufgenommen. Doch am Tag seiner Ankunft sagten sie, es würde ein oder zwei Tage dauern, bis sie die Zimmergenossin meiner Großmutter ausquartiert hatten und mein Großvater dort einziehen könnte. Wir versicherten Großpapa, daß alles in Ordnung sei, und fuhren weg in der Annahme, daß die Sache geregelt würde.

Aber es vergingen Tage und Wochen, und Großpapa war noch immer nicht bei meiner Großmutter einquartiert worden. Er wurde zunehmend verwirrter und lethargischer. Er verstand nicht, warum er nicht bei ihr wohnen durfte. Schlimmer noch, er befand sich auf einem anderen Stockwerk und konnte sie noch nicht einmal »finden«.

Obwohl meine Mutter ständig fragte, warum Großpapa noch nicht umgezogen und was denn der Grund für diese Verzögerung sei, wurde nichts unternommen. Schließlich teilte ihr die Leiterin des Pflegepersonals mit, daß es ihrer Ansicht nach nicht gut für Großpapa sei, wenn er bei meiner Großmutter einquartiert würde. Sie glaubten, daß er sich in seinem gebrechlichen Zustand verletzen könnte, wenn er für sie zu sorgen versuchte. Sie hatten schließlich beobachtet, wie hingebungsvoll er sich in den über sieben Jahren um sie gekümmert hatte. Sie meinten, daß er sich Schaden zufügen könnte, wenn er versuchte, sie aufzurichten oder ihren Körper zu bewegen. Sie kannten ihn gut. Sie wußten um sein Unabhängigkeitsbedürfnis – seinen Willen, die Dinge richtig zu machen.

Zunächst akzeptierte meine Mutter diese Entscheidung, aber dann machte sie sich zunehmend Sorgen. Die Trennung von seiner Frau bekam Großpapa gar nicht gut. Er wollte nur bei ihr sein – seiner »Liebsten« seit achtundsechzig Jahren. Er sprach ständig davon. Und er war immer traurig. Das Funkeln in seinen schönen blauen Augen erlosch allmählich.

Ich hatte meinen Großvater seit seiner Übersiedlung ins Pflegeheim nicht mehr gesehen. Und als mir meine Mutter, mühsam ihre Tränen zurückhaltend, berichtete, was geschehen war, überkam mich eine tiefe Traurigkeit. Mein Großvater, den ich so sehr liebte, den ich als Kind vergötterte und als Erwachsene gut kennen und respektieren gelernt hatte, verbrachte seine letzten Jahre deprimiert und einsam. Er, der meine Verbindung zur Unendlichkeit war, verlor den Mut und die Lebenslust. Man verweigerte ihm die Entscheidung und Kontrolle über sein Leben. Dies war meinem Gefühl nach eine Ungerechtigkeit, und ich wurde sehr zornig.

Nach dem Gespräch mit meiner Mutter beschloß ich, die Sache in die Hand zu nehmen. Ich rief die Leiterin des Pflegepersonals an und erkundigte mich nach der Situation. Sie wiederholte alles, was sie schon meiner Mutter gesagt hatte. Ich erklärte ganz ruhig, daß ich der Ansicht sei, mein Großvater sollte wie versprochen bei meiner Großmutter einquartiert werden. Sie beharrte weiterhin darauf, daß er sich übernehmen und verletzen könnte, wenn er sich um Großmama kümmerte. Ich bestand darauf, daß es wichtig sei, das Versprechen zu halten, und sagte, daß beide emotional davon profitieren würden, wenn sie sich ein Zimmer teilten. Schließlich hatten sie achtundsechzig Jahre lang ein Zimmer geteilt. Und ich sah keinen Grund, warum ihnen am Ende ihres langen Lebens voller Liebe das Beisammensein verwehrt werden sollte. Sie liebten einander zutiefst, und das gemeinsame Zimmer war »abgemacht« gewesen.

Nachdem wir lange diskutiert und gestritten hatten, konnte ich nicht länger an mich halten. Meine Gefühle gingen mit mir durch. »Worum geht es?« fragte ich. »Wenn mein Großvater, der achtundneunzig ist, einen hohen Cholesterinspiegel hätte und unbedingt gerne viel Käse essen wollte – was wäre dabei? Ich würde ihn lassen. Ja, ich würde hingehen und ihm alle seine Lieblingssorten kaufen! Und wenn er sie nicht selbst essen könnte, würde ich ihn damit füttern. In einem Zimmer mit meiner Großmutter zu sein, ist für ihn wichtig. Es ist wichtig für sein emotionales Wohlbefinden. Es ist wichtig, um seine Lebensgeister aufrecht zu erhalten. Wichtig für das Funkeln in seinen Augen.«

Am anderen Ende der Leitung trat eine lange Pause ein. Dann sagte die Leiterin des Pflegepersonals, daß sie verstünde, was ich meinte, und daß sie sich um die Sache kümmern würde.

Es war neun Uhr morgens, als wir zum Ende dieses Telefonats kamen, und ich sagte ihr, daß meine Großeltern bis zwei Uhr nachmittags in einem gemeinsamen Zimmer einquartiert sein müßten. Und daß ich, wenn dies bis dahin nicht geschehen sei, die beiden persönlich aus dem Pflegeheim abholen und sie anderswo unterbringen würde – in einem Heim – wo sie sich ein Zimmer teilen durften.

Dann rief ich meine Mutter an und sagte: »Laß alles stehen und liegen, und hol deine Tasche. Wir gehen Großmama und Großpapa besuchen.« Ich fuhr zu ihrem Haus und hielt unterwegs an, um einen Farbfernseher für Großpapa zu kaufen. Meine Mutter begrüßte mich mit einem Lächeln an der Tür, und dann fuhren wir zum Pflegeheim und fühlten uns wunderbar als Herrinnen der Lage.

Als wir dort ankamen, schlief Großmama tief und fest, und Großpapa saß neben ihr und streichelte ihr Haar. Er hatte ein Lächeln im Gesicht und das vertraute Funkeln in seinen wunderschönen blauen Augen. Er machte sich an ihrer Bettdecke zu schaffen und strich die Leintücher glatt. Und dann erzählte er mir wieder einmal von seiner »Liebsten« und wie sehr er sie liebte. Er schwatzte über den Jahrmarkt und die rote Schleife in ihrem wunderschönen braunen Haar. Er zeigte mir das Foto in seiner Brieftasche. Endlich war er zu Hause.

Jean Bole

Paris im Frühling

Es war Frühling. Ich war im Garten und kümmerte mich um meine Rosen, als Dan vor mir auf die Knie sank und mich fragte, ob ich seine Frau werden wolle. Ich antwortete, er solle mich in drei Monaten noch einmal fragen. Schließlich hatten wir unsere Höhen und Tiefen gehabt, und ich war mir nicht sicher, ob sowohl er wie ich schon bereit waren, uns auf eine solche Verpflichtung einzulassen.

Drei Monate verstrichen, doch er fragte mich nicht wieder, und wir machten beide behutsam weiter wie zuvor und praktizierten die schöne Kunst der Zweierbeziehung.

Im folgenden Winter begannen wir für das Frühjahr eine Reise nach Paris zu planen. Ich weiß nicht warum, aber mein Herz und meine Seele sehnten sich nach Paris, und ich hatte schon immer den starken Wunsch gehabt, diese Stadt gemeinsam mit Dan zu erleben. Jetzt ging dieser Wunsch in Erfüllung.

Paris war unglaublich! Vor zwanzig Jahren hatte ich fließend Französisch gesprochen, und so avancierte ich rasch zu Dans Dolmetscherin. Mein Französisch war inzwischen eine Katastrophe, aber da Dan kaum ein Wort davon sprach, hielt er mich darin für perfekt. Er wurde es nie müde, mir zuzuhören, wenn ich mich beim Kellner dafür zu entschuldigen versuchte, daß ich ihre elegante Sprache abschlachtete, oder mich bemühte, etwas zu bestellen, das ich dann, wenn es gebracht wurde, auch wiedererkennen konnte.

Romantik lag in der Luft, wo immer wir auch hingingen, und Dan fragte mich ständig, wie man zum Beispiel »Kuß« und »gib mir deine Hand« und »ich liebe dich« auf französisch sagte. Wir fuhren Boot auf der Seine, spazierten stundenlang auf den mit Bäumen eingesäumten Boulevards, saßen in Straßencafés und verliebten uns aufs neue zutiefst ineinander.

Eines Abends, wir hatten uns gerade in einem kleinen altmodischen Restaurant niedergelassen, beugte sich Dan zu mir vor und fragte: »Wie sagt man ›Willst du mich heiraten?‹ auf französisch?« Ich erwiderte, ich sei mir nicht ganz sicher, glaubte aber, es müsse heißen: *Veux-tu me marier?*

»*Veux-tu me marier?*« wiederholte er.

»Schatz, das ist großartig!« sagte ich. »Deine Aussprache ist allmählich wirklich gut!«

»Nein«, sagte er nachdrücklich. »*Veux-tu me marier?*« Und er schob mir ein kleines Samtkästchen zu.

Ich öffnete es und sah zwei wunderschöne Ringe – einen Verlobungs- und einen Ehering – und mir dämmerte, was da passierte. Die Tränen rollten mir über das Gesicht, und alle Kellner kamen herbeigeeilt, standen um unseren Tisch, machten ein Getue um uns und riefen, wie wundervoll das sei. Sie machten noch immer Fotos von uns, als ich Dan ansah und schließlich sagte: »*Oui, chéri!*«

Jennifer Read Hawthorne

Eine Handvoll Smaragde

Als Jeff und ich an einem stürmischen Samstag heirateten, kam uns nie der Gedanke, daß uns dieser Tag einmal sehr lange vorkommen würde. Seither haben wir in acht verschiedenen Städten gelebt und drei Kinder bekommen. Wir sind nun bei unserem dritten Fläschchen Tabasco angelangt, und ich habe gerade die letzten Leintücher, die wir zur Hochzeit geschenkt bekamen, zu Putzlumpen zerrissen. Leider haben die meisten gräßlichen erdfarbenen Möbel, die wir für unsere erste Wohnung kauften, überlebt. Mein Hochzeitskleid hängt hinten im Schrank. Ich kann den Reißverschluß immer noch zuziehen (solange ich nicht im Kleid stecke). Wir haben ein paar Autos und zu viele Höhen und Tiefen hinter uns, um sie noch zählen zu können.

Ein Tag ist mir in besonderer Erinnerung geblieben. Wir lebten im Osten, und meine Leute kamen uns besuchen. Da wir pleite waren, übernahmen Mom und Dad freundlicherweise die Kosten für eine Woche in einem Strandhaus an der Küste von Jersey. Diese Regelung machte Jeffs Ego schwer zu schaffen, ich war selbst schlecht gelaunt, und wir beide gerieten in einen außerordentlich idiotischen Streit wegen eines Monopolyspiels. Jeff stolzierte aus dem Haus und über die Straße zum Strand. Ein paar Stunden später tauchte er, während ich am Strand auf ihn wartete, mit einem starken Sonnenbrand und einer Luftmatratze wieder aus den Wellen des Atlantiks auf.

»Wo ist dein Ehering?« fragte ich.

Jeff sah niedergeschlagen auf seine linke Hand. Seine Finger hatten sich, während er sich treiben ließ, im kalten Wasser zusammengezogen. Der Ring war vom Finger geglitten und lag nun unten bei den Seeanemonen. Ich fing an zu weinen.

»Nimm deinen Ring und wirf ihn in den Ozean«, bat er mich.

»Warum um Himmels willen soll ich Gold wegwerfen, wo wir noch nicht einmal genug Geld für das Benzin haben, um nach Hause zu kommen?« schluchzte ich.

»Weil dann unsere Ringe gemeinsam im Ozean liegen.«

Die Sachlichkeit siegte über Herzchen und Blümchen, und ich trage noch heute meinen Ring. Doch die Erinnerung daran hat mich oftmals Zeiten durchstehen lassen, die alles andere als romantisch waren.

Wenn mal wieder unser Jahrestag ist, denke ich an diesen Tag am Strand. Und ich denke auch daran, was der verstorbene Charlie MacArthur zu Helen Hayes sagte, als er ihr auf einer Party begegnete. Er reichte ihr eine Handvoll Erdnüsse mit der Bemerkung: »Ich wünschte, es wären Smaragde.«

Als sie dann viele Jahre glücklich verheiratet waren und Mac Arthur sich dem Ende seines Lebens näherte, gab er ihr eine Handvoll Smaragde und sagte: »Ich wünschte, es wären Erdnüsse.«

Ich auch.

Rebecca Christian

Verloren und gefunden

Winona war neunzehn, als sie im Jahr 1928 zum erstenmal Edward, einem großen, gutaussehenden jungen Mann begegnete. Er war nach Detroit gekommen, um seine Schwester zu besuchen, die mit Winonas Bruder verlobt war. Edward wohnte bei Freunden, und obwohl er nur ein paar Tage blieb, war doch genug Zeit, um die lebhafte dunkelhaarige Frau kennenzulernen, die ihn seit ihrer ersten Begegnung faszinierte. Sie versprachen einander zu schreiben, und Edward kehrte nach Pittsburgh zurück.

Viele Monate lang schrieben sie sich lange Briefe, in denen sie Neuigkeiten und Einzelheiten über ihr Leben und ihre Träume austauschten. Dann verschwand Edward wieder so rasch aus Winonas Leben, wie er in es eingetreten war. Es kamen keine Briefe mehr von ihm, und sie akzeptierte nach und nach, daß er ganz einfach nicht mehr an ihr interessiert war. Edward seinerseits konnte nicht begreifen, warum Winona nicht mehr schrieb, und auch er fand sich mit der Tatsache ab, daß die Frau, in die er sich verliebt hatte, seine Liebe nicht erwiderte.

Ein paar Jahre später heiratete Winona Robert, einen schneidigen Mann und zehn Jahre älter als sie. Sie hatten drei Söhne. Winona hörte ab und zu von ihrer Schwägerin, was sich in Edwards Leben tat. Ein paar Jahre nach ihrer Hochzeit heiratete auch er, und auch er hatte drei Kinder.

Während einer ihrer Besuche bei ihrem Bruder und ihrer Schwägerin in Buffalo verkündete ihr Bruder: »Wir fahren nach Pittsburgh zur Hochzeit von Eds Tochter. Wollt ihr mitkommen?« Winona stimmte sofort zu, und sie fuhren los.

Während der Autofahrt machte sie allein schon der Gedanke daran nervös, was sie wohl zu diesem Mann sagen würde, den sie seit dreißig Jahren nicht mehr gesehen hatte. Würde er sich an ihre Briefe erinnern? Würde er Zeit haben, sich mit ihr zu unterhalten? Würde er es überhaupt wollen?

Bald nachdem sie auf der Hochzeitsfeier eingetroffen waren, entdeckte Ed Winona am anderen Ende des Raums. Er ging langsam zu ihr hinüber. Winonas Herz raste, als sie einander die Hände schüttelten und »Hallo« sagten. Als sie sich dann an einer der langen Tafeln niederließen, um sich zu unterhalten, pochte Winonas Herz so laut, daß sie Angst hatte, Ed könne es hören. Edward hatte Tränen in den Augen, während sie höflich Konversation machten und über die Hochzeit und ihre jeweiligen Familien sprachen. Die Briefe wurden nicht erwähnt, und nach ein paar Minuten widmete sich Ed wieder seinen Pflichten als Vater der Braut.

Winona kehrte nach Detroit zurück, wo sie weiter Klavierunterricht gab, in einer Werbeagentur arbeitete und wie immer das Beste aus dem machte, was das Leben zu bieten hatte. Die Erinnerung an den kurzen Besuch bei Ed steckte sie zusammen mit den anderen Erinnerungen an ihn weg.

Als Eds Frau zehn Jahre später starb, schickte ihm Winona einen kurzen Beileidsbrief. Zwei Jahre später starb Winonas Mann, und Edward schrieb einen Brief an sie. Sie fingen wieder eine Korrespondenz an.

Edward schrieb oft, und seine Briefe wurden zu den Höhepunkten in Winonas Alter. Auf der Fahrt zur Arbeit hielt sie bei der Post, holte seine Briefe ab und las sie, während sie an den Ampeln warten mußte. Nach ihrer halbstündigen Fahrt waren die Briefe gelesen und Winona konnte glücklich ihren Arbeitstag beginnen. Nach und nach gab Edward seiner Liebe zu seinem »Liebling Winona« Ausdruck, und sie vereinbarten, daß er nach Detroit kommen sollte, um dort seinen Urlaub zu verbringen.

Winona war aufgeregt und nervös. Schließlich hatten sie, mit Ausnahme ihrer kurzen Begegnung bei der Hochzeit, seit vierzig Jahren keine Zeit mehr miteinander verbracht. Sie schrieben sich jetzt erst seit sechs Monaten, und Edward wollte für zwei Wochen kommen.

Es war ein schöner, warmer Junitag, als Winona zum Flughafen fuhr, um Edward abzuholen. Diesmal stürzte er, als er sie erblickte, auf sie zu und umarmte sie lang und innig. Sie schwatzten glücklich und vertraut miteinander, während sie auf das Gepäck warteten und dann zum Auto gingen. Es war ein problemloser Anfang.

Auf der Fahrt zu Edwards Hotel zog er ein kleines Samtkästchen aus der Tasche und streifte Winona einen Verlobungsring über den Finger. Sie war sprachlos. Zwar hatte er in seinen Briefen seine Absichten angedeutet, aber dies kam doch zu plötzlich und zu schnell. Oder doch nicht? Hatte sie nicht all die Jahre darauf gewartet, diese Liebe zu erfahren?

Ed umwarb Winona zwei Wochen lang. Er schrieb ihr sogar Briefe aus dem Hotel. Winonas Bedenken lösten sich allmählich im Strom von Eds Liebe und der rückhaltlosen Unterstützung von seiten ihrer Familie und Freunde auf. Am 18. Dezember 1971 wurde Winona, die ein langes, rosafarbenes Kleid trug, von ihrem ältesten Sohn zum Altar geleitet. Sie und Ed wurden getraut und »leben seither glücklich miteinander«, so Winonas Worte.

Und was war mit den Briefen, die vor so vielen Jahren plötzlich nicht mehr gekommen waren? Es stellte sich heraus, daß Edwards Mutter Winonas Briefe vernichtet hatte, weil sie ihren jüngsten Sohn nicht verlieren wollte. Dreiundvierzig Jahre später fand Winona wieder zu ihm.

Elinor Daily Hall

Großpapas Valentinskarte

Ich war das einzige Familienmitglied, das in der Nähe lebte, und so erhielt ich als erste den Anruf aus dem Pflegeheim. Mit Großpapa ging es zu Ende. Ich sollte kommen. Dort konnte ich nichts weiter tun, als seine Hand halten. »Ich liebe dich, Großpapa. Danke, daß du immer für mich da warst.« Und still ließ ich ihn innerlich los.

Erinnerungen ... Erinnerungen ... sechs Tage die Woche kümmerte sich der Farmer im alten blauen Hemd und Latzhose um die Herford-Kühe, die er so sehr liebte... hob an heißen Sommertagen Heuballen vom Wagen, pflügte den Acker, pflanzte Mais und Bohnen und erntete sie im Herbst... arbeitete immer vom Morgengrauen bis zur Abenddämmerung. Das Überleben erforderte Arbeit, Arbeit, Arbeit.

An Sonntagen aber zog er, nachdem die morgendlichen Pflichten erledigt waren, seinen grauen Anzug an und setzte den Hut auf. Großmama trug ihr weinrotes Kleid und ihre Kette aus Elfenbeinperlen, und dann gingen sie zur Kirche. Abgesehen davon gab es wenig Gesellschaftsleben. Großpapa und Großmama waren stille, friedliche, unemotionale Menschen, die jeden Tag taten, was zu tun war. Er war mein Großpapa – er war es fünfunddreißig Jahre lang gewesen. Es war schwer, sich ihn in irgendeiner anderen Rolle vorzustellen.

Die Krankenschwester entschuldigte sich dafür, daß sie mich so schnell darum bitten mußte, Großpapas Dinge aus dem Zimmer zu räumen. Es dauerte nicht lange. Da war nicht viel. Dann fand ich *es* in der obersten Schublade seines Nachtkästchens. Es sah aus wie ein sehr alter, selbstgebastelter Valentinsgruß. Was einmal rotes Papier gewesen sein mußte, war nun streifiges, verblichenes Rosa. In der Mitte eines Herzens war ein Stück weißes Papier geklebt. Darauf standen in Großmamas Handschrift folgende Worte:

FÜR LEE VON HARRIET
Mit all meiner Liebe
14. Februar 1895

Bist du lebendig? Wirklich? Oder bist du der schönste Traum, den ich seit Jahren hatte? Bist du ein Engel – oder ein Produkt meiner Phantasie? Jemand, den ich mir erfunden habe, um die Leere zu füllen? Den Schmerz zu lindern? Wo hast du die Zeit gefunden, um zuzuhören? Wie konntest du verstehen?

Du hast mich zum Lachen gebracht, als mein Herz weinte. Du hast mich zum Tanzen ausgeführt, als ich keinen Schritt tun konnte. Du hast mir geholfen, mir neue Ziele vorzunehmen, als ich am Sterben war. Du zeigtest mir Tautropfen, und ich hatte Diamanten. Du brachtest mir wilde Blumen, und ich hatte Orchideen. Du sangst mir vor, und Engelchöre brachen in Gesänge aus. Du hieltest meine Hand, und mein ganzes Wesen liebte dich. Du gabst mir einen Ring, und ich gehörte zu dir. Ich gehörte zu dir, und ich habe alles erlebt.

Tränen liefen mir über das Gesicht, als ich das las. Vor mir sah ich das alte Paar, so wie ich es immer gekannt hatte. Es ist schwer, sich die Großeltern in irgendeiner anderen Rolle vorzustellen. Was ich da las, war so wunderschön und heilig. Großpapa hatte es all die Jahre über aufbewahrt. Nun steht es eingerahmt auf meiner Frisierkommode, ein gehüteter Schatz unserer Familiengeschichte.

Elaine Reese

Alle Tage meines Lebens

Meine Eltern feierten ihren fünfzigsten Hochzeitstag, und meine Mutter rief mich ganz aufgeregt an: »Er hat mir ein Dutzend weißer Rosen geschenkt!« Sie hörte sich an wie ein Teenager, der gerade zum Abschlußball eingeladen worden ist, und sie sprach darüber, wie gut sie sich fühlte und wie glücklich sie war.

Dieser Jahrestag brachte eine Seite in meinen Eltern zum Vorschein, die ich nie kennengelernt hatte. Zum Beispiel ist in ihre Eheringe eine Gedichtzeile eingraviert: *Ich schicke dir eine cremeweiße Rosenknospe.* Mein Vater erzählte mir das einmal in der Küche. Meine Mutter sagte »O John«, als wollte sie ihn davon abhalten. Mein Vater sagte: »O Claire.«

Meine Eltern gingen immer so mit ihrer Beziehung um: diskret. Wir Kinder waren nie Zeugen irgendwelcher Gefühlsduseleien. Was wir zu sehen bekamen, waren die Kumpel, das Team.

»Kannst du dich an das Gedicht erinnern?« fragte ich meinen Vater an jenem Tag in der Küche, während ich seinen Ehering im Licht inspizierte. Er sah mich an, holte Luft und begann »Eine weiße Rose« von dem irisch-amerikanischen Dichter John Boyle O'Reilly zu rezitieren. Er stockte nicht einmal, so als hätte er die letzten fünfzig Jahre dieses Gedicht jeden Tag im Geiste aufgesagt.

»Die rote Rose flüstert von Leidenschaft/ Und die weiße Rose strömt Liebe aus«, begann er.

»O John«, sagte meine Mutter.

»Oh, die rote Rose ist ein Falke/ Und die weiße Rose eine Taube.«

»O John!« sagte meine Mutter noch einmal. Dann verließ sie den Raum.

»Aber ich schicke dir eine cremeweiße Rosenknospe / Gerötet an den Spitzen ihrer Blüte«, sprach er an der Spüle stehend weiter. *»Denn die Liebe, die die reinste und süßeste ist / Trägt einen Kuß des Verlangens auf den Lippen.«*

Mein Vater schwieg. »Ist das nicht wunderschön?« fragte er dann mit einem Lächeln.

Wir machten uns auf die Suche nach meiner Mutter. Sie saß im Arbeitszimmer, den Kopf in den Händen vergraben. »Es ist wunderschön«, sagte ich zu ihr.

»Es ist peinlich«, erwiderte sie.

Sie ist eine Frau, die in ihrer Jugend nie eine glückliche Ehe gesehen hatte und sich fragte, warum irgend jemand an so etwas gelegen sein sollte. Statt dessen träumte sie von einer Zukunft als Geisteswissenschaftlerin, die sich mit Chaucer befaßte. Im College fand sie das Ausgehen nur mäßig amüsant. Doch dann traf sie meinen Vater.

Er war der anständigste Mann, dem sie begegnet war. Es war der Mann, der sie anzog, nicht die Institution der Ehe. Als sie zum Altar ging, hatte sie das Gefühl, von einer Klippe zu springen, erzählte sie mir später.

Im ersten Ehejahr wurde mein Vater in den Krieg geschickt.

Meine Mutter war im fünften Monat schwanger und verängstigt. Sie bekam das Baby und wartete. Sie aß Schokoladen-Nuß-Eiscreme, um ihr Herz zu beruhigen.

Mein Vater kehrte zurück, begrüßte seinen sieben Monate alten Sohn und kaufte bald mit meiner Mutter ein Haus. Dann bekamen sie eine Tochter, dann noch eine Tochter und dann mich.

Sogar schon als Kind konnte ich erkennen, daß meine Eltern anders waren. Dad zog es vor, bei Mom zu sein, statt mit seinen Kumpels zum Bowling zu gehen. Und wenn er nicht da war, rollte sie nicht wie die anderen Ehefrauen mit den Augen und machte Witze auf Kosten ihres Mannes. Statt dessen sagte sie: »Weißt du, er hat mich nie enttäuscht.«

Anläßlich ihres fünfzigsten Hochzeitstags erneuerten meine Eltern ihr Ehegelübde in der Kirche. Etwa fünfundsiebzig Freunde waren anwesend. Mein Vater wiederholte sein Versprechen, verschluckte sich und mußte kurz innehalten. Meine Mutter legte in ihre Worte mehr Leidenschaft, als ich je von ihr gehört hatte. Sie blickte in seine Augen, als sie erklärte: »... alle Tage meines Lebens.«

Nach der Zeremonie gab es eine große Party, bei der mein Vater meine Mutter küßte und sagte: »Willkommen in der Ewigkeit.«

Sie war die meiste Zeit über sprachlos, außer als sie verkündete: »Das ist der glücklichste Tag meines Lebens.« Und dann setzte sie hinzu: »Das ist besser als mein Hochzeitstag – denn jetzt weiß ich, wie alles ausgeht!«

Jeanne Marie Laskas

5

Über die Mutterschaft

Der Entschluß, ein Kind zu bekommen, ist von
großer Tragweite. Es gilt, sich dafür zu entscheiden,
sein Herz für alle Zeiten außerhalb des Körpers
umherwandern zu lassen

Elizabeth Stone

Es wird dein Leben verändern

Für meine Freundin wird die Zeit knapp. Während wir beim Mittagessen sitzen, erwähnt sie beiläufig, daß sie und ihr Mann daran denken, »eine Familie zu gründen«. Damit will sie sagen, daß der Countdown ihrer biologischen Uhr begonnen hat und sie gezwungen ist, nunmehr die Mutterschaft in Erwägung zu ziehen.

»Wir machen Bestandsaufnahme«, sagte sie halb im Spaß. »Meinst du, ich sollte ein Baby bekommen?«

»Das wird dein Leben verändern«, antwortete ich vorsichtig und in möglichst neutralem Ton.

»Ich weiß. Kein langes Ausschlafen mehr an Samstagen, keine spontanen Urlaube mehr ...«

Aber das hatte ich ganz und gar nicht gemeint. Ich sehe meine Freundin an und versuche mir darüber klar zu werden, was ich erzählen soll. Ich möchte sie wissen lassen, was sie in Babykursen nie lernen wird. Ich möchte ihr sagen, daß sie sich nach der Geburt körperlich wieder völlig erholen wird, daß aber ihre Mutterschaft eine so empfindliche emotionale Wunde hinterlassen wird, daß sie für alle Zeiten verletzbar bleibt.

Ich überlege mir, ob ich sie davor warnen soll, daß sie nie wieder eine Zeitung lesen wird, ohne sich zu fragen: »Was, wenn das mein Kind gewesen wäre?« Daß jeder Flugzeugabsturz, jede Feuerkatastrophe sie bedrücken wird. Daß jedes Bild von verhungernden Kindern sie zur Überlegung veranlassen wird, was es Schlimmeres geben könnte, als sein Kind sterben zu sehen.

Ich blicke auf ihre sorgsam manikürten Fingernägel und ihr elegantes Kostüm und denke, daß ganz gleich, wie intellektuell und hochgeistig sie auch sein mochte, die Mutterschaft sie auf den primitiven Stand einer Bärin, die ihr Junges beschützt, reduzieren würde. Daß dieser dringliche Schrei »Mami!« sie veranlassen würde, ohne geringstes Zögern ein Soufflé zusammensacken oder ihre beste Kristallschale fallen zu lassen.

Ich glaube sie davor warnen zu müssen, daß sie ungeachtet dessen, wie viele Jahre sie in ihre Karriere investiert hat, durch die Mutterschaft beruflich entgleisen wird. Möglicherweise wird sie eine Kinderpflegerin anstellen, aber eines Tages wird sie zu einer wichtigen geschäftlichen Besprechung gehen und an den hinreißenden Geruch ihres Babys denken. Sie wird ihre ganze Disziplin aufbringen müssen, um nicht umgehend nach Hause zu rennen und nachzusehen, ob mit dem Kind alles in Ordnung ist.

Ich möchte meine Freundin wissen lassen, daß die alltäglichen Entscheidungen nicht mehr länger reine Routine sein werden. Daß der Wunsch eines fünfjährigen Jungen, bei McDonald's nunmehr zur Herren- statt zur Damentoilette zu gehen, zu einem ernsthaften Dilemma führen wird. Daß genau dort, inmitten von Geschirrklappern und Kindergeschrei die Aspekte der wachsenden Unabhängigkeit und geschlechtlichen Identität gegen die Möglichkeit eines auf der Toilette lauernden Kinderschänders abgewogen werden. Wie entscheidungsfreudig meine Freundin im Büro auch auftreten mag, unterschwellig wird sie sich in erster Linie als Mutter wahrnehmen.

Ich sehe diese attraktive Frau an und möchte ihr versichern, daß sie die zusätzlichen Pfunde der Schwangerschaft schließlich wieder loswerden wird, möchte ihr aber auch sagen, daß sie sich selbst gegenüber nie wieder so empfinden wird wie zuvor. Daß ihr jetzt so wichtiges Leben weniger wichtig für sie werden wird, wenn sie erst einmal ein Kind hat. Daß sie es augenblicklich opfern würde, um ihre Sprößlinge zu retten, zugleich aber hoffen wird, alt zu werden – nicht zur Verwirklichung ihrer eigenen Träume, sondern um zuschauen zu können, wie ihr Kind seine Träume erfüllt. Ich möchte ihr klarmachen, daß die Narbe eines

Kaiserschnitts oder die schimmernden Schwangerschaftsstreifen für sie zu Ehrenabzeichen werden.

Ihre Beziehung zu ihrem Mann wird sich ändern, aber nicht so, wie sie denkt. Ich wollte, sie könnte verstehen, wieviel mehr man einen Mann lieben kann, der immer darauf bedacht ist, das Baby zu pudern oder niemals zögert, mit seinem Sohn oder seiner Tochter zu spielen. Ich finde, sie sollte wissen, daß sie sich aus Gründen, die sie im Augenblick unromantisch fände, erneut in ihren Mann verlieben wird.

Ich möchte, daß meine Freundin das Band spürt, das sie mit all den Frauen verbindet, die durch die Geschichte hindurch immer wieder verzweifelt versucht haben, Schluß mit Kriegen und Vorurteilen und Trunkenheit am Steuer zu machen. Ich hoffe, sie wird begreifen, warum ich zwar über die meisten Probleme auf rationale Weise nachdenken kann, aber manchmal ausraste, wenn ich über die durch einen Atomkrieg bedrohte Zukunft meiner Kinder diskutiere.

Ich möchte meiner Freundin das Entzücken beschreiben, das man empfindet, wenn man zusieht, wie sein Kind einen Baseball schlagen lernt. Ich möchte ihr das glucksende Lachen eines Babys schildern können, das zum erstenmal das weiche Fell eines Hundes berührt. Ich möchte ihr die Freude vermitteln, die so intensiv ist, daß es schmerzt.

Der fragende Gesichtsausdruck meiner Freundin bringt mir zu Bewußtsein, daß mir Tränen in die Augen gestiegen sind. »Du wirst es nie bereuen«, sage ich schließlich. Ich reiche über den Tisch, drücke ihre Hand und spreche innerlich ein Gebet für sie und mich und all die anderen weiblichen Wesen, die in diese heiligste aller Berufungen hineinstolpern.

Dale Hanson Bourke, veröffentlich von Karen Wheeler

Während du schläfst…

Mein Schätzchen, ich bin in dein Zimmer geschlichen, um bei dir zu sitzen, während du schläfst, und für eine Weile zuzusehen, wie sich deine Brust beim Atmen hebt und senkt. Deine Augen sind friedlich geschlossen, und deine weichen blonden Locken umrahmen dein Engelsgesicht. Gerade eben noch saß ich über meinen Papieren im Arbeitszimmer. Doch während ich mir die Ereignisse des Tages durch den Kopf gehen ließ, wurde ich plötzlich ganz traurig. Ich konnte mich nicht länger auf meine Arbeit konzentrieren, und so bin ich gekommen, um, während du schläfst, im stillen mit dir zu sprechen.

Am Morgen war ich mit dir ungeduldig, als du beim Anziehen herumgetrödelt hast, und sagte dir, du solltest keine solche Tranfunzel sein. Ich schalt dich, weil du deine Essensmarke verlegt hattest, und krönte das Frühstück mit einem mißbilligenden Blick, weil du deine Bluse bekleckertest. »Schon wieder?« seufzte ich und schüttelte den Kopf. Du hast mich nur verlegen angelächelt und »Tschüs Mami!« gesagt.

Am Nachmittag führte ich Telefongespräche, während du in deinem Zimmer spieltest, laut vor dich hinsangst und gestikuliertest, während all dein Spielzeug lustig auf deinem Bett aufgereiht lag. Ich gab dir irritiert zu verstehen, daß du ruhig sein und mit dem Radau aufhören solltest, um dann geschäftig eine weitere Stunde am Telefon zu verbringen. »Mach jetzt sofort deine Hausaufgaben zu Ende«, schnarrte ich später wie ein Unteroffizier, »und vergeude nicht soviel Zeit.« »Okay Mami«, sagtest du reumütig und setztest dich kerzengerade an dein Pult, Stift in der Hand. Danach war es still in deinem Zimmer.

Als ich am Abend an meinem Schreibtisch arbeitete, kamst zu zögernd zu mir. »Lesen wir heute abend miteinander eine Geschichte, Mami?« fragtest du mit einem leisen Ton der Hoffnung in der Stimme. »Heute nicht«, erwiderte ich barsch, »dein Zimmer sieht immer noch wie ein Schweinestall aus! Wie oft muß ich es dir noch sagen?« Du schlurftest mit gesenktem Kopf davon und verschwandest in deinem Zimmer. Es dauerte nicht lange, da kamst du zurück und spähtest zur Tür herein. »Was willst du denn jetzt?« fragte ich gereizt.

Du sagtest kein Wort, sondern kamst ins Zimmer gehüpft, legtest die Arme um meinen Hals und gabst mir einen Kuß auf die Wange. »Gute Nacht Mami, ich liebe dich«, sagtest du nur und schmiegtest dich eng an mich. Und dann warst du so schnell, wie du gekommen warst, wieder verschwunden.

Danach saß ich lange da, blickte starr auf meinen Schreibtisch und fühlte, wie mich eine Woge der Reue überflutete. »An welchem Punkt geriet ich heute aus dem Rhythmus des Tages und um welchen Preis?« fragte ich mich. Du hattest gar nichts getan, um meine üble Laune heraufzubeschwören. Du bist einfach nur ein Kind, damit beschäftigt, heranzuwachsen und zu lernen. Ich habe mich heute in der Erwachsenenwelt der Verantwortlichkeiten und Anforderungen verloren und hatte nur noch wenig Energie für dich übrig. Doch wie du ganz selbstverständlich hereinkamst, um mir einen Gutenachtkuß zu geben, obwohl du den ganzen schwierigen Tag lang auf Zehenspitzen um meine Mißstimmung herumschleichen mußtest, warst du mir heute eine Lehrmeisterin.

Und nun, während ich dich tief schlafend vor mir liegen sehe, sehne ich mich danach, daß es Tag wird und ich von vorne beginnen kann. Morgen werde ich mir selbst ebenso viel Verständnis entgegenbringen wie du mir heute, damit ich eine wirkliche Mami sein kann – dir beim Aufwachen ein warmes Lächeln schenke und ein ermunterndes Wort, wenn du von der Schule nach Hause kommst, und dich vor dem Ins-Bett-Gehen mit einer spannenden Geschichte erfreue. Ich werde lachen, wenn du lachst, und weinen, wenn du weinst. Ich werde daran denken, daß du ein Kind und keine Erwachsene bist, und ich werde es genießen, deine Mami zu sein. Dein unberirrbar fröhliches Gemüt hat mich heute zutiefst gerührt, und so komme ich zu dieser späten Stunde zu dir, um dir mein Kind, meine Lehrmeisterin und meine Freundin, für das Geschenk deiner Liebe zu danken.

Diane Loomans

Weglaufen

Es war ein besonders hektischer Tag. Mein Mann und ich waren damit beschäftigt, hunderterlei Dinge zu erledigen, und wir mußten unseren viereinhalbjährigen Sohn Justin Carl immer wieder wegen des Unfugs, den er anstellte, rügen. Nachdem das alles nichts fruchtete, sagte mein Mann George schließlich, er solle sich in die Ecke setzen. Das tat er still, war aber nicht glücklich darüber. Dann sagte er nach einigen Augenblicken: »Ich lauf weg von zu Hause.«

Ich reagierte überrascht und ärgerte mich über seinen Ausspruch. »Ja, wirklich?« platzte ich heraus. Doch als ich mich dann umdrehte, um ihn anzusehen, stand er da wie ein Engelchen – so klein, so unschuldig, so traurig.

In meinem Herzen fühlte ich seinen Schmerz und Kummer und erinnerte mich an einen Augenblick in meiner eigenen Kindheit, als ich mich ungeliebt und einsam gefühlt und die gleichen Worte gesagt hatte. Mein Sohn drückte sehr viel mehr aus, als seine bloßen Worte besagten. Innerlich schrie er: »Ignoriert mich doch nicht einfach! Bitte beachtet mich! Ich bin auch wichtig. Gebt mir das Gefühl, daß ich erwünscht, bedingungslos geliebt und gebraucht werde.«

»Okay, Jussie, du kannst von zu Hause weglaufen«, sagte ich sanft und begann, Kleidungsstücke hervorzuholen. »Also, wir brauchen Pyjamas, deinen Mantel ...«

»Mama, was machst'n da?« fragte er.

»Wir werden auch meinen Mantel und mein Nachthemd brauchen.« Ich packte die Sachen in eine Tasche und stellte sie an der Haustür ab. »Okay Jussie, bist du sicher, daß du weglaufen willst.«

»Ja, aber wohin gehst du denn?«

»Na, wenn du weglaufen willst, dann komme ich mit dir, weil ich nicht möchte, daß du allein bist. Dafür hab' ich dich viel zu lieb, Justin Carl.«

Wir hielten einander im Arm, während wir redeten. »Warum willst du mit mir mitkommen?«

Ich sah ihm in die Augen. »Weil ich dich sehr lieb habe, Justin. Mein Leben wäre nie mehr dasselbe, wenn du weggehen würdest. Also möchte ich darauf aufpassen, daß dir nichts passiert. Wenn du gehst, dann komme ich mit dir.«

»Kann Daddy auch mitkommen?«

»Nein, Daddy muß bei deinen Brüdern Erickson und Trevor bleiben, und er muß arbeiten und sich um das Haus kümmern, während wir weg sind.«

»Kann Freddi (der Hamster) mitkommen?«

»Nein, Freddi muß auch hier bleiben.«

Er überlegte eine Weile. »Mama, können wir zu Hause bleiben?« fragte er dann.

»Ja, Justin, wir können zu Hause bleiben.«

»Mama…«

»Ja, Justin?«

»Ich hab' dich lieb.«

»Ich hab' dich auch lieb, Schätzchen. Wie wär's, wenn du mir beim Popcorn machen helfen würdest?«

»In Ordnung.«

In diesem Moment wurde mir bewußt, was für ein wunderbares Geschenk ich mit der Mutterschaft erhalten hatte, und daß die heilige Verpflichtung, in einem Kind das Gefühl von Sicherheit und Selbstachtung zu entwickeln, nicht auf die leichte Schulter genommen werden darf. Mir wurde klar, daß ich das kostbare Geschenk einer Kindheit in den Armen hielt, ein wunderbares Stück Ton, das willens und bereit war, liebkost und zum großartigen

Meisterstück eines selbstsicheren Erwachsenen geformt zu werden. Ich begriff, daß ich nie von der Gelegenheit »weglaufen« sollte, meinen Kindern zu zeigen, daß sie erwünscht, wichtig, liebenswert und Gottes kostbarstes Geschenk sind.

Lois Krueger

Eine Pause einlegen

Als berufstätige Frau hat man es unter Umständen schon nicht leicht, aber hat man dazu auch noch Kinder, wird die Sache noch viel anstrengender.

Es gibt da die Geschichte von der Mutter dreier sehr lebhafter Jungen, die an einem Sommerabend nach dem Essen im Garten Räuber und Gendarm spielten.

Einer der Jungen »schoß« auf seine Mutter und schrie: »Peng, du bist tot!« Sie plumpste zu Boden, und als sie nicht gleich wieder aufstand, kam eine Nachbarin herübergerannt, um nachzusehen, ob sie sich beim Sturz verletzt hatte.

Als sie sich über sie beugte, öffnete die überarbeitete Mutter ein Auge und sagte: »Psst. Verrate mich nicht. Es ist meine einzige Chance, endlich mal Ruhe zu haben!«

The Best of Bits & Pieces

»Jemand sollte sie wecken.
Es ist höchste Zeit, heimzugehen.«

Abdruck mit Genehmigung von Peggy Andy Wyatt

Abschlußfeier

> Eine Mutter ist kein Mensch,
> der einem als Stütze dienen soll,
> sondern einer, der die Stütze
> überflüssig macht.
>
> *Dorothy Canfield Fisher*

Heute wird Cathy zum erstenmal in die Vorschule gehen. Sie ist meine Jüngste, und mich überkommt Wehmut. Wenn ich den Mut hätte, es zuzugeben, würde ich sagen, daß ich traurig und ein bißchen verängstigt bin. Warum empfinde ich so? Ich war nicht traurig, als Renata, ihre ältere Schwester, ihren ersten Schultag hatte. Im Gegenteil, ich war aufgeregt und freute mich über ihre neue Freiheit.

Mir scheint, es sei erst gestern gewesen, daß Cathy noch ein so ruhiges, zufriedenes Baby war. Sie um sich zu haben, war ein echtes Vergnügen. Sie spielte still mit ihren Stofftieren oder unserem Hund. Sie und der Hund liebten es, sich unter der Decke zu verstecken, die ich über den großen Sessel gebreitet hatte.

Von nun an würden sich ihr und mein Leben drastisch verändern. Sie würde Teil der Welt dort draußen sein. Für mich würde es schwieriger werden, sie vor den Beulen und Kratzern des Lebens zu beschützen.

Vielleicht war ich auch nur überängstlich, denn als Cathy drei war, wurde bei ihr ein seltenes Leiden diagnostiziert. Außerhalb der Familie wußte keiner davon, und niemand konnte ihr irgend etwas anmerken.

Ich bin im Begriff, die Küche zu verlassen, um Cathy für ihren großen Tag zu wecken. Aber da kommt sie schon mit leuchtenden Augen und strahlendem Lächeln, fertig angezogen in ihrem neuen rotkarierten Rock und der dazugehörigen Bluse. Sie umarmt mich stürmisch.

»Guten Morgen, du bist aber früh auf!« begrüße ich sie.

»Morgen, Mom«, murmelt sie in meine Schürze. »Schau, ich hab' mich ganz allein angezogen und sogar mein Haar gebürstet.« Sie dreht sich stolz im Kreis, um es mir zu zeigen.

»Aber ich kann dieses Band nicht in mein Haar kriegen.« Sie reicht mir Bürste, Gummiband und rotes Bändchen. Ich bin verblüfft, wie geschickt sie an diesem so besonderen Morgen ist.

Während ich mit ihrem Haar und dem Band beschäftigt bin, frage ich sie noch einmal: »Möchtest du gerne, daß ich dich heute am ersten Tag in die Vorschule bringe?«

Ich bekomme dieselbe Antwort wie gestern: »Nein, Mom, ich kann den Weg allein finden. Renata, Leslie und ich sind gestern zur Schule gegangen, und sie haben mir gezeigt, wie ich den Weg durch das Wäldchen bis zum Spielplatz finde. Und Mom, es ist jetzt dort alles fertig und ganz neu – die Rutsche, die Schaukeln und die Basketballkörbe. Es wird ganz toll werden!«

Ich reagiere auf ihre Begeisterung nur mit einem: »Halt still, damit ich dein Haar zusammenbinden kann.«

Dann schiebe ich sie sanft in Richtung Tisch. Sie hopst auf ihren Stuhl und macht sich über ihr Frühstück her. Ich wende mich ab und hole tief Luft, aber das löst weder den Kloß in meinem Hals, noch lindert es den Schmerz in meiner Brust.

Ich werfe einen Blick auf die Uhr. »Du kannst sowieso nicht vor halb neun weggehen, also iß langsam und kaue gründlich.«

In wenigen Minuten hat sie den letzten Tropfen Milch getrunken und steht sofort auf, um sich die Zähne zu putzen. Dann kommt sie mit übergezogenem Pullover zurück.

»Ist es jetzt Zeit zum Gehen?« fragt sie flehend.

»Erst wenn der große Zeiger auf sechs steht.« Ich zeige es ihr auf der Uhr.

Dann versuche ich es wieder, zum x-ten Mal: »Willst du wirklich nicht, daß ich dich begleite?«

»Nein, Mom, ich möchte allein gehen.« Sie geht auf die Veranda hinaus, um den Hund zu rufen und den Garten zu inspizieren.

Sie kommt zurück. »Ist es jetzt Zeit?« fragt sie auf- und abhüpfend.

»Ja, Liebes«, antworte ich mit einem Seufzer.

Ich nehme sie lang und zärtlich in die Arme, und dann flitzt sie davon, die Stufen hinunter und zur Haustür hinaus. Ich stehe oben auf der Treppe und kann sie durch das Fenster beobachten. Sie rennt den Gehsteig entlang. Dann bleibt sie plötzlich stehen, dreht sich um und läuft zum Haus zurück. »O nein«, denke ich und mache mich darauf gefaßt, mir andere Schuhe anziehen zu müssen, um sie doch zu begleiten.

Die Haustür fliegt auf, Cathy stürmt die Treppe hinauf, um mich mit ihren Ärmchen zu umschlingen und ihr Gesicht gegen meinen Bauch zu drücken. Die lange, heftige Umarmung endet, als sie den Kopf hebt, mir in die Augen blickt und mit ernster Stimme verkündet: »Mom, es wird alles in Ordnung sein. Ich bin mittags wieder zu Hause.«

Dann saust sie davon in ihre neue Welt der Schulabenteuer, aufgeregt und glücklich, dem Kleinkindstatus entwachsen zu sein. Mit verschleiertem Blick verfolge ich ihren Weg bis zum Ende des Gehsteigs. Sie dreht sich noch einmal um und winkt mir zu. Ich winke zurück und stelle fest, daß ich nun lächeln kann.

Der Kloß in meinem Hals löst sich auf, als ich an Cathys Liebesbeweis denke. Ja, mit mir wird alles in Ordnung sein, wenn ich mich nun meinen eigenen Abenteuern zuwende. Das ist heute meine Abschlußfeier.

Mary Ann Detzler

Das Geschenk des Lebens fortgeben

Noch vor einer kleinen Weile waren deine Augen offen, aber jetzt möchtest du einfach schlafen. Ich wollte, du würdest sie wieder aufmachen und mich ansehen. Mein Kind, mein Kostbarstes, mein vom Himmel gesandter Engel… Dies ist das letztemal, daß wir zusammen sind. Ich halte dich an mich gedrückt und spüre die Wärme deines winzigen Körpers und sehe dich an, sehe dich immer nur an… so als ob meine Augen gar nicht genug von dir aufnehmen könnten. Für so ein kleines Menschenwesen gibt es an dir eine Menge zu sehen… in so kurzer Zeit. In ein paar Minuten werden sie kommen und dich mir wegnehmen. Aber für den Augenblick sind wir zusammen, und noch gehörst du nur mir.

Deine Wangen sind von der Geburt noch gequetscht – sie fühlen sich unter meinen Fingerspitzen so weich wie Schmetterlingsflügel an. Deine Augenbrauen sind vor Konzentration zusammengezogen – träumst du? Du hast zu viele Wimpern, um sie zählen zu können, und doch würde ich sie mir gerne alle ins Gedächtnis einprägen. Ich möchte nichts von dir vergessen. Ist es in Ordnung, daß du so rasch atmest? Ich weiß nichts über Babys – vielleicht werde ich nie etwas über sie erfahren. Aber eines weiß ich ganz sicher – ich liebe dich aus ganzem Herzen. Ich liebe dich so sehr, und es gibt keine Möglichkeit, dir das zu sagen. Ich hoffe, daß du mich eines Tages verstehen wirst. Ich gebe dich fort, weil ich dich liebe. Ich möchte, daß du in deinem Leben einmal all die Dinge bekommst, die ich in meinem Leben nie haben konnte – Sicherheit, Mitgefühl, Freude und Anerkennung. Ich möchte, daß du um deiner selbst willen geliebt wirst.

Ich wünschte, ich könnte dich wieder in mein Inneres aufnehmen – ich bin noch nicht bereit, dich fortzulassen. Wenn ich dich nur für alle Zeiten so halten könnte wie jetzt und mich nie einem Morgen stellen müßte – wäre dann alles in Ordnung? Nein, ich weiß ja, alles wird nur dann in Ordnung sein, wenn ich dich gehen lasse. Ich war einfach nicht darauf gefaßt, solche Gefühle zu haben – ich wußte nicht, daß du so wunderschön und so vollkommen sein würdest. Mir ist, als würde mir mein Herz bei lebendigem Leibe herausgerissen. Ich wußte nicht, daß ich einen solchen Schmerz empfinden würde.

Morgen werden deine Mama und dein Papa ins Krankenhaus kommen und dich abholen, und dann wirst du dein Leben beginnen. Ich bete darum, daß sie dir von mir erzählen werden. Hoffentlich werden sie wissen, wie tapfer ich gewesen bin. Hoffentlich werden sie dir erzählen, wie sehr ich dich geliebt habe, denn ich werde nicht da sein, um es dir selbst zu sagen. Innerlich werde ich jeden Tag weinen, weil ich dich so sehr vermissen werde. Hoffentlich werde ich dich eines Tages wiedersehen – ich möchte, daß du einmal groß und stark und schön wirst und alles hast, was du dir wünschst. Ich möchte, daß du eine Familie und ein Zuhause hast. Ich möchte, daß du eines Tages selbst Kinder hast, die so schön sind wie du. Und ich hoffe, daß du versuchen wirst, mich zu verstehen und nicht zornig auf mich bist.

Die Schwester kommt ins Zimmer und streckt die Arme nach dir aus. Muß ich dich wirklich fortlassen? Ich kann deinen schnellen Herzschlag fühlen, und jetzt öffnest du doch noch die Augen. Du blickst mich voller Vertrauen und Unschuld an, und unsere Herzen vereinen sich. Ich übergebe dich der Schwester. Mir ist, als wollte ich sterben. Leb wohl mein Baby – ein Teil meines Herzens wird für immer und ewig bei dir sein. Ich liebe dich, ich liebe dich… ich liebe dich…

Patty Hansen

Muttertag

Als ich Anfang Dreißig war, saß ich eines Tages in einer Kirche im Mittelwesten und brach in Tränen aus. Es war Muttertag, und Frauen in jeglicher Gestalt und Größe, junge und alte, wurden von ihren Familien und der ganzen Kirchengemeinde gefeiert. Jede von ihnen erhielt eine schöne Rose und kehrte mit ihr zu den Kirchenbänken zurück – wo ich mit leeren Händen saß. Ich war zutiefst betrübt und überzeugt, meine Chance auf dieses großartige Abenteuer verpaßt zu haben, das von dieser auserwählten Vereinigung »Mutterschaft« genannt wurde.

Alles das änderte sich an einem Februartag, als ich mit fast vierzig Gabriel Zacharias zur Welt brachte. Es bedurfte vierundzwanzig Stunden andauernder Wehen, um dieses kleine, knapp fünf Pfund schwere Bündel der Freude hervorzubringen. Kein Wunder, daß die Frauen damals Blumen bekamen!

Jede Mutter, die eine Geburt überstanden hat, überrascht sich selbst mit ihrer Bereitschaft, sich noch auf ein zweites Kind einzulassen. Jordan Raphael wurde im März des folgenden Jahres geboren. Er war kleiner, und die Wehen dauerten weniger lang; aber auch da hatte ich das Gefühl, Blumen verdient zu haben.

Die Vereinigung, der ich beigetreten war, erforderte eine lange Periode der Schinderei: neun Monate lang wilde Gier nach ungewöhnlichen Nahrungsmitteln, die man nicht bei sich behalten kann; unerklärliche Gewichtszunahme; ein Gang, der aus einer Mischung von Büffeltrott und Entengewatschel besteht; einmalige Liegekonstruktionen im Bett mit Kissen, die diese Wölbung stützen und jene Lücke füllen, aber jeglichen Druck auf die Blase vermeiden sollen; ausgeprägte Schwangerschaftsstreifen auf der Haut und als Höhepunkt schließlich schauderhafte Wehenschmerzen.

Mit letzteren endet die Periode der Schinderei. Doch mit der Geburt des Kindes hat die Phase der Initiation in diese grandiose Vereinigung eben erst begonnen. Das qualvolle Zerren an den Herzensbanden übertrifft bei weitem den physischen Schmerz der Geburtswehen. Da war der erste blutende Schnitt, den sich mein älterer Sohn beibrachte, seine Anfälle von Heufieber, seine hartnäckige Lungenentzündung; der Schrecken meines Sohnes vor einem großen, bellenden Hund, sein durch ein Auto verursachter Beinahe-Unfall, der Tod seiner Lieblingsratte.

Wenn schon die Periode der Schinderei übermäßig lang erscheint, so endet die Initiationsphase nie. Ich wache auf, wenn meine Söhne husten. Ich höre es, wenn ihre Teddybären mit einem sanften Plumps neben ihrem Bett auf dem Boden landen. Im Supermarkt reagiere ich auf Kinder, die »Maa-maa!« schreien und gar nicht meine eigenen sind, wie ich dann merke.

Ich bin über die Phase der Flaschenent- und Töpfchengewöhnung, der ersten Schultage und des ersten Zahnarztbesuchs hinaus. Auf mich kommen die ersten Schwärmereien meiner Söhne, die ersten unglücklichen Lieben und die ersten Stunden hinter dem Steuer eines Autos zu. Ich hoffe, sie eines Tages glücklich verheiratet zu sehen und sie mit ihren eigenen Kindern zu erleben. Dann werde ich in die noch exklusivere Vereinigung der »Großmutterschaft« eintreten.

Doch gegenwärtig lautet das Losungswort zu meinem Herzen »Mom«, und ich bin meinen Söhnen dankbar dafür – vor allem an ihren Geburtstagen und an einem speziellen Sonntag im Mai. Meinen jungen Söhnen ist noch nicht bewußt, welchen großen Wert ich dieser bemerkenswerten Mitgliedschaft beimesse, und nehmen sie, sofern sie nicht dazu gedrängt werden, noch nicht zur Kenntnis. Doch jedesmal, wenn wir einen Spaziergang machen, pflücken sie eine kurzstielige Blüte für mich – »einfach nur so«.

In diesem Jahr freue ich mich darauf, den Muttertag zu feiern – die göttliche Leistung des Physischen, die großartige Akzeptanz des Alltäglichen, die außerordentliche Dankbarkeit, die ich empfinde, wenn ich meine Söhne zu ihrer persönlichen Einmaligkeit heranwachsen sehe. Denn wegen Gabriel und Jordan bin ich ein gebührenpflichtiges eingetragenes Mitglied *des Clubs*. Alle guten Wünsche zum Muttertag für mich!

Sharon Nicola Cramer

6

Besondere Augenblicke

Heute geht eine neue Sonne für mich auf; alles lebt,
alles ist beseelt, alles scheint zu mir von meiner
Leidenschaft zu sprechen, alles fordert mich auf,
sie zu bewahren…

Anne de Lenclos

In Eile

> Die Arbeit wartet, während du dem Kind den Regenbogen zeigst, aber der Regenbogen wartet nicht, während du deine Arbeit erledigst.
>
> *Patricia Clafford*

Ich war in Eile.

Ich stürmte in meinem besten Kostüm durch unser Eßzimmer, darauf konzentriert, mich auf eine abendliche Versammlung vorzubereiten. Gillian, meine Vierjährige, tanzte zu einem ihrer liebsten Oldies, »Cool« aus »West Side Story«.

Ich war in Eile, weil ich schon spät dran war. Doch eine leise Stimme in meinem Innern sagte: »Stopp.«

Also blieb ich stehen. Ich sah sie an. Ich streckte die Hand aus, ergriff ihre Hand und wirbelte sie herum. Caitlin, meine Siebenjährige, schloß sich unserem Kreis an, und ich nahm auch ihre Hand. Wir drei tanzten einen wilden Jitterbug einmal rund im Eßzimmer herum und dann ins Wohnzimmer hinein. Wir lachten. Wir wirbelten im Kreis. Konnten die Nachbarn unser verrücktes Treiben durch die Fenster beobachten? Es spielte keine Rolle. Der Song endete mit einem dramatischen musikalischen Schnörkel und unser Tanz ebenfalls. Ich gab den beiden einen liebevollen Klaps auf den Po und schickte sie ins Badezimmer.

Sie gingen kichernd und nach Luft schnappend die Treppe hoch. Ich wandte mich wieder meinen Angelegenheiten zu. Als ich meine Papiere in die Aktentasche stopfte, hörte ich meine Jüngste zu ihrer Schwester sagen: »Caitlin, ist Mami nicht die Allerbeste?«

Ich erstarrte. Wie nahe war ich daran gewesen, durch das Leben zu eilen und diesen Augenblick zu verpassen. Im Geiste sah ich die Auszeichnungen und Diplome vor mir, die an meinen Bürowänden hingen. Kein Erfolg, keine Auszeichnung, die ich mir je verdient hatte, können an dieses *Ist Mami nicht die Allerbeste?* heranreichen.

Meine Tochter sagte dies im Alter von vier Jahren. Ich erwarte nicht, daß sie dies auch mit vierzehn äußern wird. Aber ich wünsche mir, daß sie es, wenn sie vierzig ist und sich über diese Kiste aus Kiefernholz beugt, um sich von mir zu verabschieden, noch einmal sagt.

Ist Mami nicht die Allerbeste?

Es paßt nicht zum Resümee meines Lebens. Aber ich möchte es gerne auf meinem Grabstein stehen haben.

Gina Barrett Schlesinger

Gute Taten

Wenn ich nur ein Herz davor
bewahren kann zu brechen,
so lebe ich nicht vergebens;
wenn ich das Leid in einem Leben
lindern,
eine brennende Wunde kühlen
oder einem schwächlichen
Rotkehlchen
zurück ins Nest helfen kann,
so lebe ich nicht vergebens.

Emily Dickinson

Es war Donnerstag, der Tag, den wir zum »Tag der guten Tat« erklärt hatten. Das ist eine allwöchentliche Tradition, die meine beiden kleinen Mädchen und ich vor Jahren eingeführt haben. Der Donnerstag war unser Tag, an dem wir uns aufmachten, um einen positiven Beitrag in der Welt zu leisten. An diesem speziellen Donnerstag war uns noch nicht klar, was genau wir tun würden, aber wir wußten, daß sich etwas ergeben würde.

Während wir mittags eine belebte Straße Houstons entlangfuhren und um innere Führung baten, wie unsere gute Tat heute aussehen sollte, bekamen meine beiden kleinen Mädchen Hunger. Das ließen sie mich auch sofort wissen, indem sie im Chor »McDonald's, McDonald's, McDonald's« sangen. Ich ließ mich erweichen und hielt nach dem nächsten McDonald's-Restaurant Ausschau. Plötzlich fiel mir auf, daß an fast jeder Kreuzung, die wir passierten, ein Bettler saß. Und dann kam mir die Idee! Wenn die beiden Kleinen hungrig waren, dann mußten es all diese Bettler auch sein. Perfekt! Die Gelegenheit für unsere gute Tat hatte sich dargeboten. Wir würden Lunchpakete für die Bettler kaufen.

Nachdem wir einen McDonald's gefunden und zwei »Happy Meals« für meine Mädchen besorgt hatten, bestellte ich fünfzehn zusätzliche Lunchpakete. Dann brachen wir auf, um sie zu verteilen. Es war eine sehr fröhliche Angelegenheit. Wir hielten jeweils bei einem Bettler an, gaben ihm – oder ihr – etwas Geld und wünschten ihnen, daß sich die Dinge hoffentlich bald für sie zum Besseren wendeten. Dann sagten wir: »O übrigens … hier ist ein Mittagessen.« Danach brausten wir weiter zur nächsten Kreuzung.

Es war die beste Methode, etwas zu geben. Die Zeit reichte nicht aus, um sich vorzustellen oder unser Vorhaben zu erklären, und auch die Beschenkten hatten keine Gelegenheit, etwas zu erwidern. Die gute Tat blieb anonym und war für uns alle bereichernd, und uns gefiel, was wir im Rückspiegel sahen: Eine überraschte und beglückte Person, die ihr Lunchpaket hochhielt und uns nachsah, während wir abfuhren. Es war wunderbar!

Wir waren am Ende unserer »Route« angelangt, und da stand eine kleine Frau und bettelte um Geld. Wir gaben ihr unseren letzten Beitrag und das letzte Lunchpaket und wendeten sofort, um in entgegengesetzter Richtung nach Hause zurückzufahren. Doch leider schaltete die Ampel wieder auf Rot, und wir mußten an der Kreuzung anhalten, wo die kleine Frau stand. Ich war verlegen und wußte nicht, wie ich mich verhalten sollte. Ich wollte nicht, daß sie sich verpflichtet fühlte, irgend etwas zu sagen oder zu tun.

Sie kam auf unseren Wagen zu, und ich ließ das Fenster herunter, da sie anhob etwas zu sagen. »Noch nie zuvor hat jemand so etwas für mich getan«, sagte sie völlig überrascht. »Dann bin ich froh, daß wir die ersten waren«, erwiderte ich. Und etwas verunsichert und um die Unterhaltung in Gang zu halten, setzte ich hinzu: »Und wann werden Sie Ihren Lunch essen?«

Sie sah mich aus riesigen müden braunen Augen an und sagte: »Ach, Schätzchen, *den* Lunch werde ich nicht essen.« Ich war verwirrt, aber noch bevor ich etwas erwidern konnte, fuhr sie fort: »Sehen Sie, ich habe selbst ein kleines Mädchen daheim, und sie *liebt* McDonald's, aber ich kann dort nie etwas für sie kaufen, weil ich einfach nicht das Geld dazu habe. Aber wissen Sie... heute abend *bekommt sie* ihren McDonald's!«

Ich weiß nicht, ob die Kinder die Tränen in meinen Augen bemerkten. So viele Male hatte ich mich gefragt, ob unsere Taten nicht zu geringfügig oder unbedeutend waren, um wirklich etwas zu bewirken. Doch in diesem Augenblick erkannte ich die Wahrheit, die in Mutter Teresas Worten lag: »Wir können keine großen Dinge vollbringen – nur kleine Dinge in großer Liebe.«

Donna Wick

Das letzte Glas Gelee

Unsere Kinder wuchsen mit Erdnußbutter-und-Geleesandwiches auf. Selbst mein Mann und ich genehmigten sich manchmal eines spät in der Nacht zusammen mit einem Glas Milch. Ich glaube, daß mir der Earl of Sandwich höchstpersönlich darin beipflichten würde, daß der Erfolg dieser allgemein so beliebten Kombination nicht auf die Sorte der verwendeten Erdnußbutter, sondern auf das Gelee zurückzuführen ist. Das richtige Gelee begeistert den Gaumen, und das selbstgemachte ist eben das einzig richtige.

Nicht ich war die Geleeherstellerin in unserer Familie, sondern meine Schwiegermutter. Sie lieferte uns auch keine große Palette an Geschmacksrichtungen – es gab entweder Weintrauben- oder Brombeergelee. Diese begrenzte Auswahl war für uns eine willkommene Erleichterung, als die Kinder klein und im Teenageralter waren. Wenn rund um mich herum jede Menge Entscheidungen getroffen und Beschlüsse gefaßt werden mußten, war die, Sandwiches mit Erdnußbutter und Gelee zu machen, einfach. Und da wir beide Geschmacksrichtungen schätzten, nahmen wir gewöhnlich das Glas heraus, das in der Speisekammer oder im Kühlschrank ganz vorne stand.

Mein einziger Beitrag zur Geleezubereitung bestand darin, daß ich die leeren Babynahrungsgläser sammelte, die meine Schwiegermutter dann mit dem leckeren Gelee füllte, sorgsam verschloß und versiegelte und uns zurückschickte. In den vergangenen zweiundzwanzig Jahren meines Ehelebens brauchte ich, wann immer ich ein Sandwich mit Erdnußbutter und Gelee für mich, meinen Mann oder eines der Kinder machen wollte, nur nach einem dieser kleinen Geleegläser zu greifen. Es war immer eines da. Die Zubereitung von Gelee gehörte für meine Schwiegermutter zum Alltag. Sie tat es unentwegt und folgte dabei immer dem gleichen Ritual – angefangen vom Pflücken der Beeren bis hin zum Verstauen der Gläser auf den selbstgeschreinerten Regalen in ihrer kleinen Speisekammer neben der Küche.

Mein Schwiegervater starb vor einigen Jahren, und im vergangenen Dezember verschied auch meine Schwiegermutter. Unter den Dingen im Haus, die ihre Kinder unter sich verteilten, gehörten auch die in der Speisekammer verbliebenen Einmachgläser mit ihrem Inhalt. Jeder suchte sich aus dem großen Vorrat an Tomatensaft, grünen Bohnen und Gelee aus, was er haben wollte. Als mein Mann mit seinem Anteil nach Hause kam, verstauten wir alles sorgfältig in unserer Speisekammer.

Neulich griff ich dort ins Regal, um Gelee für ein schnelles Sandwich herauszuholen – und da geschah es. Ganz hinten in der Ecke des Regalbretts stand ein einzelnes Gläschen Traubengelee. Der Deckel war an einigen Stellen schon etwas angerostet. Darauf war mit schwarzem Filzstift »TR« für Trauben sowie das Zubereitungsjahr geschrieben.

Als ich das Glas in die Küche trug, wurde mir plötzlich etwas klar, das mir bislang entgangen war. Ich kehrte noch einmal in die Speisekammer zurück, um mich zu vergewissern. Ja, es stimmte – dies war das letzte Gläschen von »Omis Gelee«. Wir konnten zwar jederzeit Gelee kaufen, aber dies war das letzte Glas mit Gelee, das von den geduldigen liebevollen Händen meiner Schwiegermutter zubereitet worden war. Obwohl sie nun schon fast ein Jahr von uns gegangen war, war uns doch so viel von ihr erhalten geblieben. Kaum je hatten wir beim Frühstück ein Geleeglas geöffnet, ohne unsere Späße über die Tausende von Gläschen zu machen, die sie abgefüllt hatte. Unsere Kinder haben nicht einen Tag ohne das Gelee ihrer Großmutter erlebt. Es schien eine solche Bagatelle zu sein und wurde als selbstverständlich betrachtet. Plötzlich jedoch schien es ein großer Schatz zu sein.

Meine Gedanken wanderten, während ich das Glas in der Hand hielt, zu meiner ersten Begegnung mit meiner Schwiegermutter zurück. Ich sah sie vor mir, wie sie an unserem Hochzeitstag weinte und wie sie später unsere Kinder küßte und liebkoste, als hätte sie nicht noch fünf weitere Enkel. Ich sah sie über die Weiden der Farm gehen und geduldig warten, während andere mit den Kühen beschäftigt waren. Ich sah sie durch den Wald wandern oder auf dem Heuwagen hinter dem Traktor mitfahren. Ich sah ihren Gesichtsausdruck vor mir, als wir sie einmal überraschend in der Kirche aufsuchten. Ich sah sie sich um ihren kranken Mann kümmern, und dann bei der Beerdigung, von liebevollen Kindern umgeben.

Ich stellte das Geleeglas ins Regal zurück. Es war nicht mehr einfach nur ein Geleeglas. Es was das Ende einer Familientradition. Ich glaube, ich hatte das Gefühl, daß ein Teil meiner Schwiegermutter so lange weiterleben würde, wie es dort stand.

Wir haben viele Dinge, die einst den Eltern meines Mannes gehörten. Da sind Gewehre, Handwerkszeug, selbstgestrickte Pullover und Schals und einige Möbel. Wir haben Hunderte von Fotos und noch viel mehr Erinnerungen. Das sind Dinge, von denen man erwartet, daß sie die Jahre überdauern und dann an die eigenen Kinder weitergegeben werden. Aber ich bin einfach nicht bereit, dieses letzte Geleeglas aufzugeben und all die Erinnerungen, die sich für mich allein durch sein Vorhandensein damit verbinden. Das Gelee wird sich natürlich nicht allzu lange halten. Es muß entweder gegessen oder weggeworfen werden … aber nicht heute.

Andy Skidmore

Eine Weihnachtsgeschichte

Es fehlten nur noch ein paar Tage bis Weihnachten, und das Geschäftsviertel in der Innenstadt von San Francisco begann uns allen auf die Nerven zu gehen. Ich erinnere mich an Menschenhorden, die auf den schmalen Verkehrsinseln aus Beton inmitten der Straße ungeduldig auf die langsam dahinkriechenden Busse und Straßenbahnen warteten. Die meisten von uns waren mit Päckchen beladen, und man gewann den Eindruck, daß viele sich zu fragen begannen, ob all diese unzähligen Bekannten und Verwandten überhaupt so viele Geschenke *verdienten*. Dies war nicht die Weihnachtsstimmung, die ich als Kind erlebt hatte.

Als ich dann die Stufen der gänzlich überfüllten Straßenbahn praktisch hinaufgeschoben wurde, war die Vorstellung, die gesamte Heimfahrt eingequetscht stehend verbringen zu müssen, kaum zu ertragen. Was hätte ich um einen Sitzplatz gegeben! Ich muß in eine Art benebelten Erschöpfungszustand geraten sein, denn als die Leute nach und nach ausstiegen, dauerte es eine Weile, bis ich begriff, daß ich wieder Platz zum Atmen hatte.

Dann bemerkte ich etwas aus den Augenwinkeln heraus. Ein kleiner dunkelhäutiger Junge – er konnte nicht älter als fünf oder sechs Jahre sein – zupfte eine Frau am Ärmel und fragte sie: »Möchtest du gerne sitzen?« Er führte sie zum nächsten freien Sitzplatz, den er finden konnte, und machte sich dann daran, einen weiteren erschöpften Menschen zu suchen. Sobald einer der Sitzplätze frei wurde, drängte er sich rasch durch die Menge auf der Suche nach einer weiteren schwerbeladenen Frau, die sich danach sehnte, ihre müden Beine zu entlasten.

Als ich dann schließlich ein Zupfen an meinem Ärmel spürte, war ich von der Schönheit in den Augen des kleinen Jungen absolut verzaubert. Er nahm meine Hand. »Komm mit«, sagte er, und ich glaube, ich werde mich mein Leben lang an dieses Lächeln erinnern. Während ich beglückt meine schweren Pakete auf dem Boden abstellte, machte sich dieser kleine Abgesandte der Menschenliebe schon daran, der nächsten Person seine Hilfe anzubieten.

Die Fahrgäste in der Straßenbahn hatten bis dahin wie gewöhnlich jeden Augenkontakt mit anderen geflissentlich vermieden, doch nun begannen sie zaghafte Blicke auszutauschen und einander zuzulächeln. Ein Geschäftsmann bot seinem Sitznachbarn einen Teil seiner Zeitung an; drei Leute bückten sich, um ein zu Boden gefallenes Päckchen aufzuheben. Und nun begannen die Menschen, sich miteinander zu unterhalten. Der kleine Junge hatte etwas verändert – wir alle spürten auf einmal eine erholsame innere Wärme und begannen, die restliche Fahrt zu genießen.

Ich bemerkte es gar nicht, als das Kind ausstieg. Irgendwann blickte ich auf, und der Kleine war verschwunden. Als meine Haltestelle kam, schwebte ich geradezu aus der Straßenbahn, wünschte dem Fahrer schöne Feiertage und betrachtete all die funkelnden Weihnachtslichter auf meinem Heimweg auf ganz neue Weise. Oder vielleicht sah ich sie auch so wie früher, mit demselben Staunen und mit der Verwunderung, die ich empfand, als *ich* fünf oder sechs war. Und ich dachte: »Das ist also gemeint mit *Und ein kleines Kind wird sie geleiten…*«

Beverley M. Bartlett

Wer hat gewonnen?

Ein wunderschönes Beispiel menschlicher Güte erlebte ich 1968 während der Behindertenolympiade beim Fünfzig-Meter-Lauf. Einer der Teilnehmer war Kim Peek, ein hirngeschädigter, schwer behinderter Junge.

Kim trat gegen zwei andere Kinder an, die an Gehirnlähmung litten und in Rollstühlen saßen. Kim war der einzige Läufer. Nach dem Startsignal gewann er schnell einen deutlichen Vorsprung vor den anderen beiden. Als er sich zwanzig Meter vor ihnen befand und nur noch zehn Meter bis zur Ziellinie hatte, drehte er sich um, um zu sehen, wie die anderen vorankamen. Das Mädchen hatte seinen Rollstuhl herumgedreht und war an einer Mauer steckengeblieben. Der Junge schob, dem Ziel rückwärts entgegenstrebend, seinen Rollstuhl mit den Füßen an. Kim blieb stehen, kehrte um und schob das kleine Mädchen über die Ziellinie. Der rückwärts fahrende Junge gewann das Rennen. Das Mädchen wurde zweite. Kim verlor.

Doch hatte er wirklich verloren? Die Menge, die Kim stehend Beifall klatschte, war anderer Meinung.

Dan Clark

Mrs. Bushs Tennisschuhe

Ich war jetzt schon nervös. Da stand ich in der Menschenschlange, die zu einem Abendessen im Weißen Haus eingeladen worden war – ja, in *dem* Weißen Haus – bereit, dem Präsidenten und Mrs. Bush die Hand zu schütteln. Ich war bemüht, mein Lächeln beizubehalten und mir eine intelligente Äußerung einfallen zu lassen. Ich war noch in Gedanken versunken, als ich die Stimme meines Mannes vernahm. »Oh, Christine würde ihr liebend gerne ein Paar machen.« Ich hob gerade noch rechtzeitig den Kopf, um den Präsidenten auf die Schuhe meines Mannes starren zu sehen. Seine dunklen handbemalten Tennisschuhe waren nicht gerade das, was man als das zum Smoking passende Schuhwerk bezeichnen würde. Im Verlauf der Jahre, in denen mein Mann Wally Amos seinen Werbefeldzug für seine »berühmten« Schokoladenplätzchen führte, hatte ich, was seine Kleidung betraf, einzigartige Kunstwerke geschaffen – einschließlich meiner neuesten Kreationen im Bereich der Schuhe.

Die nächsten paar Sekunden habe ich bis heute nur undeutlich in Erinnerung, aber Fazit war, daß Wally mir vorschlug, ein paar Tennisschuhe für Barbara, die Frau des Präsidenten, zu bemalen. Meine erste Reaktion war: »Danke Schatz. Vielleicht möchtest du eine Woche lang all die Haushaltspflichten übernehmen, während ich mich den präsidialen Tennisschuhen widme.« Ich ging davon aus, daß es sich nur um belangloses Gerede gehandelt hatte, und meinte, es sei doch immerhin nett, daß der Präsident der Vereinigten Staaten den Tennisschuhen meines Mannes Beachtung geschenkt hatte. Doch eine Woche später traf tatsächlich per Eilbote ein Päckchen vom Weißen Haus mit ein Paar Tennisschuhen der First Lady ein, das ich bemalen sollte. Es lag eine Karte dabei mit der Aufforderung, »mein Bestes zu tun«. *Na schön,* dachte ich, *schließlich ist es für die First Lady.*

Als ich dann erst einmal begriffen hatte, daß dies Wirklichkeit war, legte ich mich natürlich voll ins Zeug. Ich bemalte die Zungen, die Seiten, die Schnürsenkel der Schuhe mit Millie, dem Hund, den Enkelkindern, mit Büchern (da Mrs. Bush die Bildung förderte), Regenbogen, Sonnen und Palmen. Es wurden wahre Kunstwerke aus den Schuhen, die per Luftpost nach Washington zurückbefördert wurden, und ich war stolz darauf.

Dann ertappte ich mich plötzlich dabei, daß ich regelmäßig die

Post nach irgendeiner Reaktion durchsah. Ein paar Wochen später erhielt ich einen sehr herzlichen handgeschriebenen Brief von der First Lady, in dem sie mir überschwenglich dankte und mitteilte, wie wundervoll die Schuhe seien.

Aber damit war die Geschichte noch nicht zu Ende. Monate später war mein Mann wieder zu einem Imbiß in die Bibliothek des Weißen Hauses eingeladen, wo Mrs. Bush eine Ansprache halten sollte. Als diese kurz vor dem Lunch erfuhr, daß auch Wally anwesend sein würde, ließ sie sich ihre magischen Tennisschuhe bringen. Sie zog sie an, ließ sich zusammen mit Wally fotografieren – natürlich trug auch er seine Tennisschuhe – und behielt sie während des Essens an. Da stand also Mrs. Bush in ihrer würdevollen First-Lady-Aufmachung und ihren frisch bemalten Tennisschuhen. Ich war wieder hingerissen.

Mein umtriebiger Ehemann ergreift jede Gelegenheit beim Schopf. Diesmal danke ich ihm dafür, daß er mir eine nachhaltige schöne Erinnerung verschafft hat. Und ich hoffe, daß sich diese bunten, fröhlichen Tennisschuhe noch immer irgendwo in Mrs. Bushs Kleiderkammer befinden – das heißt, falls Millie sie nicht inzwischen als Kauspielzeug benutzt hat.

Christine Harris-Amos in Zusammenarbeit mit Cliff Marsh

Federleicht

Mir scheint, die schönsten Dinge
passieren ganz einfach.

Edna St. Vincent Millay

In der fünften Klasse saß ich am zweiten Pult in der dritten Reihe links, die Hände gefaltet, die Füße auf dem Boden. Pastor Beikman tischte uns jeden Morgen die Zehn Gebote auf, und wir lernten sie durchzukauen, zu schlucken und zu fürchten. Dies war der Angelpunkt meiner frühen Erziehung: Lernen, Einprägen, Aufsagen.

Die Konfessionsschule stand für Uniformiertheit und Konventionen, in einer Welt, in der alles seinen festen Platz hatte, in der die Männer umsorgt wurden und die Frauen unsichtbar blieben. Die Männer entdeckten neue Länder, erklärten die Gesetze des Universums und schrieben die Bibel. Aber es war eine Frau, die meiner Seele Auftrieb gab und mich ermunterte, tief ins Leben hineinzublicken, aufrichtig zu lieben und Gott in allem zu erkennen.

Eines Morgens verkündete der Pastor, daß er versetzt worden sei und diese Schule verlassen würde. Er stellte uns seine Nachfolgerin, Miss Newhart, vor und eine kleine Woge der Erregung ging durch das Klassenzimmer. Die neue Lehrerin war eine großgewachsene Frau mit einer bienenkorbartigen Frisur, Plateauschuhen und einem Rock, der beinahe ihre Knie sehen ließ. Miss Newhart hatte eine Ausstrahlung, die kraftvoll und unbeschwert zugleich war. Ihre Hände, groß und mit Sommersprossen gesprenkelt wie die Brust einer Wanderdrossel, vollführten weit ausladende, raumfüllende Gesten. Sie überreichte jeder von uns eine Feder, die sie aus einem riesigen Beutel zog, und erklärte, dies seien Geschenke von ihren ursprünglichen Besitzern – von Vögeln, die ihr überflüssiges Gefieder abgeworfen und sich von den Dingen getrennt hatten, die sie nicht unbedingt länger mit sich herumschleppen mußten. An diesem Morgen veränderte sich unsere Welt – und das sollte auch bald mit uns selbst passieren.

An diesem Tag erzählte uns Miss Newhart die Geschichte von Christopher Kolumbus. Nachdem sie schon sehr lange auf hoher See gewesen waren, wurden die Matrosen auf seinem Schiff unruhig und verlangten nach einem Hafen. Es war von Meuterei die Rede, und Kolumbus soll um sein Leben gefürchtet haben. Dann schwebte eines Morgens eine Vogelfeder vom Himmel herab, ein Zeichen dafür, daß Land in der Nähe war. Miss Newhart erzählte, daß die Matrosen noch mehrere kreischende und in der Luft herumschwirrende Möwen erspähten, und wedelte dabei ziemlich dramatisch mit den Armen. Sie drehte sich so schnell im Kreis, daß ihr Rock ausschwang und gegen ihre Schenkel klatschte. Ich dachte, auch sie würde gleich abheben und davonfliegen. Sie half mir zu verstehen, was diese Matrosen gespürt haben mußten, nämlich daß auch in den winzigsten Kleinigkeiten ein Hoffnungsschimmer liegt.

Am nächsten Morgen war Miss Newharts Beutel prallvoll. In ihm befanden sich ein Poster von *Das letzte Abendmahl*, ein Pinsel, ein Kompaß und eine lange Röhre. Aus dieser zog sie eine schwarzweiße Zeichnung hervor, die sie an die Pinwand heftete. Auf der Zeichnung war ein in einem Kreis stehender Mann zu sehen, die Arme bis zu dieser Umrandung ausgestreckt, die Beine gespreizt. Über das Blatt weg fanden sich Maßangaben, geometrische Figuren und Nummern verstreut. »Da Vinci«, sagte sie leise, »war mehr als nur ein Maler. Er studierte die Dinge, bis er sie gut kannte – Menschen, Natur, Wissenschaften, Mathematik...«

»Wußte er auch etwas über Federn?« fragte ich. Der Frau mit der bienenkorbähnlichen Frisur gefiel diese Frage.

Als Pionier in der Wissenschaft der Aerodynamik untersuchte Leonardo da Vinci Federn. Von oben betrachtet ist eine Feder konvex, fein nach oben und außen gewölbt, wodurch der Luftstrom ohne Widerstand über sie hinwegfließen kann. Wenn viele Federn sich zu einem Flügel vereinen, entsteht dadurch eine Art Luftfolie, etwas, das der Luft, wenn sie durch die Federn streicht, den genau richtigen Widerstand bietet. Miss Newhart, die mehr als nur eine Lehrerin, und da Vinci, der mehr als nur ein Maler war, lehrten mich, wie man das Außergewöhnliche in einem kleinen Ding erkennen kann.

Später am Tag führte uns Miss Newhart auf eine Wiese, die jenseits der Schulmauern lag und mit hohem Unkraut bewachsen war. Dort lagen wir inmitten gelblicher Gräser und bedeckten unsere Körper mit Zweigen, Blättern und Stengeln. Diese wurden zu unseren Nestern und Fenstern zum Himmel. Darin verborgen lernten wir, uns still zu verhalten, zu entspannen und zu beobachten, die Käfer über uns hinwegkrabbeln zu lassen, auf die Vögel zu lauschen und ihre Bewegungen zu beobachten.

Als wir dann nach der letzten Stunde das Klassenzimmer verließen, stand Miss Newhart an der Tür, berührte jede von uns an der Schulter und sagte »Leb wohl« oder »Behüt dich Gott«. Ich erinnere mich noch daran, wie warm und leicht ihre Hände waren.

Sie bat mich oft, noch eine Weile zu bleiben, um die Stühle zurechtzurücken, zerknittertes Papier wegzuräumen und die Kreide von der Tafel zu wischen. An einem dieser für mich so segensreichen Nachmittage vertraute ich ihr einen Gedanken an, der mich quälte und den ich bisher geheimgehalten hatte. Ich gestand ihr, daß ich Vögel möglicherweise mehr liebte als Gott, den religiösen Geboten nach eine Sünde. Meine Lehrerin wühlte in ihrem vollgestopften Katheder herum, förderte ihre Bibel zutage, schlug die »Psalmen« auf und las vor: »Er wird dich mit seinen Fittichen bedecken, und deine Zuversicht wird sein unter seinen Flügeln. Seine Wahrheit ist Schirm und Brustwehr für dich.« Sie schrieb den Vers auf und reichte ihn mir. Ich habe ihn noch immer. Ich wußte nicht, was »Brustwehr« bedeutete – es spielte auch keine Rolle –, denn tief in mir war etwas erwacht: Mir war die uneingeschränkte Erlaubnis erteilt worden, alle Dinge zutiefst zu lieben, denn Gott war in allen Dingen und hatte sie mir gegeben. An diesem Nachmittag stellte ich mir auf dem Heimweg vor, ich könnte fliegen. Ich rannte, so schnell ich konnte, die Arme ausgestreckt, den Körper nach vorn gebeugt, so als schwebte ich über den Gehsteig wie ein Vogel.

Um den Hals trage ich ein goldenes Amulett – einen Vogel, der mir einmal geschenkt wurde, als ich noch jünger war. Seine Flügel sind mir zum Symbol geworden. Sie erinnern mich an jene Gehsteige, über die ich in all den Jahren hinwegschwebte, und an all die Straßen, die ich seither hinter mir gelassen habe. Und mit dem Flug der Jahre bin ich selbst immer mehr zu einer Feder geworden: Ich setze dem, was das Leben zu bieten hat, weniger Widerstand entgegen, und Belastungen streichen leichter über mich hinweg. Als Lehrerin habe ich Kinder durch die gelegentlich stürmischen Wasser der Bruchrechnung, der Rechtschreibung und der Selbstzweifel geleitet. Ich habe sie ans sichere Ufer geführt, wenn sie sich verirrt hatten. Ich habe gelernt, mich hin und wieder an stillen Orten auszuruhen und dann die Dinge hinter mir zu lassen, die ich nicht länger mit mir mitzuschleppen brauche, Groll, Kummer und Bedauern. Ich habe eine innere Stärke, bin ausgeglichen, und ich glaube von ganzem Herzen, daß mir nichts mehr etwas anhaben wird.

Melody Arnett

365 Tage

Meinen Freundinnen und Kollegen zufolge bin ich eine selbstsichere, gebildete, einigermaßen intelligente, systematische und kreative Frau. Doch die meiste Zeit meines Erwachsenenlebens hinweg fühlte ich mich jedes Jahr vierzehn Tage lang als das genaue Gegenteil. Sie fragen, wodurch das kam? Nicht durch das Prämenstruelle Syndrom, sondern schlimmer – durch den alljährlichen Besuch meiner Eltern. Dreihundertfünfundsechzig Tage im Jahr war ich durch knapp zweieinhalbtausend Kilometer von ihnen getrennt und kam mit meinem Leben als Ehefrau, Mutter und Geschäftsfrau ganz gut zurecht. Aber die alljährlichen Besuche meiner Eltern waren für mich schauderhaft und unerträglich.

Die Geschichte ist nicht neu – das erstgeborene Kind, das den Erwartungen seines Vaters nie gerecht werden kann. In den Augen anderer war ich in meinen Bestrebungen durchaus erfolgreich, aber nicht in denen Dads. Und ich verbrachte den größten Teil meines Lebens damit, ihm dies zu verübeln – so wie ich es im tiefsten Innern auch mir selbst übel nahm.

Nicht nur ich litt während der Besuche meiner Eltern, sondern auch jedermann in meiner Umgebung. Und ganz gewiß tat dies Dave, mein lieber Ehemann seit zweiunddreißig Jahren. Schon

Wochen vor dem Besuch schrubbte ich das Haus, nervte meinen Mann mit der ständigen Aufforderung, kleine Reparaturen durchzuführen, kaufte neue Vorhänge, Kissen, Laken – und brachte ganz generell unser Haushaltsbudget durcheinander. Ich plante Gourmet-Mahlzeiten, buk, bis die Tiefkühltruhe fast überquoll, und drangsalierte meine Kinder wegen ihrer Zimmer, Fragen der Etikette und der Lautstärke ihrer Stimmen. Während des Besuchs selbst umgab mich wie ein Schleier eine Aura innerer Anspannung – oder vielleicht glich sie doch mehr einer nassen Wolldecke! Nach dem Besuch folgten dann die endlosen Diskussionen mit meinem Mann. Ich versuchte zu enträtseln, was mein Vater gesagt hatte und was nicht. Und ich, das abgelehnte und erschöpfte Kind, weinte mich ungetröstet in den Schlaf. Zweiunddreißig Ehejahre können ihre Höhen und Tiefen haben, aber der einzige *wirkliche* Test, den Daves Liebe zu bestehen hatte, war der, daß er mir diese Besuche überstehen half!

Als ich die Vierziger erreicht hatte, begann das Problem der Unsterblichkeit (oder deren Nichtexistenz) sein nörgelndes kleines Haupt zu erheben. Ich hatte mich seit mehreren Jahren mit dem Studium der Spiritualität beschäftigt, und ich war insgeheim eine Sensitive und nicht gewillt, dies öffentlich zuzugeben. Doch jedes Jahr verließ mich meine Spiritualität vierzehn Tage lang, und ich blieb nackt, schutzlos und verletzlich wie ein fünfjähriges Kind zurück.

Dann wurde bei Dad Parkinson diagnostiziert. In kurzer Zeit verwandelte er sich von dem vitalen, intelligenten, athletischen Gott meiner Kindheit in einen taumelnden, mageren, verwirrten alten Mann. Da die Uhr nun für uns beide schneller tickte als je zuvor, wurde mir bewußt, daß ich bald unsere tief gestörte Beziehung heilen und mein Gefühl, seinen Erwartungen nie entsprechen zu können, aufgeben mußte. Aber wie? Ich grübelte über alle Möglichkeiten nach, die mir einfielen. Es blieb nur eine übrig: Ich mußte ihm vergeben.

Und das tat ich. Allein die Tatsache, daß ich laut sagte, »ich vergebe dir«, verwandelte meine ganzen Selbstzweifel in eine Erfahrung des tiefen Friedens. Ich löste mich von jeglichem, »ich hätte sollen«, »ich hätte können« und »ich wünschte«. Und im Verlauf dieses Prozesses vergab ich auch mir selbst.

Meinem Dad erzählte ich nie, daß ich ihm vergeben hätte, aber auf irgendeiner Ebene muß es doch für ihn erkennbar gewesen sein, denn unsere Beziehung veränderte sich grundlegend.

Im Sommer bevor er starb, kam er im August allein zu uns, um zwei Wochen zu bleiben. Was mich anging, so gab es vorher kein hektisches Putzen oder Einkaufen oder Angespanntsein. Da ich ihm verziehen hatte, konnte ich nun mit ihm als Freundin reden – nicht als grollende, enttäuschte, verwundete Tochter. Wir sprachen über sein Leben, seine Ehe und seine Kriegserlebnisse und über seine Liebe zu den Bäumen und Tieren. Zum erstenmal in unserem Leben sagte er mir, daß er meine Intuition und Intelligenz bewunderte, und wie sehr er die Atmosphäre unseres Heims und wunderschönen Gartens schätzte. Gemeinsam erkundeten wir einige alternative Heilmethoden, und er berichtete mir von ein paar erstaunlichen übersinnlichen Erlebnissen, die er in seinem Leben gehabt hatte. Und das Überwältigendste war – er sagte mir zum erstenmal, daß er mich liebte.

Danach kam mein Vater nie mehr zu uns. Nach seinem Tod ließ meine Mutter ein Video mit Bildern aus Dads Leben samt Begleitmusik anfertigen. Wenn ich nun von meinem Schreibtisch aufblicke, sehe ich die Kassette vor mir im Bücherregal stehen. Angesehen habe ich sie noch nie. Mein gemeinsames Leben mit meinem Vater hatte zwei Wochen im August stattgefunden. In meiner Erinnerung sehe ich ihn im Rohrstuhl auf der Veranda sitzen, von der Sonne beschienen, von üppig wuchernden Topfpflanzen umgeben, Späße machend, redend, erzählend – und mich liebend.

Umfassende und bedingungslose Vergebung hatte mir den Seelenfrieden gebracht und die Tür zu einem Leben geöffnet, das ich nicht mal im Traum für möglich gehalten hätte.

Jetzt bin ich Ehefrau, Mutter, Oma, spirituelle Lebensberaterin und dazu dreihundertfünfundsechzig Tage im Jahr ein *heiler Mensch*.

Rosemarie Giessinger

Farbtupfer

»Liebling, jemand hat eine Jacke im Schrank deiner Mutter hängen lassen!« rief ich meinem Mann zu. Das Ding aus imitiertem Leopardenfell hatte ich im hintersten Winkel gefunden, es wirkte zwischen all den dunklen Mänteln und Pullovern völlig deplaziert. Ich fragte mich, wer wohl Kleidungsstücke im Schrank meiner Schwiegermutter verstecken mochte. Wir waren gekommen, um ihr einen Wintermantel zu holen, denn sie sollte eine Woche, nachdem man sie in die Notaufnahme eingeliefert hatte, aus dem Krankenhaus entlassen werden.

»Jacke? Was für eine Jacke?« Mein Mann, der gerade die Post sortierte, blickte auf. Ich nahm das Kleidungsstück heraus und hielt es hoch ans Licht, damit er es sehen konnte. »Oh, diese Jacke. Mom hat sie vor Jahren gekauft, als ich noch ein Kind war… du weißt schon, damals war das der letzte Schrei. Sie und Paps haben sich sogar deswegen gestritten.«

Ich dachte an die Frau, die ich seit dreißig Jahren kannte. Sie kaufte ihre Hauskleider und Hosenanzüge aus Polyester in Billiggeschäften, schloß ihr graues Haar in einem engen Haarnetz ein und nahm immer das kleinste Stückchen, wenn die Fleischplatte am Tisch herumgereicht wurde. Keinesfalls war sie der extravagante Frauentyp, der eine Jacke aus imitiertem Leopardenfell besaß.

»Ich kann mir nicht vorstellen, daß Mom so etwas anzieht«, sagte ich.

»Ich glaube nicht, daß sie sie jemals außerhalb des Hauses getragen hat«, erwiderte mein Mann.

Ich nahm die Jacke vom Bügel, trug sie zum Bett meiner Schwiegermutter und legte sie auf den Überzug aus weißer Chenille. Dort schien sie sich wie ein exotisches Raubtier auszubreiten. Ich strich mit den Händen über das dichte, plüschartige Fell, und die Leopardenflecken wechselten unter meinen Fingern die Farbe.

Mein Mann stand an der Tür. »Ich habe Mom mit den Händen über dieses Fell streichen sehen, genau wie du jetzt.«

Als ich in die Jacke hineinschlüpfte, entströmte ihr ein Duft nach Gardenien und Träumen. Sie hing lose von meinen Schultern herab, ihr hoher Kragen streifte meine Wangen, der imitierte Pelz war weich wie Samt. Sie gehörte einer glamourösen Zeit an, der Ära von Lana Turner und Joan Crawford, aber im Schrank der nüchternen dreiundachtzigjährigen Frau, die ich kannte, war sie fehl am Platz.

»Warum hast du mir nie erzählt, daß Mom eine Leopardenfelljacke hat?« flüsterte ich, aber mein Mann hatte das Zimmer schon verlassen, um die Pflanzen zu gießen.

Wenn man mich gebeten hätte, eine Liste mit Dingen zu erstellen, die meine Schwiegermutter nie in ihrem Leben hätte haben wollen, hätte diese Jacke sicher ganz oben gestanden. Doch die Tatsache, daß ich sie gefunden hatte, veränderte unsere Beziehung. Sie machte mir klar, wie wenig ich von den Hoffnungen und Träumen dieser Frau wußte. Wir nahmen die Jacke mit ins Krankenhaus, damit sie sie auf der Heimfahrt anziehen konnte. Sie errötete, als sie sie sah, und das noch ein wenig mehr, als die Schwestern sie freundlich damit neckten.

In unseren letzten drei gemeinsamen Jahren brachte ich ihr Parfüm, Lotions und Make-up statt praktischer Unterwäsche und Hausschuhen als Geschenk mit. Wir trafen uns einmal in der Woche zum Lunch, zu dem sie dann ihre Jacke trug, und sie begann ihr Haar in Löckchen zu legen, so daß sie leger und chic zu unserer Verabredung erschien. Wir verbrachten viel Zeit damit, ihr Fotoalbum anzuschauen, und schließlich begann ich in ihr die junge Frau mit reizvoll geschwungenen Lippen zu sehen.

Pelzimitate sind wieder Mode geworden. Sie tauchen in den Schaufenstern und auf den Straßen auf. Jedesmal, wenn ich sie sehe, denke ich an die Jacke meiner Schwiegermutter und daran, daß wir alle ein geheimes Ich haben, das ermuntert und mit jenen geteilt werden sollte, die wir lieben.

Grazina Smith

7

Lebe deinen Traum

Alice lachte. »Ich brauche es gar nicht zu verstehen«, sagte sie; »etwas Unmögliches kann man nicht glauben.«

»Du wirst darin eben noch nicht die rechte Übung haben«, sagte die Königin. »In deinem Alter habe ich täglich eine halbe Stunde darauf verwendet. Zuzeiten habe ich vor dem Frühstück bereits bis zu sechs unmögliche Dinge geglaubt.«

Lewis Carroll: »Alice hinter den Spiegeln«

Der Wind unter ihren Flügeln

> Dort weit oben im Sonnenschein ist das, was ich am meisten ersehne. Vielleicht erreiche ich es nie, aber ich kann den Blick erheben und seine Schönheit sehen, daran glauben und versuchen, ihm zu folgen.
>
> *Louisa May Alcott*

Im Jahr 1959, als Jean Harper in der dritten Klasse war, sollten die Schüler einen Aufsatz darüber schreiben, was sie als Erwachsene einmal werden wollten. Jeans Vater war Pilot. In der kleinen nordkalifornischen ländlichen Gemeinde, in der sie aufwuchs, streute er aus der Luft Mittel zur Schädlingsbekämpfung auf die Felder, und sie war völlig von Flugzeugen und vom Fliegen fasziniert. Sie legte ihr ganzes Herzblut in den Aufsatz und nahm alle ihre Träume mit hinein. Sie wollte Schädlingsbekämpfung aus der Luft betreiben, Fallschirmspringerin sein, Wolken erzeugen (das hatte sie einmal im Fernsehen gesehen) und Pilotin einer Flugverkehrsgesellschaft werden. Sie bekam ihren Aufsatz mit einer schlechten Note zurück. Die Lehrerin erklärte, das alles sei ein »Märchen«, und keiner der von ihr aufgezählten Berufe sei für eine Frau geeignet. Jean war niedergeschmettert und fühlte sich gedemütigt.

Sie zeigte den Aufsatz ihrem Vater, und er versicherte ihr, daß sie natürlich Pilotin werden könne. »Schau dir Amelia Earhart an«, sagte er. »Diese Lehrerin weiß nicht, wovon sie redet.«

Doch im Verlauf der Jahre wurde Jean durch die Entmutigung und die Ablehnung, die sie erfuhr, wenn sie von ihren Berufsplänenen sprach, völlig zermürbt: »Mädchen können keine Pilotin werden – das war nie so und wird auch nie so sein. Du bist nicht intelligent genug, du bist verrückt. Das ist völlig unmöglich.« Schließlich gab Jean die Idee auf.

In der letzten High-School-Klasse gab eine Mrs. Dorothy Slaton Englischunterricht. Sie war eine strenge, unnachgiebige Lehrerin, die hohe Ansprüche stellte und in bezug auf Ausreden wenig Toleranz aufbrachte. Sie weigerte sich, ihre Schüler wie Kinder zu behandeln, und erwartete statt dessen von ihnen, daß sie sich wie die verantwortungsbewußten Erwachsenen verhielten, die sie sein mußten, wenn sie sich nach dem Schulabschluß in der realen Welt erfolgreich behaupten wollten. Jean hatte anfangs Angst vor ihr, lernte aber mit der Zeit, sie für ihre Strenge und Fairneß zu respektieren.

Eines Tages stellte Mrs. Slaton der Klasse ein Aufsatzthema: »Was werdet ihr eurer Vorstellung nach in zehn Jahren tun?« Jean dachte darüber nach. Pilotin? Keine Chance. Flugbegleiterin? Ich bin nicht hübsch genug – sie würden mich nie nehmen. Ehefrau? Wer würde mich schon haben wollen? Kellnerin? *Das* könnte ich schaffen. Das fühlte sich ungefährlich an, also schrieb sie das nieder.

Mrs. Slaton sammelte die Aufsätze ein, und dabei blieb es vorerst. Zwei Wochen später verteilte sie die Aufsätze wieder an die Schüler, die beschriebenen Seiten nach unten. Dann stellte sie ihnen folgende Frage: »Was würdet ihr tun, wenn ihr unbegrenzt finanzielle Mittel, uneingeschränkten Zugang zu den besten Ausbildungsmöglichkeiten, unbegrenzte Talente und Fähigkeiten hättet?« Jean spürte, wie ihre ehemalige Begeisterung sie wieder überkam, und voller Erregung schrieb sie alle ihre alten Träume nieder. Als die Schüler fertig waren, fragte die Lehrerin: »Wie viele von euch haben auf beiden Seiten der Blätter dasselbe geschrieben?« Es hob sich keine einzige Hand.

Was Mrs. Slaton dann sagte, änderte Jeans Leben völlig. Die Lehrerin beugte sich vor. »Ich kann euch allen ein kleines Geheimnis verraten. Ihr *habt* unbegrenzte Fähigkeiten und Talente. Ihr *habt* Zugang zu den besten Ausbildungsmöglichkeiten, und ihr *könnt* für unbegrenzte finanzielle Mittel sorgen, wenn ihr etwas nur dringend genug wollt. Das ist es! Wenn ihr nach dem Schulabschluß nicht selbst versucht, eure Träume zu verwirklichen, wird es *keiner* für euch tun. Ihr könnt bekommen, was ihr wollt, wenn ihr es nur wirklich wollt.«

Angesichts dieser Wahrheit schmolzen all die Verletzungen und Ängste, die sich in den Jahren der Entmutigung in Jean angesammelt hatten, förmlich dahin. Sie fühlte sich wie neu belebt und zugleich ein wenig erschreckt. Nach Unterrichtsschluß ging sie zum Schreibtisch der Lehrerin. Sie dankte ihr und erzählte ihr von ihrem Traumberuf als Pilotin. Mrs. Slaton erhob sich halb von ihrem Stuhl und schlug mit der Hand auf die Tischplatte. »Dann mach es!« sagte sie.

Und Jean machte es. Es geschah natürlich nicht über Nacht. Es bedurfte zehn Jahre harter Arbeit und Konfrontation mit Widerständen, die von stiller Skepsis bis hin zu offenen Feindseligkeiten reichten. Es lag nicht in Jeans Natur, aufzustehen und sich durchzusetzen, wenn ihr jemand etwas abschlug oder sie demütigte; statt dessen versuchte sie, einen anderen Weg zu finden.

Sie wurde Pilotin für Privatflugzeuge und bekam dann die erforderliche Lizenz, um Frachtflugzeuge fliegen und sogar im Pendelverkehr eingesetzt werden zu können, aber immer als Kopilotin. Ihre Arbeitgeber zögerten ganz offen, sie zu befördern – weil sie eine Frau war. Selbst ihr Vater riet ihr, es mit etwas anderem zu versuchen. »Es ist unmöglich«, sagte er. »Hör auf, mit dem Kopf gegen die Wand zu rennen.«

Aber Jean erwiderte: »Dad, da bin ich anderer Meinung. Ich glaube, daß sich die Dinge ändern werden, und wenn das geschieht, will ich an der Spitze des Rudels sein.«

Jean machte weiterhin all die Dinge, die ihre Lehrerin in der dritten Klasse für ein Märchen gehalten hatte. Sie verstreute aus der Luft Schädlingsbekämpfungsmittel, sprang einige hundert

Male mit dem Fallschirm ab und »säte« sogar als Pilotin einen Sommer lang Wolken. 1978 wurde sie eine der ersten drei von United Airlines je akzeptierten Pilotenausbilderinnen und eine der fünzig Pilotinnen, die damals in ganz Amerika für Linienflugzeuge zugelassen wurden. Heute ist Jean Harper Flugkapitän einer Boeing 737 bei United Airlines.

Es war die Kraft eines positiven Wortes am richtigen Ort. Es war der Funken der Ermutigung von seiten einer Frau, die Jean respektierte, die dem unsicheren jungen Mädchen die Stärke und den Glauben verlieh, um seinen Traum verwirklichen zu können. Heute sagt Jean: »Ich entschied mich dafür, ihr zu glauben.«

Carol Kline in Zusammenarbeit mit Jean Harper

Was möchtest du sein?

Phantasie ist der Drachen, den man
am höchsten steigen lassen kann.

Lauren Bacall

Vor ein paar Wochen erlebte ich einen der Glücksmomente, die einem gelegentlich geschenkt werden. Ich wickelte gerade eines der Babys, als Alyssa, unsere Fünfjährige, hereinkam und sich neben mir aufs Bett plumpsen ließ.

»Mami, was möchtest du sein, wenn du erwachsen bist?« fragte sie.

Ich nahm an, daß es sich um ein Spiel handelte, das sie sich ausgedacht hatte, und ging darauf ein. »Hmmm… ich glaube, ich wäre gerne eine Mami, wenn ich erwachsen bin.«

»Das geht nicht, weil du ja schon eine bist. Was möchtest du einmal *sein*?«

»Okay, vielleicht werde ich eine Pfarrerin sein, wenn ich erwachsen bin.«

»Mami *nein,* das bist du ja auch schon!«

»Tut mir leid, Süße«, sagte ich, »aber ich weiß nicht, was ich dir sonst antworten soll.«

»Mami, sag einfach, was du *sein* willst, wenn du erwachsen bist. Du kannst *alles sein,* was du sein möchtest!«

An diesem Punkt war ich innerlich so bewegt, daß ich nicht sofort antworten konnte, und Alyssa gab auf und verließ das Zimmer.

Diese kleine, kaum fünf Minuten dauernde Unterhaltung hatte tief in mir was berührt. In den Augen meiner Tochter konnte ich noch immer *alles* werden, was ich sein wollte! Mein Alter, mein gegenwärtiger Beruf, meine fünf Kinder, mein Mann, mein Magister- und mein Doktortitel – *nichts davon war von Belang.* In ihren Kinderaugen konnte ich noch immer Träume träumen und nach den Sternen greifen. In ihren Augen war meine Zukunft noch nicht vorbei. In ihren Augen konnte ich noch immer Astronautin oder Pianistin oder vielleicht sogar Opernsängerin werden. In ihren Augen hatte ich in meinem Leben noch einiges an Wachstum und eine Menge »Sein« vor mir.

Die wirkliche Schönheit, die in diesem Gespräch mit meiner Tochter lag, erkannte ich aber erst, als mir klar wurde, daß sie in all ihrer Aufrichtigkeit und Unschuld dieselbe Frage auch ihren Großeltern und Urgroßeltern gestellt hätte.

Es steht geschrieben: »Die alte Frau, die ich werde, wird ganz anders sein als die Frau, die ich jetzt bin. Ein anderes Ich nimmt seinen Anfang...«

Also... was möchten Sie *sein,* wenn Sie erwachsen werden?

Rev. Teri Johnson

Wie ich meine Flügel fand

Wie bei so vielen anderen Mädchen war mein Selbstvertrauen als Teenager gleich null. Ich zweifelte an meinen Fähigkeiten, traute mir nichts zu und stellte meinen persönlichen Wert in Frage. Wenn ich gute Noten hatte, hielt ich das für eine Glückssache. Obwohl ich leicht Freundschaften schloß, hatte ich immer Sorge, daß sie nicht halten würden, wenn die anderen mich erst einmal richtig kennenlernten. Und wenn alles klappte, glaubte ich, eben nur zum richtigen Zeitpunkt am richtigen Ort gewesen zu sein. Ich wies sogar Lob und Komplimente zurück.

Dieses negative Selbstbild spiegelte sich in meinen Entscheidungen wider. Ich verliebte mich in einen Mann, der ein ebenso niedriges Selbstwertgefühl hatte wie ich. Trotz seines gewalttätigen Naturells und einer extrem schwierigen Beziehungsphase beschloß ich, ihn zu heiraten. Ich erinnere mich noch daran, wie mir mein Vater, der mich zum Altar geleitete, zuflüsterte: »Es ist noch nicht zu spät, Sue. Du kannst dich noch anders entscheiden.« Meine Familie wußte, was für einen schrecklichen Fehler ich machte. Innerhalb von wenigen Wochen wußte ich es dann auch.

Ich wurde jahrelang von meinem Mann körperlich mißhandelt. Teilweise verletzte er mich schwer, meist war ich grün und blau geschlagen, und ich mußte in zahlreichen Fällen ins Krankenhaus gebracht werden. Das Leben wurde zu einem einzigen Wirrwarr aus Polizeisirenen, ärztlichen Gutachten und Verhandlungen vor dem Familiengericht. Doch ich kehrte immer wieder zu dieser Ehe zurück, in der Hoffnung, daß sich die Dinge irgendwie bessern würden.

Nachdem wir unsere beiden kleinen Mädchen bekommen hatten, gab es Zeiten, in denen ich die Nacht nur überstand, weil deren rundliche Ärmchen meinen Hals umschlungen hielten, sich weiche Bäckchen an meine Wangen schmiegten und diese rührenden Kleinkinderstimmchen sagten: »Ist alles gut, Mami. Alles wird okay.« Aber ich wußte, daß nichts okay sein würde. Ich mußte etwas ändern – wenn nicht um meinetwillen, dann zum Schutz meiner Kinder.

Dann geschah etwas, das mir den Mut zu dieser Veränderung gab. Im Rahmen meiner Arbeit nahm ich an einer Reihe von Seminaren zur beruflichen Weiterentwicklung teil. In einem sprach die Seminarleiterin über die Umsetzung von Träumen in die Realität. Das war eine harte Nuß für mich – es fiel mir schon schwer, von einer besseren Zukunft auch nur zu träumen. Aber irgend etwas an ihren Worten ließ mich aufhorchen.

Sie forderte uns auf, zwei Fragen zu überdenken, die es in sich hatten: »Wenn Sie jedes Ding in der Welt sein, tun oder haben könnten und wüßten, daß Sie dabei auf keinen Fall scheitern können, wofür würden Sie sich entscheiden? Und wenn Sie sich ihr ideales Leben erschaffen könnten, was würden Sie sich dann erträumen?« In diesem Augenblick begann sich mein Leben zu verändern. *Ich begann zu träumen.*

Ich stellte mir vor, ich brächte den Mut auf, mit den Kindern in eine eigene Wohnung zu ziehen und von vorne anzufangen. Ich malte mir ein besseres Leben für die Mädchen und mich aus. Ich träumte davon, eine international bekannte Rednerin zu sein, und andere Menschen so zu inspirieren, wie die Seminarleiterin mich inspiriert hatte. Ich sah mich meine Geschichte niederschreiben, um anderen Mut zu machen.

Dann erschuf ich mir ein ganz klares Bild von meinem neuen Erfolg: Ich sah mich in einem roten Straßenkostüm einen ledernen Aktenkoffer tragen und ein Flugzeug besteigen. Das bedeutete eine ziemliche Anstrengung für mich, denn zu jener Zeit konnte ich mir nicht einmal ein Kostüm leisten.

Doch ich wußte, daß es wichtig war, den Traum so detalliert wie möglich auszugestalten, damit er für meine fünf Sinne greifbar wurde. Also ging ich in ein Ledergeschäft und posierte mit einem Aktenkoffer vor dem Spiegel. Wie sah das aus, wie fühlte es sich an? Wie riecht Leder? Ich probierte einige rote Kostüme an und fand sogar ein Bild von einer Frau in einem roten Kostüm, die einen Aktenkoffer trug und ein Flugzeug bestieg. Ich hängte es an einer Stelle auf, wo ich es jeden Tag sehen konnte. Das half mir, meinen Traum lebendig zu halten.

Und bald trafen die ersten Veränderungen ein. Ich zog mit den Kindern in eine kleine Wohnung. Da ich mit nur achtundneunzig

Dollar in der Woche auskommen mußte, gab es häufig Erdnußbutter zu essen, und unser Auto war nur eine alte Klapperkiste. Aber zum erstenmal fühlten wir uns frei und sicher. Ich arbeitete hart für meine Karriere und konzentrierte mich beständig auf meinen »unmöglichen Traum«.

Dann klingelte eines Tages das Telefon. Die Stimme am anderen Ende der Leitung bat mich, bei der kommenden Jahreskonferenz der Firma eine Ansprache zu halten. Ich sagte zu, und meine Rede wurde ein Erfolg. Dies führte zu einer Reihe von Beförderungen, und schließlich wurde ich zur nationalen Verkaufstrainerin ernannt. Im Lauf der Zeit baute ich mein eigenes Unternehmen auf, und seither bin ich viel in der Welt herumgereist. Mein »unmöglicher Traum« war Wirklichkeit geworden.

Ich glaube, jeder Erfolg beginnt damit, daß wir unsere Flügel ausbreiten – an unseren Wert glauben, auf unsere Erkenntnis vertrauen, mit uns selbst sorgsam umgehen, ein Ziel haben und eine persönliche Strategie entwerfen. Und dann können auch unmöglich scheinende Träume Wirklichkeit werden.

Sue Augustine

Grandma Moses und ich

Ich bin zu alt und es ist zu spät, leierte es unentwegt in meinem Kopf. Ich war entmutigt und erschöpft, nachdem meine Ehe und meine juristische Karriere gleichzeitig ihr Ende gefunden hatten. Trotz meines intensiven Wunsches, Schriftstellerin zu sein, zweifelte ich an meiner Fähigkeit, auch tatsächlich eine werden zu können. Hatte ich Jahre damit vergeudet, die falschen Ziele zu verfolgen?

Ich war an einem Tiefpunkt angelangt, als ich im Radio die Geschichte von Grandma Moses hörte. Ann Mary Moses verließ mit dreizehn ihr Zuhause, brachte zehn Kinder zur Welt und arbeitete schwer, um die fünf, die am Leben blieben, durchzubringen. Sie mußte ständig um ihren Lebensunterhalt kämpfen, den sie sich auf armseligen Farmen verdiente. Dennoch gelang es ihr, durch Stickereien auf Leinwand einen Hauch von Schönheit in ihr Dasein zu zaubern.

Als sie achtundsiebzig war, wurden ihre Finger zu steif, um noch eine Nadel halten zu können. Statt erschöpft aufzugeben, ging sie in die Scheune hinaus und begann zu malen. Auf Holzfaserplatten schuf sie in leuchtenden Farben detaillierte und exakte Szenen aus dem ländlichen Leben. In den ersten beiden Jahren wurden die Bilder entweder verschenkt oder für einen kümmerlichen Preis verkauft. Doch als sie neunundsiebzig war, wurde sie von der »Kunstwelt« entdeckt – der Rest ist Geschichte. Sie malte über zweitausend Bilder und ihre Buchillustrationen für »Twas the Night Before Christmas« vollendete sie mit hundert!

Während ich ihrer Geschichte zuhörte, änderte sich meine Stimmung. Wenn Grandma Moses eine neue Karriere beginnen und mit über achtzig Erfolg haben konnte, dann bestand für mich, die ich erst Dreißig überschritten hatte, im Leben noch Hoffnung. Die Sendung war noch nicht zu Ende, da stürzte ich schon an meinen Computer, um an dem Roman weiterzuarbeiten, den ich bereits aufgegeben hatte.

Acht Monate später wurde er veröffentlicht.

Liah Kraft-Kristaine

»Wir sind alle hier, um zu lernen«

Die Zukunft gehört denen, die an die Schönheit ihrer Träume glauben.

Eleanor Roosevelt

»Sechzehn«, sagte ich. Ich erinnere mich zwar nicht mehr an die Rechenaufgabe, die mir meine Lehrerin in der zweiten Klasse, Joyce Cooper, an diesem Tag stellte, aber ich werde nie meine

Antwort vergessen. Sobald ich diese Zahl ausgesprochen hatte, brach die ganze Klasse der Smallwood Grundschule von Norfolk, Virginia, in Gelächter aus. Ich kam mir wie der dümmste Mensch der Welt vor.

Mrs. Cooper fixierte die anderen mit strengem Blick. »Wir sind alle hier, um zu lernen«, sagte sie dann.

Ein andermal forderte sie uns auf, zu beschreiben, was wir aus unserem Leben machen wollten. Ich schrieb: »Ich möchte eine Lehrerin wie Mrs. Cooper werden.«

Sie schrieb unter meinen Aufsatz: »Du würdest eine hervorragende Lehrerin abgeben, denn du bist entschlossen und versuchst dein Bestes.« Diese Worte bewahrte ich für die nächsten siebenundzwanzig Jahre in meinem Herzen.

Nachdem ich 1976 die High-School abgeschlossen hatte, heiratete ich einen wundervollen Mann, Ben. Er war Monteur. Es dauerte nicht lange, und Latonya wurde geboren.

Wir brauchten jeden Groschen, um zurechtzukommen. College – und Unterrichten – kam nicht in Frage. Trotzdem kam ich dann zu einem Job in einer Schule – als Hausmeistergehilfin. Ich putzte jeden Tag siebzehn Klassenzimmer in der Grundschule von Larrymore, das von Mrs. Cooper eingeschlossen. Sie war dorthin übergewechselt, nachdem Smallwood geschlossen worden war.

Ich erwähnte Mrs. Cooper gegenüber immer wieder, daß ich nach wie vor gerne unterrichten würde, und sie wiederholte dann die Bemerkung, die sie vor sieben Jahren unter meinen Aufsatz geschrieben hatte. Aber immer schienen die zu bezahlenden Rechnungen im Weg zu stehen.

Dann, eines Tages im Jahr 1986, dachte ich wieder einmal an meinen sehnlichsten Wunschtraum, Kindern zu helfen. Aber um das tun zu können, mußte ich morgens als Lehrerin aufkreuzen – nicht nachmittags als Putzfrau.

Ich besprach mich mit Ben und Latonya, und alles wurde abgemacht: Ich schrieb mich an der Old Dominion University ein. Sieben Jahre lang ging ich am Vormittag zu den Vorlesungen. Nachmittags arbeitete ich, und nach der Arbeit lernte ich. An den vorlesungsfreien Tagen arbeitete ich als Lehrassistentin für Mrs. Cooper.

Manchmal fragte ich mich, ob ich die Kraft hatte, all das durchzuhalten. Als ich das erstemal bei einer Prüfung durchfiel, sprach ich von Aufgeben. Meine jüngere Schwester Helen wollte nichts davon hören. »Du möchtest Lehrerin werden«, sagte sie. »Wenn du jetzt aufhörst, wird sich dein Traum nie erfüllen.«

Helen wußte, wovon sie sprach – sie kämpfte gegen Diabetes an. Wenn eine von uns niedergeschlagen war, sagte sie stets: »Du wirst es schaffen. *Wir werden* es schaffen.«

1987 starb Helen, erst vierundzwanzig Jahre alt, an einem durch die Diabetes verursachten Nierenversagen. Nun lag es an mir, es für uns beide zu schaffen.

Am 8. Mai 1993 war der Tag gekommen, an dem sich mein Traum erfüllte – die Abschlußfeier. Ich erhielt mein Collegediplom und meine staatliche Zulassung als Lehrerin.

Ich sprach bei drei Schulen vor. Die Leiterin der Coleman Place Grundschule, Jeanne Tomlinson, sagte: »Ihr Gesicht kommt mir so bekannt vor.« Sie hatte vor mehr als zehn Jahren in Larrymore unterrichtet. Ich hatte ihr Klassenzimmer geputzt, und sie erinnerte sich an mich.

Doch ich hatte nach wie vor kein konkretes Angebot. Der Anruf kam, als ich gerade meinen achtzehnten Vertrag als Hausmeistergehilfin unterschrieben hatte. Coleman Place hatte eine freie Stelle für mich, ich sollte die fünfte Klasse unterrichten.

Kurz nachdem ich dort angefangen hatten, geschah etwas, das mich schlagartig in die Vergangenheit versetzte. Ich hatte einen Satz voller grammatikalischer Fehler an die Tafel geschrieben und forderte Schüler auf, vorzukommen und sie zu verbessern.

Ein Mädchen hatte sich halbwegs durchgearbeitet, geriet dann aber in Verwirrung und hielt inne. Als die anderen Kinder lachten, rollten ihr die Tränen über die Wangen. Ich legte meinen Arm um ihre Schultern und sagte, sie solle einen Schluck Wasser trinken.

Dann fixierte ich, an Mrs. Cooper denkend, die Klasse mit einem strengen Blick. »Wir alle sind hier, um zu lernen«, sagte ich.

Charles Slack nach der Erzählung von Bessie Pender

Ein Zimmer für sich allein

Virginia Woolfs »Ein Zimmer für sich allein« bewog mich schon früh, mich nach meinem eigenen speziellen Ort des Friedens und der Einsamkeit umzusehen. Meine Seele verlangte nach der Schönheit einer ländlichen Gegend am See – wo ich den Duft der Kiefern einatmen, dem Wind in den Bäumen lauschen, auf eine weite Fläche graublauen Wassers blicken konnte. Dort wollte ich meinem Traum, mich ganz und gar dem Schreiben zu widmen, verwirklichen.

Schließlich gab ich meinem Herzenswunsch nach und meinen juristischen Beruf zugunsten des Bücherschreibens auf. Ich konnte mich damit inzwischen leidlich finanzieren. Auch nahmen die Buchverkäufe und Vortragsverpflichtungen zu. Frühling lag in der Luft, und ich barst vor Lebensfreude.

Ein Jahr lang hatte ich Anzahlungen auf ein schönes Stück Land an einem See namens Oconee geleistet. Es war ein wunderbares Geschenk für mich – der Preis war unwahrscheinlich niedrig, weil niemand realisiert hatte, daß es an einem Seeufer lag. Ich hatte dort ein Zelt aufgeschlagen und genoß es, auf meinem eigenen kleinen Stück Paradies zu schlafen. Doch jetzt war ich bereit, mehr daraus zu machen. Zwar hatte ich weder Ersparnisse noch die Möglichkeit, eine Hypothek aufzunehmen, aber ich war fest entschlossen, ein Haus zu bauen, einen Ort für mich allein zu schaffen.

Aber wie? Ich kannte, abgesehen von dem Makler, der mir das Grundstück verkauft hatte, in diesem Bezirk keinen einzigen Menschen. Ich hatte keine Ahnung von Baugenehmigungen, gesetzlichen Bestimmungen oder vom Bauen selbst. Ich hatte nur dieses intensive Verlangen, mir ein Nest zu schaffen. Also erkundigte ich mich im örtlichen Eisenwarengeschäft nach Namen von Zimmerleuten, telefonierte herum und fand zwei, die interessiert waren. Wir feilschten um den Stundenlohn, ohne daß ich Ahnung davon gehabt hätte, wie man so etwas eigentlich macht.

Ich hatte eine Skizze von dem geplanten Haus angefertigt und schätzte auf dieser Grundlage die benötigte Menge an Bauholz ab. Bis es eintraf, hielt ich sozusagen den Atem an, in der Furcht, zu wenig oder zu viel bestellt zu haben. Ich grub Löcher, goß sie mit Zement aus, sägte Holz für die Wände und machte gleich am ersten Tag elf Stunden lang von meinem neuen Hammer Gebrauch. Blasen schienen bald ein ganz natürlicher Teil meiner Hände zu sein.

Als das Baugerüst seine Höhe von zweieinhalb Stockwerken erreicht hatte, mischte sich in meine Freude eine gewisse Furcht – ich hatte extreme Höhenangst. Aber als die Zimmerleute oben auf dem Gerüst meine Hilfe bei den Dachbalken brauchten, überwand ich meine aufsteigende Übelkeit und tat meine Arbeit. Niemand wußte, was ich besiegt hatte – meine Höhenangst kehrte nie wieder zurück.

Nach fünf langen Arbeitstagen hatten wir das Dach fertig. Selbst ohne Wände und Fenster sah es bereits wie ein Haus aus, das mich zumindest vor dem Regen schützen konnte. Also zog ich in meinem Überschwang mit meinem Schlafsack um und saß dort zwischen Bauholz und Sägemehl allein mit meinen Gefühlen der Ehrfurcht und Befriedigung und meinen schmerzenden Muskeln.

Über viele Monate hinweg nutzte ich jeden freien Moment und jeden Dollar, den ich erübrigen konnte, um die Wände und siebenundzwanzig Fenster einzusetzen, und lernte dabei ständig, die Dinge auf bessere Weise zu machen. Wo immer ich war, was immer ich gerade tat – ständig plante ich wie eine Besessene meine nächsten Schritte. Aber was für eine herrliche Form von Besessenheit!

Dann sah ich mich mit den gewaltigen Herausforderungen des

fließenden Wassers und der Elekrizität konfrontiert. Da ich mir nach wie vor keine Fachleute leisten konnte, kaufte ich Bücher und studierte sie monatelang, bevor ich mich an diese Aufgabe heranwagte.

Meine Arbeit fand vor dem kritischen Auge des Bezirksinspektors Gnade, aber ich wußte, daß selbst er mir nicht sagen konnte, ob die Rohre dem Wasserdruck standhalten würden. Doch dann kam schließlich der Augenblick, in dem das Wasser aufgedreht wurde. Wenn ich irgendwelche größeren Fehler gemacht hatte, dann gab es eine Überschwemmung im Haus.

Nachdem ich draußen den Haupthahn aufgedreht hatte, rannte ich hinein, um auf das gefürchtete Geräusch von auf Holz tropfendem Wasser zu lauschen. Ich schob mich fast zentimeterweise an jeder Wand entlang. Alles blieb still. Geradezu in Ekstase drehte ich den Wasserhahn an jedem Becken auf und lachte laut. Es war einfach ein Wunder, zum erstenmal nach über einem Jahr Bauzeit fließendes Wasser zu haben! Und ich kannte jedes Verbindungsstück der Leitungen, denn ich hatte sie alle selbst verlegt.

Ich bekam immer mehr Schreibaufträge und verfügte schließlich über das nötige Kleingeld, um von Fachleuten das System, das sicherstellte, daß sich kein Schwamm bildete und die Wände trocken blieben, installieren zu lassen. Drei Tage vor Ostern – ein Jahr und acht Monate nachdem ich mein erstes Pfostenloch gebohrt hatte – legte ich die letzten Fliesen in der Küche. Mein Vater und meine Stiefmutter kamen zum Osteressen, es war das erste auf meinem neuen, winzigen Herd gekochte Mahl. Wir feierten Ostern und die endgültige Zulassung als Wohnung durch den Bezirksinspektor. Als wir auf den glitzernden blauen See hinausblickten, die Aussicht umrahmt von weißen Hartlaubenblüten, war mein Herz so voll Glück, daß ich nicht sprechen konnte.

Mein Traum und ich waren gemeinsam gewachsen. Und so wie ich selbst mich immer weiterentwickelte, ist es auch mit dem Haus. Aus meinem Traum von einem simplen Obdach ist ein Haus mit einer Aussichtsterrasse und Altanen geworden, in dem ich schreiben und etwas erschaffen kann. Ich habe mein Nest, meinen Ort der Zuflucht und des Trostes.

Ich habe gelernt, wie man alles zusammenfügen kann, indem man den Traum in seinen Einzelheiten vor sich sieht. Wie man auch die kleinsten Fortschritte und Annehmlichkeiten zu würdigen weiß. Wie man durchhält, auch wenn keine Lösung in Sicht ist. Wie man etwas aufbaut, statt anderen Vorwürfe zu machen oder den Umständen die Schuld zu geben. Dieses Abenteuer wird den Rest meines Lebens prägen, während ich neue Träume träume und mit dem Aufbau beginne.

Liah Kraft-Kristaine

Begegnung mit Betty Furness

Chancen verbergen sich in der Regel hinter harter Arbeit, deshalb werden sie von den meisten Menschen nicht erkannt.

Ann Landers

1964, es war das Jahr, in dem sich die Touristen am berühmten Atlantic City Boardwalk beteiligten, dem Marsch durch die Stadt anläßlich des Nationalkonvents der Demokratischen Partei.

Damals arbeitete ich als Kellnerin in einem beliebten Steakrestaurant, abgesehen davon, daß ich auch noch fünf Kinder großzog und meinem Mann bei unserem brandneuen Projekt half – einer Wochenzeitung. Und so war ich trotz des ganzen Trubels und meiner prall gefüllten Trinkgeldbörse einfach immer nur hundemüde und sehnte mich danach, daß alles ein Ende hatte.

Eines Tages näherte ich mich ohne sonderlichen Enthusiasmus meinem nächsten Gast, einer Frau. Sie war dünner und zierlicher, als ich sie aus der Zeit des Öffnens und Schließens von Kühlschranktüren in den Westinghouse-Fernsehwerbespots der fünfziger Jahre in Erinnerung hatte, aber ihre fröhliche und energische Stimme war unverkennbar. Die Frau, die hier allein dinieren wollte, war Betty Furness.

Ihre Wärme und Freundlichkeit nahm mir die Scheu davor, eine solche Berühmtheit zu bedienen. Ich erfuhr, daß sie nach Atlantic City gekommen war, um in ihrer täglichen Radiosendung über die Tagung der Demokratischen Partei vom Standpunkt einer Frau aus zu berichten. Als ich ihr dann schließlich die Rechnung brachte, fand ich den Mut, sie um ein Interview für unsere kleine Vorstadtzeitung zu bitten. Sie reagierte darauf mit einer Einladung zum Lunch.

Als ich mich zwei Tage später auf dem Weg zu ihrem Motel befand, jubilierte ich abwechselnd über mein Glück und bekam das Flattern bei dem Gedanken, eine Frau zu interviewen, die einstmals tausendreihundert Fanbriefe pro Woche erhalten hatte.

Ich wußte bereits eine Menge über sie. Model bei der berühmten Powus-Agentur mit vierzehn, Filmschauspielerin mit sechzehn, anschließend beachtliche Bühnenerfolge. Aber am bekanntesten war sie für ihre glanzvolle Karriere als Amerikas Verkaufsstar Nummer eins. Der Name Betty Furness war in amerikanischen Haushalten ebenso geläufig wie Westinghouse und deren Fernsehprogramm aus Studio Eins.

Während des Interviews zeigte sie jedoch eine ganz überraschende Einstellung, die mir den perfekten Aufhänger für meine Geschichte lieferte: *»Nie wieder in meinem Leben werde ich auch nur noch einen einzigen Fernsehwerbespot machen!«*

Sie erklärte mir, daß sie, als sie 1960 die letzte Kühlschranktür für ihre Werbespots zugemacht hatte, entschlossen war, sich eine neue Karriere aufzubauen – diesmal in den Nachrichtenmedien. »Ich weiß, die Welt ist voll von Informationen und Menschen, die sie haben wollen«, sagte sie mir. »Und daran will ich teilhaben.«

Und obwohl sie für CBS News arbeitete, hatte man ihr immer wieder gesagt, daß sie technisch keine Nachrichtenkorrespondentin sei. »Das ist es, was ich leidenschaftlich gern sein möchte, aber die Nachrichtenmedien und die Öffentlichkeit weigern sich, mich ernst zu nehmen.«

Irgend etwas an ihrer Geschichte berührte mich tief. Alle sahen mich »nur als Kellnerin« an und betrachteten mich in keiner Weise als Schriftstellerin. »Eine Schriftstellerin ist eine Person, die schreibt«, sagten sie, und das sei ich eben nicht. Aber woher sollte ich je das Geld, die Zeit, die Kraft und die Ausdauer nehmen, um aus mir das zu machen, was ich sein wollte – jemand wie diese Frau, die vier glanzvolle Karrieren hinter sich hatte, für die die meisten Frauen einen Mord begehen würden, und die jetzt in einer weiteren ihre wahre Erfüllung suchte.

Am aufschlußreichsten über Bettys Charakter und Einstellung war ihre abschließende Bemerkung. »Mein ganzes Leben wurde von einer Philosophie bestimmt: Mach jeden Job, den du angenommen hast, gut, und du wirst auf die richtigen Gelegenheiten stoßen, um das tun zu können, was du dir wirklich wünschst.«

In den Jahren nach dieser wundervollen Begegnung mit Betty beobachtete ich, wie sie ihre kluge Philosophie in die Tat umsetzte. Nur kurze Zeit nach dem Parteikonvent in Atlantic City katapulierten sie ihre reine Willensstärke und positive Einstellung in eine neue Karriere als Lyndon Johnsons spezielle Assistentin für Verbraucherangelegenheiten. Später wurde sie die Vorsitzende der staatlichen Kommission für Verbraucherschutz von New York und Städtische Kommissarin für Verbraucherangelegenheiten. Als ich das hörte, dachte ich an ihre Lebensphilosophie und wünschte ihr alles Gute.

Noch später sah ich sie mir dann jeden Abend in New Yorks Channel 5 als erste Reporterin in Sachen Verbraucherangelegenheiten an. Ich lachte anerkennend, wenn sie mit Fabrikanten diskutierte, deren Spanntücher nicht über die Matratzen paßten. Ich war froh, wenn ich von ihr darüber informiert wurde, welche Substanzen bestimmte Arzneimittel in Wirklichkeit enthielten. Und ganz typisch für ihre Berichterstattung war eine ihrer letzten Reportagen – wie man sich vor Krankenhäusern schützt. All das, während sie selbst immer wieder wegen Krebs in klinischer Behandlung war.

Im Verlauf der Jahre las ich immer wieder ihre Worte, die ich über ihr Autogrammfoto geklebt hatte. Erstaunliche Dinge ereigneten sich in meinem Leben, als ich mich bemühte, mich danach zu richten. Und später wurden diese Worte durch den Mythenforscher Josph Campbell noch bestärkt, als er schrieb: »Folge deiner Begeisterung, und es werden sich Türen öffnen, wo zuvor keine Türen waren.«

Jobs, mit denen ich nie gerechnet hatte oder nie hätte haben wollen, verwandelten sich in Jobs, die ich liebte: Es eröffneten sich unerwartet Wege, die mich zu Orten führten, von denen ich noch nicht einmal geträumt hatte. Schließlich begann, glückhafter Stolperschritt um Stolperschritt, wie ich glaubte, mein Aufstieg von der Kellnerin über die Restaurantmanagerin zur Leiterin der Öffentlichkeitsarbeit für ein Krankenhaus; von der Zeitungsreporterin zur Mitherausgeberin mehrerer Zeitschriften; von der Textberaterin zur Ausbilderin auf internationaler Ebene – bis sich schließlich mein Traum erfüllte und ich professionelle Schriftstellerin wurde.

Am Tag als ich den Nachruf auf Betty las, erfuhr ich, daß sie sich mit sechsundsiebzig den Titel »älteste im Fernsehen arbeitende Reporterin« verdient hatte. Als ich dasaß und über ihr Leben und ihre Leistungen las, schweiften meine Gedanken zurück zu jenem Interview vor Jahren, bei dem sie mir das Geheimnis ihres Erfolges anvertraut hatte. Damals war mir kaum bewußt gewesen, was für ein großartiges Geschenk mir diese Frau gemacht hatte.

Ich entsann mich, daß ich damals wußte, daß mein Leben nicht das war, was ich mir wirklich wünschte. Und ich war auf die Gelegenheit gestoßen, Betty interviewen zu können – oder auch nicht. *Mach jeden Job, den du angenommen hast, gut, und du wirst auf die richtigen Gelegenheiten stoßen, um das tun zu können, was du dir wirklich wünschst.*

Ja, über die Jahre hinweg hatten wir auf getrennten Wegen

unser Traumziel verfolgt und zu unseren Gelegenheiten gefunden. Es hatte des Talents, der Vision, des beharrlichen Engagements und, am allerwichtigsten, des starken Glaubens bedurft, daß wir uns selbst immer wieder neu erfinden können.

Aber angefangen hatte es damals für mich auf den Straßen von Atlantic City. Ich hatte tief Atem geholt, mich in die Menge gestürzt und meine großartigen Gedanken über den Artikel, den ich noch in derselben Nacht über Betty Furness schreiben würde, beiseite geschoben. Erst einmal war da ein Job, den ich gut machen mußte. Ich mußte losziehen und meinen Anteil an vierzehntausend Demokraten abfüttern.

Barbara Haines Howett

8

Über das Altern

Werdet zusammen mit mir alt!
Das Beste kommt noch…

Robert Browning

Die tanzenden Großmütter

Sobald du das Gefühl hast, du seist zu alt, um etwas zu tun - tu es!
Margaret Deland

Vor zwölf Jahren, als ich fünfzig war, dachte ich: »Wie wird es sein, wenn ich sechzig bin? Oder siebzig?« Ich sah mich um und sah nur einen einzigen für das Alter typischen Lebensstil. »Das ist nicht fair«, dachte ich. Junge Menschen haben so viel Auswahl – sie können Yuppies oder Hippies oder auch das sein, was ich als »normal« bezeichne, aber ältere Leute haben nur eine Option, und die sieht nicht besonders vergnüglich aus. Niemand von ihnen schien das Dasein zu genießen. Viele Menschen (ich eingeschlossen) verabscheuten ganz allgemein das Altwerden. Ich war ganz gewiß nicht glücklich über mein Aussehen und meinem Gefühl nach auch nicht genug »auf Draht«, um mit allem fertig zu werden, was da auf mich zukam. Im Grunde fühlte ich mich wieder wie ein unsicherer Teenager!

Ich beschloß, etwas zu unternehmen, und zwar etwas Konkretes. Um körperlich fit zu bleiben, begann ich entsprechende Übungskurse zu besuchen. Als mein Mann und ich ein paar Jahre später aufs Land zogen, in eine Gemeinde, in der lauter Ruheständler lebten, wollte ich Aerobicunterricht geben. Das Gemeindezentrum konnte mir keinen Übungsraum zur Verfügung stellen, also mußte ich auf eigene Faust losziehen und etwas Passendes finden.

Eines Tages traten die Leute vom Gemeindezentrum an mich heran und fragten mich,ob ich bereit sei, an einer von ihnen geplanten Festveranstaltung im hawaiischen Stil mitzuwirken. Ich sagte zu. (Ich bin eine typische Jasagerin – sage erst ja und denke später nach!) Dann überredete ich fünf weitere Damen, mit mir zu tanzen. »Wie schwierig konnte das schon sein?« dachte ich. »Der Hula? Da braucht man nur mit den Hüften zu wackeln!« Wir führten also einen Hulatanz vor, gaben einen Kriegsgesang zum Besten und bekamen brausenden Beifall. Jemand hatte eine Kamera dabei und machte Bilder, die dann an unsere Lokalzeitung geschickt wurden. Wir bekamen weitere Auftrittsgesuche, was zu noch mehr Publicity und Engagements führte. Bald erhielten wir Einladungen aus dem ganzen Land. Die »Tanzenden Großmütter« waren geboren.

Das Traurige war nur, daß wir den stärksten Widerstand von unseren Familien und Gleichaltrigen erfuhren. Ältere Frauen waren entsetzt, wenn wir in Gymnastikanzügen auftraten, und stimmten in den Chor unserer Kinder mit ein, die uns rieten, »uns unserem Alter gemäß aufzuführen«. Was sollte das heißen? Bucklig, schusselig und mürrisch zu sein? Nein, danke! (Als wir dann aufgefordert wurden, im Weißen Haus vor Präsident Bush und seiner Frau aufzutreten, änderte sich natürlich ihre Tonart.)

Wir stießen häufig auf Vorurteile in bezug auf ältere Menschen. Vor allem junge Leute setzten oft Dinge voraus, die nicht immer den Tatsachen entsprachen. Einmal waren wir eingeladen, an einem Wochenende in der Universität von Wisconsin aufzutreten, und wurden im Studentenwohnheim untergebracht. Nun, die Studenten räumten ihre unteren Etagenbetten für uns Großmütter! Sie dachten wohl, wir würden es nicht schaffen, in die oberen Betten zu klettern, oder wenn doch, möglicherweise herunterfallen.

Auch unsere Vorführungen verliefen nicht immer glatt. Als wir zum erstenmal anläßlich einer Parade auftraten, war dies eine Katastrophe! Ich hatte eine Tanznummer einstudiert, bei der wir zunächst als alte Omas mit Haarnetz und entsprechender Kleidung auftreten und uns dann in »heiße Großmütter« verwandeln würden – uns Hüte aufsetzen, Handschuhe überstreifen und unserer Klamotten entledigen wollten. Es war ein schlechter Einfall! Haben Sie je versucht, mit einer Parade Schritt zu halten, während Sie gleichzeitig tanzen und dabei Ihre Kleidung wechseln? Dazu kam, daß die Zuschauer der Parade, die uns als alte Omas sahen, natürlich nicht die gleichen waren, die uns als »heiße Großmütter« erblickten, so daß die Pointe gänzlich verlorenging. Es endete schließlich damit, daß wir einfach die Kleidung wechselten und dann losrannten, um die anderen wieder einzuholen. Und die Zuschauer jubelten!

Die Leute sind immer verblüfft, wie körperlich anspruchsvoll unsere Darbietungen sind. Grätschen, Radschlagen, einarmiges Stemmen, Purzelbäume und hohe Sprünge gehören dazu. Unsere beste Radschlagerin ist zweiundsiebzig Jahre alt.

Aber ich glaube, das eigentliche Geheimnis der »Tanzenden Großmütter« ist unsere innere Einstellung. Ich selbst bin in äußerster Armut aufgewachsen – manchmal gab es buchstäblich nichts zu essen. Wenn wir Spielzeug haben wollten, mußten wir es uns selbst basteln, also lernte ich frühzeitig, sehr kreativ zu sein. Und wissen Sie, ich glaube, arm zu sein gehörte mit zum Besten, das mir je zustieß, denn dadurch lernte ich, nach Schätzen Ausschau zu halten.

Und das ist es, was ich auch heute noch tue – ich suche nach dem Schatz, der im Altwerden verborgen liegt. Und ich werde immer besser. Ich habe zwar bisher noch keinen jungen Menschen sagen hören: »Ich bin ganz wild darauf, alt zu werden – mir scheint, es macht großen Spaß«, aber das kann ja noch kommen. Wir schieben das Ende immer weiter hinaus, leben länger in einer völlig veränderten Welt. Als ich klein war und wir unsere Großmutter besuchten, hieß es immer: »Paß auf Omas Nippes auf. Faß nichts an. Sei leise.« Wenn mich meine Enkel besuchen, tun sie ihr Bestes, um mir auf die Nerven zu gehen, und ich sage mir dann immer: »Ich denke gar nicht daran, mich von diesen Knirpsen kleinkriegen zu lassen!« Und wir haben viel Spaß miteinander!

Es stimmt, daß man Antiquitäten ein bißchen anders und mit ein wenig Sorgfalt behandeln muß – aber sie besitzen nach wie vor ihre ureigene Schönheit.

Beverly Gemigniani und Carol Kline

Wenn zwei Ganze zusammentreffen …

> Das Altern schützt dich nicht vor der Liebe. Aber die Liebe schützt dich bis zu einem gewissen Maß vor dem Alter.
>
> *Jeanne Moreau*

Da stand er, groß, gutaussehend und einundsiebzig Jahre alt. Da stand ich, auf die Siebzig zugehend, und sein Anblick drang mir direkt ins Herz.

Wir warteten in einem kleinen Krankenhaus in Iowa auf denselben Arzt. Ich setzte mich unmittelbar neben ihn, beide blätterten wir Zeitschriften durch, aber ich glaube nicht, daß ich an diesem Tag ein einziges Wort von dem aufnahm, was ich las. Als ich eine Stunde später die Apotheke am Marktplatz betrat, fand ich ihn zu meiner Verblüffung dort an der Ladentheke stehend. »Wir müssen aufhören, uns ständig über den Weg zu laufen«, sagte ich. Er gab eine höfliche Antwort, doch später fand ich heraus, daß er mich beim erstenmal überhaupt nicht bemerkt hatte!

Er hieß Bill. Während wir plauderten, stellte ich überrascht fest, daß dieser attraktive Fremde der Vater der Kindergärtnerin meiner Enkelin war. Sein eigener Enkel war in der gleichen Kindergartengruppe.

Wir waren beide von der Küste nach Iowa gezogen, um näher bei unseren Kindern und Enkeln zu sein. Beide hatten wir eine unglückliche Beziehung hinter uns und waren in gewisser Weise dabei, von vorne zu beginnen.

Je mehr ich über diesen Mann erfuhr, desto stärker faszinierte er mich. Er hatte sich sein Haus mit großer Rücksicht auf den Umweltschutz gebaut. Er war Künstler und Professor für Kunstgeschichte. Er war aus Gewissensgründen Kriegsdienstverweigerer gewesen, und es stellte sich Punkt um Punkt heraus, daß sich seine Wertvorstellungen mit den meinen vollkommen deckten.

Nach ein paar Unterhaltungen am Telefon trafen sich unsere beiden Familien auf dem Stadtplatz zum Konzert einer Band. Meine Tochter bestand darauf, daß ich Kekse buk. Offensichtlich fanden sie an diesem Abend viel Anklang.

Eines Tages rief Bill mich an und entschuldigte sich dafür, daß er mich am Abend zuvor nicht zur Tür begleitet hatte. Ich versicherte ihm, daß ich als emanzipierte Frau einer solchen Verzärtelung nicht bedürfe, und er antwortete: »Nein, ich meine, wenn ich Sie zur Tür begleitet hätte, hätte ich Ihnen einen Gutenachtkuß geben können.«

Man sagt, alles kommt auf den richtigen Zeitpunkt an. Ich hatte die Pflege für eine an Alzheimer erkrankte Frau übernommen und war im Begriff umzuziehen. Deshalb lebte ich vorübergehend unter räumlich eingeschränkten Bedingungen bei meinem Sohn und seiner Familie, in der Absicht, mir irgendwo anders ein Zimmer zu mieten. Ich wohnte dann für ein paar Tage bei Bill, und da sagte er: »Es wäre schön, wenn wir unsere Gartengestaltung gemeinsam planen würden.« Das bedeutete, daß sich unsere Leben miteinander zu verweben begannen, und das zu hören machte mich überglücklich.

Bald darauf schlug Bill auf seine sanfte und sensible Art vor, daß wir heiraten sollten, um meinen guten Ruf in unserer kleinen Gemeinde zu wahren. Ich erklärte ihm, daß der äußere Schein für mich keine Rolle spiele. Dann fand ich mich nach ein paar Wochen, die ich nur als häusliche Seligkeit beschreiben kann, eines Tages auf seinem Schoß sitzen. Er sah mich an, lächelte und sagte leise: »Es wäre schön, wenn wir gemeinsam unsere Hochzeit planen würden.« Ich hatte nicht gewußt, daß sich in meinem Herzen eine solche Glut entfachen konnte. Wie konnte ich da nein sagen?

Wir planten für Juni eine wunderbare Hochzeit bei aufgehendem Vollmond. So viele Menschen hatten den Wunsch geäußert, bei diesem Ereignis dabei zu sein, daß wir eine Anzeige in der Lokalzeitung aufgaben, in der unsere vier Enkelkinder alle zur Hochzeit ihrer Großeltern einluden.

Als wir unsere Gelübde austauschten, erklärte ich: »Alles in meinem Leben hat mich auf diesen magischen Augenblick vorbereitet.« Ich war überzeugt, daß es so ist.

Bill und ich kamen zu einem Zeitpunkt zusammen, an dem wir beide »unsere Schuldigkeit getan« hatten. Wir hatten in unserem Leben eine Menge Schmerz und sehr viel Schönheit erlebt und waren schließlich jeder für sich zu so etwas wie innerem Frieden, Selbstgenügsamkeit und sogar auch Selbstwertschätzung gelangt.

Wenn ich an unsere Beziehung denke, fällt mir eine Passage ein, die ich einmal gelesen habe:

Ich muß meine Einsamkeit allein bewältigen.
Ich muß mit mir selbst glücklich sein, sonst habe ich nichts zu bieten.
Zwei Hälften bleibt kaum eine andere Wahl als sich zu verbinden;
und ja, sie bilden tatsächlich ein Ganzes.
Doch zwei Ganze, wenn sie zusammentreffen…
Das ist Schönheit. Das ist Liebe.

Lillian Darr

9

Höhere Weisheit

Wunder sind etwas Natürliches;
wenn sie sich nicht ereignen,
ist etwas schiefgelaufen

Helen Schucman

Der Stein der weisen Frau

Eine weise Frau wanderte in den Bergen und fand dort in einem Bach einen wertvollen Edelstein. Am nächsten Tag traf sie einen anderen Wanderer, der hungrig war, und sie öffnete ihren Beutel, um ihr Essen mit ihm zu teilen. Der hungrige Wanderer erblickte den kostbaren Stein, bewunderte ihn und bat die Frau, ihn ihm zu schenken. Die weise Frau tat es, ohne zu zögern.

Über sein Glück frohlockend ging der Wanderer davon. Er wußte, der Edelstein war kostbar genug, um ihm für den Rest seines Lebens Sicherheit zu bieten.

Doch nach ein paar Tagen kam er zurück und suchte nach der weisen Frau. Als er sie gefunden hatte, gab er ihr den Stein zurück. »Ich habe nachgedacht«, sagte er. »Ich weiß, wie wertvoll dieser Stein ist, aber ich gebe ihn dir zurück in der Hoffnung, daß du mir etwas noch viel Kostbareres schenkst. Kannst Du mir das geben, was dich befähigt hat, mir diesen Stein zu schenken?«

The Best of Bits & Pieces

Let It Be

Am Morgen des 13. Mai 1993 telefonierte ich gerade, als meine Sekretärin mir einen Zettel gab, auf dem stand, daß meine Schwester Judy auf der anderen Leitung sei. Ich fand es merkwürdig, daß sie nicht einfach eine Nachricht für mich hinterließ, nahm aber ihren Anruf mit einem fröhlichen »Hi!« entgegen.

Ich hörte meine Schwester herzzerreißend schluchzen und um Fassung ringen, um mir mitteilen zu können, was geschehen war.

Unterdessen ging mir eine ganze Litanei möglicher Tragödien durch den Kopf. War Tante Chris oder Onkel Leo etwas passiert, unseren so geliebten Ersatzeltern, die nun in den Achtzigern waren? Judys Mann war verreist. O Gott, ich hoffte, ihm war nichts zugestoßen! Vielleicht war es ja auch gar nicht so entsetzlich – vielleicht war es irgend etwas mit Judys Job.

Nichts hätte mich auf das vorbereiten können, was Judy dann endlich hervorbrachte: »O Sunny, Tommy ist heute früh bei einem Autounfall ums Leben gekommen.«

Es konnte nicht wahr sein. Tommy, mein geliebter Neffe, Judys einziger Sohn, war soeben dabei, sein vorletztes Semester an der Universität von Missouri abzuschließen. Sportlich wie er war, hatte er sich dazu entschieden, Sport-Marketing zu studieren. Seine beiden Schwestern, Jen und Lisa, verehrten ihren großen Bruder wie einen Helden. Wir *alle* waren von diesem großen, gutaussehenden jungen Mann mit seinem unbefangenen Lachen und sanften Wesen hingerissen. Tommy hatte noch sein ganzes Leben vor sich, und mein Inneres sträubte sich gegen die Worte, die ich gerade gehört hatte. Fast hätte ich gefragt: »Bist du dir da auch ganz sicher?«

Meine Erinnerungen an die folgenden Tage sind in einen Schleier gehüllt. Lynn, unsere andere Schwester, und ich blieben während dieser Zeit bei Judy und ihrer Familie, und wir klammerten uns alle hilfesuchend aneinander. Ich weiß nicht, was mehr schmerzte – der Verlust von Tommy oder das tapfere Verhalten meiner Schwester, deren Welt zusammengebrochen war.

Der Tag, an dem wir die Beerdigung organisieren mußten, war besonders hart. Keine Mutter sollte je die schreckliche Aufgabe übernehmen müssen, einen Sarg für ihr Kind auszusuchen. Judy hatte sich so sehr gewünscht, ihren Jungen noch ein letztes Mal zu sehen, seine Hand zu berühren oder sein Haar zurückzustreichen. Aber der Chef des Bestattungsunternehmens erklärte uns, daß das nicht möglich sei. Ihre Abschiedsworte mußten an den liebevoll ausgewählten Sarg gerichtet werden.

Am gleichen Nachmittag stand ich im Garten des Hauses meiner Schwester und bat meinen Neffen, uns ein Zeichen zu schicken, daß er okay war ... uns irgendwie wissen zu lassen, daß er zu etwas noch Wunderbarerem übergegangen war als das Leben, das wir uns hier für ihn vorgestellt hatten. »Lieber, kannst du uns wissen lassen, daß es dir gut geht?«

Ich kann nicht behaupten, daß ich an solche Dinge wie »Zeichen« glaubte. Aber wenn das Herz so voller Schmerz ist, sucht es auf seine eigene Weise Trost. Tommys Lieblingsbaseballteam waren die St. Louis Cardinals, und so bat ich ihn, uns einen Kardinalsvogel zu schicken. Wenn ich an diesen Augenblick zurückdenke, als ich in dem von Erinnerungen an Tommys Kindheit so erfüllten Garten stand, war es eigentlich nicht mehr als ein flüchtiger Gedanke. »Bitte laß uns wissen, daß du okay bist. Ein Kardinal wird das Zeichen sein, auf das ich warte.«

Judy hatte dafür gesorgt, daß die Beerdigung ihres Sohnes zugleich zu einer Feier seines Lebens wurde. Auf meine Bitte hin wurde Paul McCartneys wunderschöner Song »Let It Be« gespielt. Tommys Cousins fungierten als Meßdiener und lasen tapfer aus der Bibel vor. Der junge Priester, der die Messe hielt, kämpfte während des ganzen Vormittags mit den Tränen.

In einem bestimmten Augenblick – der Priester hatte innegehalten, um die Fasssung wiederzugewinnen – begann irgendwo draußen ein Vogel zu singen. Es war ein lauter, eindringlicher Gesang, der während des restlichen Gottesdienstes andauerte.

Doch erst später am Nachmittag begriffen wir Tommys Botschaft. Ein enger Freund rief an, um zu sagen, wie schön die Messe gewesen war, und fügte dann hinzu: »Als dieser Vogel laut zu singen begann, drehte ich mich um und sah einen herrlichen Kardinal am Fenster der Kirche sitzen!«

Ich hatte mein Zeichen bekommen.

Zwei Wochen später kam Paul McCartney zu einem Konzert anläßlich des 30. Mai, des Gedenktags an die gefallenen Soldaten, in unsere Stadt. Wir hatten bereits Karten für Tommy und einige andere Familienmitglieder besorgt und beschlossen, wie geplant dorthin zu gehen. Am Morgen des Konzerttages hörte meine Schwester Lynn, die sich gerade anzog, um zur Arbeit zu gehen, und ihren üblichen Radiosender eingeschaltet hatte, wie sich zwei Diskjockeys über das Interview unterhielten, das sie von dem berühmten ehemaligen Beatle zu bekommen hofften.

Ohne nachzudenken, tat sie etwas für sie völlig Untypisches – sie rief beim Radiosender an und begann Tommys tragische Geschichte und unser Leid zu schildern und erzählte von seiner großen Liebe zu den Beatles. Ob sie die Geschichte an Paul weiterleiten könnten? Man konnte Lynn nichts versprechen, wollte aber zusehen, was sich machen ließ.

Am Abend versammelten wir uns alle in der klaren, frischen Nachtluft, schmiegten uns aneinander, um uns zu wärmen, und warteten auf den Beginn des Open-air-Konzerts. Es waren über dreißigtausend Menschen gekommen. Paul McCartney eröffnete das Konzert mit einem Song vor dem Hintergrund eines riesigen Feuerwerks. Als er geendet hatte, wartete er, bis es still wurde, und sagte dann: »Ladies und Gentlemen, mein nächster Song gilt einer ganz bestimmten Familie unter Ihnen. Dies ist für Tommys Familie.« Und dann sang Paul McCartney für meine beiden Schwestern, meine Neffen und Nichten und mich »Let It Be«.

Und während wir Arm in Arm und mit tränenüberströmten Gesichtern dastanden, wurden Kerzen entzündet und andere kleine Lichter flammten in der Menge des Publikums auf. Dies galt uns allen, vor allem aber unserem Tommy.

K. Lynn Towse und Mary L. Towse

Wir sind nicht allein

Als mein Mann plötzlich auf dem Tennisplatz starb, nachdem er einen Herzanfall gehabt hatte, brach die Welt für mich zusammen. Meine Kinder waren zehn, neun, acht, sechs, drei und anderthalb

Jahre alt, und ich fühlte mich damit überfordert, den Lebensunterhalt zu verdienen, für die Kinder zu sorgen und uns ganz einfach über Wasser zu halten.

Zum Glück fand ich eine wunderbare Haushälterin, die sich die Woche über um die Kinder kümmerte, aber von Freitagabend bis Montagmorgen war ich mit ihnen allein im Haus. Dabei war mir, ehrlich gesagt, immer sehr unbehaglich zumute. Jedes Knarren im Haus, jedes ungewöhnliche Geräusch, jeder nächtliche Telefonanruf – alles erfüllte mich mit Angst. Ich fühlte mich unglaublich allein.

Eines Freitagabends kam ich von der Arbeit nach Hause und fand einen großen, schönen Deutschen Schäferhund vor unserer Haustür sitzen. Dieses wundervolle Tier gab eindeutig zu verstehen, daß es in das Haus einzutreten und es zu seinem Heim zu machen gedachte. Ich war jedoch vorsichtig. Woher kam dieser offensichtlich gut gepflegte Hund?

Konnte man es riskieren, die Kinder mit einem fremden Hund spielen zu lassen? Obwohl er sanftmütig zu sein schien, war er doch ein machtvolles Geschöpf, das Respekt einflößte. Die Kinder faßten auf Anhieb Zuneigung zu »German« und bettelten darum, ihn hereinzulassen. Ich erlaubte ihm also, im Kellergeschoß zu übernachten, und wollte mich am nächsten Tag in der Nachbarschaft nach seinem Besitzer erkundigen. In dieser Nacht schlief ich zum erstenmal seit vielen Wochen ruhig durch.

Am nächsten Morgen telefonierten wir herum und studierten die Suchanzeigen in der Zeitung, um Germans Besitzer ausfindig zu machen, doch ohne Erfolg. German betrachtete sich mittlerweile als Teil der Familie und ertrug gutmütig die Umarmungen, Balgereien und Spiele im Garten. Am Samstagabend war er noch immer bei uns, und so wurde ihm erneut gestattet, im Kellergeschoß zu übernachten.

Für den Sonntag hatte ich für mich und die Kinder ein Picknick geplant. Da ich es für das Beste hielt, German für den Fall, daß sein Besitzer käme, zurückzulassen, fuhren wir ohne ihn weg. Als wir an der örtlichen Tankstelle anhielten, um zu tanken, sahen wir verblüfft, daß German hinter uns hergerast kam. Er rannte nicht nur zum Wagen, sondern sprang auch noch auf die Motorhaube, drückte seine Schnauze an die Windschutzscheibe und sah mir direkt in die Augen. An ein Zurücklassen war nicht mehr zu denken. Also sprang er hinten in den Kombiwagen und machte es sich dort bequem. So blieb er auch den Sonntag über bei uns.

Am Montagmorgen ließ ich ihn ins Freie hinaus, während sich die Kinder für die Schule fertig machten. Er kehrte nicht zurück. Als der Abend kam und German nicht wieder auftauchte, waren wir alle enttäuscht. Wir waren davon überzeugt, daß er nach Hause gelaufen oder von seinen Besitzern wiedergefunden worden war, und wir ihn nie wiedersehen würden. Wir sollten uns irren. Am darauffolgenden Freitagabend saß German wieder vor unserer Haustür. Wir ließen ihn herein, und wieder blieb er bis zum Montagmorgen und dem Eintreffen unserer Haushälterin.

Dieses Muster wiederholte sich jedes Wochenende fast zehn Monate lang. Wir schlossen German immer mehr ins Herz und freuten uns auf sein Kommen. Wir dachten auch nicht mehr darüber nach, wohin er eigentlich gehörte – er gehörte zu uns. Wir empfanden seine Anwesenheit als tröstlich und fühlten uns in seiner Nähe sicher. Wenn wir sahen, wie er in Habachtstellung ging, die Ohren spitzte, und wir sein tief aus der Kehle kommendes Knurren hörten, wußten wir, daß wir beschützt wurden.

Seit German nun wirklich Teil der Familie geworden war, hielt er es für seine Pflicht, abends alle Schlafzimmer zu inspizieren, um sicher zu gehen, daß jedes Kind gemütlich in seinem Bett lag. Wenn er sich davon überzeugt hatte, daß auch wirklich alle warm eingepackt waren, nahm er seinen Platz neben der Haustür ein und blieb dort bis zum Morgen.

Mit jeder Woche, die zwischen Germans Besuchen lag, wurde ich ein bißchen stärker, ein bißchen mutiger und fähiger, mit allem zurechtzukommen; und jedes Wochenende genoß ich seine Gesellschaft. Dann tätschelten wir an einem Montagmorgen seinen Kopf und ließen ihn hinaus – zum letzten Mal, wie sich herausstellte. Er kam nie mehr zurück. Wir sahen oder hörten nie wieder etwas von German.

Ich denke oft an ihn. Er war gekommen, als ich ihn am meisten brauchte, und blieb, bis ich stark genug war, um allein weiterzumachen. Möglicherweise gibt es eine völlig natürliche Erklärung für seine Besuche bei uns – vielleicht war sein Besitzer über das Wochenende weg – vielleicht. Ich glaube, German wurde uns gesandt, weil er gebraucht wurde, und weil, ganz gleich wie verlassen und allein wir uns fühlen, irgendwie irgendwo irgend jemand das weiß und sich darum kümmert. Wir sind nie wirklich allein.

Mary L. Miller

Wunder in Toronto

Ich hatte keine Ahnung, was mich aus der Wärme eines Cafés in diese eiskalte Telefonzelle getrieben hatte. Ich war in Toronto und hatte ganz friedlich in dieser mir fremden Stadt eine Tasse Kaffee getrunken, als ich plötzlich den bizarren aber unwiderstehlichen Drang verspürte, einen Blick in das städtische Telefonbuch zu werfen. Ein Drang, der überhaupt keinen Sinn machte, da ich in dieser Stadt absolut niemanden kannte.

Ich bin Britin und lebte zu diesem Zeitpunkt in Iowa. Da ich für die Staaten eine neue Arbeitserlaubnis brauchte, hatte ich mir Toronto ausgesucht, weil sich dort das nächstgelegene Konsulat befand. Und hier stand ich nun und blätterte anscheinend völlig grundlos die Seiten eines Telefonbuchs durch. Meine Finger hielten inne, als ich zu dem Namen McIntyre kam.

Der Name war mir nicht unvertraut. Zwölf Jahre zuvor waren die Adoptionsgesetze in England geändert worden, und ich hatte mich damals endlich bereit gefühlt, meine wirkliche Mutter ausfindig zu machen. Meine Suche hatte drei Fakten zutage gefördert – sie hatte rotes Haar, sie war in der Nähe von Glasgow geboren, und ihr Name war Margaret McIntyre Gray. Dennoch hatte sich meine Suche letztlich als fruchtlos erwiesen, und ich versuchte mein Bestes, mir die ganze Sache aus dem Kopf zu schlagen.

Doch hier war ich, so viele Kilometer von dem Ort entfernt, wo ich mein Leben begonnen hatte, und starrte auf mehrere Seiten mit dem Namen McIntyre. Es gab so viele, selbst unter McIntyre, M. Ich schüttelte mich. Warum machte ich das? Ich war in Dutzenden von Städten überall auf der Welt gewesen und hatte nie auch nur daran gedacht, das Telefonbuch durchzulesen!

Das nächste, woran ich mich erinnere, ist, daß die Seiten bei Gray aufgeschlagen waren. Mein Blick wanderte die Spalten hinab und blieb bei Gray, M. McIntyre, 85 Lawton Boulevard, Toronto haften. An diesem Punkt schien mein Gehirn auszusetzen – ich konnte nur noch meinen Herzschlag hören. *Das ist sie, das ist sie,* sagte mein Herz. Aber wieso? Dies war *Kanada,* und selbst wenn sie durch irgendeinen bizarren Zufall tatsächlich hier war, so war sie doch wahrscheinlich inzwischen verheiratet und trug nun einen anderen Namen. Und wenn ich anrief, was sollte ich denn sagen? Und dann fand ich mich die Nummer wählen.

Am anderen Ende der Leitung war nur ein seltsamer Ton zu hören. Der Anschluß war gesperrt. »Ich bin zu spät gekommen«, dachte ich. »Das war sie, aber sie ist tot.« Ich rief die Störungsstelle an. Eine höfliche Stimme teilte mir mit: »Nun, es gibt eine Kontaktnummer, aber die ist geheim.«

»Hören Sie, Sie halten mich wahrscheinlich für verrückt«, platzte ich heraus. »Aber ich glaube, es könnte sich hier um meine wirkliche Mutter handeln, die ich nie kennengelernt habe. Könnten Sie herausfinden, was geschehen ist?«

Die Telefonistin war dazu bereit, aber als sie die Kontaktnummer anrief, wurde sie von einer Frau darüber informiert, daß Miss Gray nie geheiratet habe, es sich hier also um einen Irrtum handeln müsse. Selbst über den kühnen Ton in meiner Stimme überrascht, bat ich sie: »Hören Sie, könnten Sie bitte noch einmal dort anrufen? Sagen Sie der Frau, es ist möglich, daß Miss Gray nie geheiratet hat, aber ich bin hier! Sagen Sie ihr, die Frau, nach der ich suche, wurde am 9. Juli 1914 in Greenoch in Schottland geboren.«

Und auf diese Weise kam ich mit Betty, Margaret McIntyre Grays Freundin, in Kontakt. Sie erzählte mir, daß Miss Gray im Sommer krank geworden sei und ihr Apartment aufgegeben habe, um in ein Wohnheim zu ziehen. Seltsamerweise wollte Betty sie, obwohl sie sich seit drei Wochen nicht gesehen hatten, genau an diesem Nachmittag besuchen.

Am nächsten Tag rief Betty an. »Ich habe Maggie von Ihnen erzählt, und sie hat sich sofort zu Ihnen bekannt«, sagte sie. »Aber seien Sie jetzt tapfer – sie möchte Sie nicht sehen.«

Ich war völlig niedergeschmettert. Aber ich wußte, ich würde am nächsten Tag meine Arbeitserlaubnis bekommen und am Sonntag nach Hause fliegen. Wenn ich wieder in den Staaten war, würde es mir vielleicht gelingen, das Ganze zu verarbeiten. Doch als ich am nächsten Tag ins Konsulat kam, teilte man mir mit, daß sich meine Angelegenheit aus irgendwelchen bürokratischen Gründen verzögerte und ich drei Wochen lang in Toronto bleiben müsse. Drei Wochen in derselben Stadt wie meine langgesuchte Mutter, und keine Chance, sie zu Gesicht zu bekommen! Ich wußte wirklich nicht, wie ich damit fertig werden sollte.

Als zwei Tage später das Telefon klingelte, nahm ich deprimiert den Hörer ab. Es war Betty, und sie konnte vor Erregung kaum sprechen. »Ihre Mutter möchte, daß Sie am Sonntag um drei Uhr zu ihr kommen!« rief sie. Mir wurde ganz schwindlig vor Freude, und ich mußte mich setzen.

Als der Sonntag kam, war ich zu nervös, um auch nur einen Bissen meines Frühstücks herunterzubringen. Ich kam zu früh zu unserem Treffpunkt und wanderte noch zweimal um den Häuserblock. Und dann sah ich sie... eine zierliche ältere Frau in einem grünen Kostüm, mit einer Fülle weichen honigblonden Haars. »Hallo, Liebes«, sagte sie mit ausgeprägt schottischem Tonfall. Sie umfaßte meine Schultern und küßte mich auf die Wange. Dann blickten wir uns zum erstenmal seit sechsundvierzig Jahren an.

Wir gingen hinein, und sie holte ein Fotoalbum hervor, um mir Bilder zu zeigen und sie zu kommentieren. Ich mußte sie immerzu ansehen in der Hoffnung, feststellen zu können, ob ich die Nase oder die Hände von ihr geerbt hatte. Aber es war ihr Lebensgeist, der mich an diesem Tag innerlich berührte, ein Gesamteindruck von ihrer Persönlichkeit, den ich in mir aufnahm. Ich brauchte nicht lange, um zu merken, daß ich sie mochte.

Drei Wochen vergingen, während ich auf meine Papiere wartete, und ich sah meine Mutter fast jeden Tag. Es war für uns beide eine sehr kostbare Zeit.

Als ich schließlich meine Genehmigung hatte, ging ich zu ihr, um mich zu verabschieden. »Weißt du, Liebes«, sagte sie, »ich wollte dich behalten, das wollte ich wirklich, aber ich glaubte einfach nicht, daß es möglich wäre.« Ich versicherte ihr, daß alles in Ordnung war, und riß mich dann von ihr los, um heimzugehen. »Vergiß nicht, daß du mein Schätzchen bist«, sagte sie, als ich mich zum Gehen wandte. An der Tür drehte ich mich noch einmal um und winkte ihr zu. Sie hob in einer königlichen Geste die Hand und bot mir einen Abschiedsgruß.

Nur drei Wochen später kam meine Mutter auf die Intensivstation des Toronto General Hospitals, wo sie einen aussichtslosen Kampf gegen eine Lungenentzündung führte. Ich flog nach Toronto, um sie im Krankenhaus zu besuchen. Als ich ihr Zimmer betrat, sah ich ein Blatt Papier auf ihrer Brust liegen. Es war der Brief, den ich ihr geschickt und in dem ich mich bei ihr für mein Leben bedankt hatte. Sie starb am nächsten Tag.

Sue West

Eine Kriegsgeschichte

Es war England im Jahr 1939. Ich war damals fünfzehn und so aufgeregt, daß ich mich kaum auf meine Schularbeiten konzentrieren konnte. Ich war vollauf mit den Vorbereitungen für meine

Reise nach Frankreich beschäftigt, wo ich einen Sommermonat als Austauschschülerin verbringen sollte. Meine Gastfamilie hatte eine gleichaltrige Tochter, die dann später im Sommer für einen Monat zu mir nach Hause kommen sollte.

Endlich war der Tag meiner Abreise da, und ich war *bereit.* Meine Mutter fuhr mit mir im Zug zu Londons Victoria Station. Dort brachte sie mich zum »Kanalzug«, der mich nach Dover bringen würde. Es war nie auch nur die Rede davon, daß sie mich bis zur Küste begleiten sollte. Man hatte mir von jeher eine Menge gesunden Menschenverstand zugebilligt, und so kam niemand auf den Gedanken, daß ich diese Reise nicht allein bewältigen könnte.

In Dover bestieg ich das Schiff, und mein großes Abenteuer begann. Meine französische Gastfamilie holte mich in Paris ab, und auf der Fahrt zu dem kleinen Dorf Argent-sur-Sauldres boten sich mir unglaubliche Anblicke, wobei ich mich vor allem an die spektakulären Schlösser entlang der Loire erinnere. Ursprünglich sollte ich vier Wochen lang dort bleiben, aber es wurden nur drei Wochen daraus.

Es waren glückliche drei Wochen. Ich war von vielen jungen Leuten umgeben, und ich glaube noch heute, daß sie mehr Englisch von mir lernten, als ich Französisch von ihnen. Aber mit der Zeit bekam ich mit, daß auf dem »Kontinent« nicht alles zum Besten stand. Es war sogar von Krieg die Rede.

Nun paßte der Begriff Krieg nicht wirklich in die Vorstellungswelt einer Fünfzehnjährigen. Ein Herr, der ein wenig Englisch sprach, nahm mich beiseite und deutete auf die Schlagzeilen einer Zeitung. Ob ich nicht lieber nach Hause wollte? Dafür sah ich keine Notwendigkeit. Frankreich war ja nun wirklich nicht so weit von daheim entfernt; nicht einmal *ich* hatte sonderlich lange gebraucht, um hierher zu kommen.

Aber bald spürte ich, daß eine zunehmende Spannung in der Luft lag, und daß irgend etwas nicht stimmte. Meine Eltern hatten kein Telefon, und sie hatten mir auch kein Telegramm geschickt, so wußte ich nicht, wie die Dinge wirklich standen.

Dann wachte ich eines Morgens auf und wußte plötzlich, daß ich nach Hause mußte. Ich spürte instinktiv, daß ich unbedingt nach England zurückkehren mußte. Ich sprach sofort mit meiner Gastfamilie darüber. Sie hatten nie gemeint, ich sollte früher abreisen, aber nachdem ich nun einmal diesen Entschluß gefaßt hatte, wurde alles im Eiltempo organisiert.

In den frühen Morgenstunden des nächsten Tages saß ich in Begleitung meiner wundervollen französischen Gastmutter im Zug nach Paris. Um sechs Uhr früh waren die Straßen dieser Stadt auf gespenstische Weise leer… mit Ausnahme der Lastwagenkolonnen, vollbesetzt mit französischen Truppen. Sie waren auf dem Weg zur Maginot-Linie im tapferen Versuch, die Nazis abzuwehren.

Nachdem ich mich, eine Woche früher als geplant, traurig von meiner lieben Gastgeberin verabschiedet hatte, machte ich mich allein auf die Weiterreise. Es war eine lange und angespannte Heimfahrt. Ich traf um Mitternacht in meiner Heimatstadt ein, und es gab keine Busse oder Taxis, die mich die anderthalb Kilometer von der Bahnstation zu meinem Elternhaus hätten bringen können. Wir hatten zwar ein Telegramm geschickt. Doch meine Eltern hatten keine Ahnung, um welche Zeit sie mich abholen sollten, da die Fahrpläne inzwischen völlig durcheinander geraten waren. So mußte ich fast vierundzwanzig Stunden, nachdem ich Frankreich verlassen hatte, die letzte dunkle Strecke allein zu Fuß zurücklegen. Meine Gefühle in dem Augenblick, als ich schließlich auf den Klingelknopf unserer Haustür drückte, lassen sich mit Worten nicht beschreiben.

Wenige Tage später wurde der Krieg erklärt.

Ich werde nie wirklich wissen, was mich damals zur Heimfahrt bewogen hat. Sicher kam mir der gesunde Menschenverstand zupaß, den meine Eltern in mir gefördert hatten. Aber ich werde immer glauben, daß es im Grunde meine Intuition war, die mich davor bewahrte, die Kriegsjahre von meiner Familie getrennt in einem fremden Land verbringen zu müssen.

Maureen Read

Verbundenheit

Meine Mutter und ich sind durch unsere seltsame Fähigkeit, wortlos miteinander zu kommunizieren, zutiefst verbunden.

Vor vierzehn Jahren lebte ich in Evansville, Indiana, zwölfhundert Kilometer von meiner Mutter entfernt… meiner Vertrauten… meiner besten Freundin. Eines Morgens, ich befand mich in einem Zustand tiefer Kontemplation, empfand ich plötzlich das dringende Bedürfnis, sie anzurufen und zu fragen, ob alles in Ordnung sei. Zunächst zögerte ich. Da meine Mutter Lehrerin war, konnte ein Anruf um 7.15 Uhr morgens ihren Tagesablauf stören und sie möglicherweise zu spät zur Schule kommen lassen. Doch irgend etwas drängte mich, dann doch zum Telefon zu greifen. Ich rief sie an, wir unterhielten uns drei Minuten und sie versicherte mir, daß alles in Ordnung sei.

Später an diesem Tag klingelte das Telefon. Mutter war am Apparat und berichtete mir, daß mein morgendlicher Anruf ihr vermutlich das Leben gerettet hatte. Hätte sie nur drei Minuten früher das Haus verlassen, wäre sie wahrscheinlich in einen schweren Verkehrsunfall auf der Autobahn verwickelt worden, bei dem es mehrere Tote und noch viel mehr Verletzte gegeben hatte.

Vor acht Jahren wurde ich mit meinem ersten Kind schwanger. Der Arzt meinte, daß der fällige Geburtstermin der 15. März sei. Ich erklärte ihm, daß das zu früh sei. Das Baby müsse zwischen dem 29. März und dem 3. April zur Welt kommen, weil da meine Mutter Urlaub hatte. Und natürlich wollte ich sie bei mir haben. Der Arzt beharrte weiterhin auf Mitte März. Ich lächelte nur. Reid traf am 30. März ein, meine Mutter am 31. März.

Vor sechs Jahren war ich wieder schwanger. Der Arzt sagte, das Kind würde Ende März kommen. Ich sagte, diesmal müsse es etwas früher sein, weil – Sie ahnen es schon – meine Mutter bereits gegen Anfang März Urlaub habe. Der Arzt lächelte und ich auch. Breanne kam am 8. März zur Welt.

Vor zweieinhalb Jahren bekam meine Mutter Krebs. Mit der Zeit verlor sie an Energie, ihren Appetit, irgendwann konnte sie auch nicht mehr sprechen. Nach einem Wochenendbesuch bei ihr mußte ich wieder nach Hause fliegen. Ich kniete neben ihrem Bett nieder und nahm ihre Hand. »Mutter, willst du, daß ich zurückkomme, wenn ich kann?« Ihre Augen weiteten sich beim Versuch zu nicken.

Zwei Tage später erhielt ich einen Anruf von meinem Stiefvater. Meine Mutter lag im Sterben. Die Familie hatte sich zu den letzten Ritualen versammelt. Sie ließen mich über das Telefon mithören.

In dieser Nacht tat ich mein Bestes, um über die Entfernung hinweg von Mutter liebevoll Abschied zu nehmen. Am nächsten Morgen klingelte das Telefon. Meine Mutter war noch immer am Leben, lag aber im Koma, und man erwartete jede Minute ihren Tod. Doch sie starb nicht – weder an diesem Tag noch am nächsten. Jeden Morgen bekam ich einen Anruf mit derselben Nachricht. Sie konnte jede Minute sterben, aber sie tat es nicht. Und mit jedem Tag wurden mein Schmerz und meine Traurigkeit stärker.

Nachdem vier Wochen vergangen waren, kam mir endlich die Erkenntnis: Mutter wartete auf mich. Sie hatte mir ihren Wunsch vermittelt, daß ich zurückkommen sollte, wenn ich konnte. Das war mir bis dahin nicht möglich gewesen, aber nun ging es. Ich reservierte sofort einen Flug.

Gegen fünf Uhr nachmittags lag ich neben ihr im Bett und hielt sie mit den Armen umschlungen. Sie war noch immer im Koma, aber ich flüsterte ihr ins Ohr: »Ich bin hier, Mutter. Du kannst loslassen. Danke, daß du gewartet hast. Du kannst loslassen.« Sie starb nur wenige Stunden später.

Ich glaube, wenn eine Verbindung so tief und stark ist, dann besteht sie für immer an einem unbeschreiblich schönen Ort. Trotz all meiner Qual über meinen Verlust würde ich die Schönheit und Kraft einer solchen Verbundenheit gegen nichts eintauschen.

Susan B. Wilson

Höhere Liebe

Mom und ich waren aus einem Holz geschnitzt. Das gleiche glatte braune Haar, dieselben kurzsichtigen braunen Augen, dieselbe Figur. Mom war meine größte Stütze. Trotz all meiner schulischen Leistungen und Aktivitäten war ich schüchtern und unsicher, und sie war immer für mich da. Sie unterrrichtete Sozialkunde an meiner High-School, und all meine Freundinnen und Freunde kannten und liebten sie auch.

Ich war fünfzehn, als bei Mom Lupus diagnostiziert wurde und sie fünf Monate lang im Krankenhaus lag. Sie erholte sich, unterrichtete weiter und alles schien normal zu sein. Ein Jahr später bekam sie eine simple Erkältung, die sich zu einer schweren Lungenentzündung auswuchs. Binnen einer Woche starb sie. Meine Welt lag plötzlich in Trümmern, die Tür zu so vielen Möglichkeiten war zugeschlagen. All die Fragen, die ich zu Moms Leben und Gefühlen, meiner eigenen derzeitigen Entwicklung zur Frau und zu scheinbar so trivialen Dingen hatte – wie etwa die Rezepte für ihre leckeren Weihnachtsplätzchen und Moms berühmte Zitronen-Baiser-Torte – konnten nun nicht mehr beantwortet werden. Mom würde nie mehr da sein, und ich blieb zutiefst traurig und allein zurück.

Ich begann mich zu verändern. Vorher war ich offen und idealistisch gewesen, nun wurde ich jeden Tag verbitterter und sarkastischer. Es war, als hätte sich ein Panzer des Kummers und der Schuldgefühle um mein Herz gelegt. Ich wurde von der Vorstellung geplagt, wie unglücklich meine Mutter gewesen war. Ich erinnerte mich daran, wie sie weinend auf der Bettkante saß, während sich der Rest der Familie herumstritt. Ich entsann mich so vieler Begebenheiten, bei denen ich wohl mehr hätte tun können, um sie zu trösten.

In meinem zweiten College-Jahr lernte ich zu meditieren und begann mich langsam von der betäubenden Schutzhülle zu befreien, die ich um mich herum aufgebaut hatte. In der Meditation konnte ich mich wirkungsvoll mit meinem Kummer auseinandersetzen. Ich saß dann mit geschlossenen Augen da und ließ die heilsamen Tränen fließen.

Eines Morgens erinnerte ich mich beim Meditieren daran, wie ich Mom nach ihrer Rückkehr aus dem Krankenhaus gepflegt hatte. Ich hatte mich darüber geärgert, daß ich ihre wundgelegenen Körperstellen behandeln mußte, während ich eigentlich mit meinen Freundinnen und Freunden beisammensein wollte. Eine Woge des Schuldgefühls und der Scham überwältigte mich, als mir bewußt wurde, wie selbstsüchtig ich gewesen war.

Und in diesem Augenblick fiel mir etwas ein. Es war eine Geschichte, die mir Mom über meinen Großvater erzählt hatte, der Kehlkopfkrebs bekam, als sie acht war. Bevor er starb, sagte er zu ihr: »Evelyn, denk daran. Wenn mir etwas zustößt und du mich wirklich brauchst, dann rufe mich, und ich werde für dich da sein.«

Mom erzählte weiter, daß sie sich, als sie im College war, in einen jungen Mann verliebte, der ihr das Herz brach. Sie war so verzweifelt, daß sie innerlich nach ihrem Vater rief. »Plötzlich spürte ich, daß er vor meinem Bett stand«, sagte sie. »Ich fühlte mich von ihm so geliebt, daß ich wußte, alles würde in Ordnung kommen.«

Das schien einen Versuch wert zu sein, und im Geist rief ich nach Mom. »Es tut mir so leid«, schluchzte ich immer und immer wieder. Da veränderte sich die Atmosphäre im Raum. Die Zeit stand still und ich spürte, wie sich ein Mantel des Friedens über mich breitete. In meinem Innern hörte ich meine Mutter sagen: »Alles wird verstanden. Alles ist vergeben. Es gibt keinen Grund zur Reue.« Die Last, die ich all die Jahre mit mir herumgeschleppt hatte, schien auf einmal von mir genommen zu sein. Ich fühlte einen Moment der Freiheit in mir, wie ich ihn niemals für möglich gehalten hätte.

Einige Jahre später, am Vorabend meiner Hochzeit mit einem

wundervollen Mann namens Tony, spürte ich, wie ich Mom so stark vermißte wie schon seit Jahren nicht mehr. Ich wünschte mir so sehr, daß sie an der Feier teilnehmen könnte; ich brauchte ihre Klugheit und ihren Segen. Erneut rief ich im Geist nach ihr.

Mein Hochzeitstag war sonnig und herrlich – und bald war ich von der Feier völlig in Anspruch genommen. Hinterher kam meine langjährige Freundin Marilyn mit tränenüberströmtem Gesicht auf mich zu. Sie sagte, sie sei nicht traurig, sie müsse nur mit mir reden. Wir zogen uns in eine stille Ecke des Saals zurück.

»Kennst du irgend jemanden namens Forshay?« fragte sie mich. »Ja schon«, erwiderte ich. »Der Mädchenname meiner Mutter war Forshar, aber er wurde aus dem französischen ›Forshay‹ umgeändert. Warum fragst du?«

Marilyn sprach nun ruhiger. »Während eurer Hochzeitszeremonie passierte etwas Unglaubliches. Ich sah dich und Tony von einem Licht und von einer Präsenz umgeben, die von Liebe zu dir erfüllt war. Es war so schön, daß ich weinen mußte. Und ich bekam in Verbindung damit fortwährend den Namen Forshay.«

Ich war zu verblüfft, um etwas sagen zu können. »Und da war auch eine Botschaft für dich dabei«, fuhr Marilyn fort. »Die Präsenz wollte dich wissen lassen, daß du immer geliebt sein wirst, daß du nie daran zweifeln sollst, und daß diese Liebe dir immer durch deine Freunde vermittelt werden wird.«

Inzwischen hatte auch ich zu weinen begonnen, und Marilyn und ich hielten einander umschlungen. Ich begriff endlich, daß der Tod eine in Liebe zusammengeschmiedete Verbundenheit nicht zerbrechen kann. Bis zum heutigen Tag erblicke ich immer mal wieder in den Augen einer Freundin, eines Freundes, einer geliebten Person oder auch in meinen eigenen Augen im Spiegel etwas, das mich wissen läßt, daß meine Mutter noch da ist und mich liebt.

Suzanne Thomas Lawlor

Ich frage mich, warum die Dinge so sind, wie sie sind

In der Unterstufe der High-School gab unser Englischlehrer Mr. Reynolds jedem von uns eine Liste mit Gedanken oder Aussagen von anderen Schülern. Wir bekamen die Aufgabe, in kreativer Weise etwas über einen dieser Gedanken zu schreiben. Ich war siebzehn und hatte angefangen, mir über viele Dinge Fragen zu stellen, und so nahm ich mir den Satz »Ich frage mich, warum die Dinge so sind, wie sie sind« vor.

Am gleichen Abend schrieb ich in Form einer Geschichte all die Fragen nieder, die mich in bezug auf das Leben verwirrten. Mir war klar, daß viele von ihnen schwer und andere vielleicht gar nicht beantwortet werden konnten. Als ich meine Arbeit abgab, befürchtete ich, das Thema möglicherweise verfehlt zu haben, denn ich hatte keine Antworten auf die Frage, warum die Dinge so sind, wie sie sind. Ich hatte nur Fragen.

Am nächsten Tag holte mich Mr. Reynolds vor die Klasse und bat mich, den anderen Schülern meinen Aufsatz vorzulesen. Die Klasse wurde still, als ich meine Geschichte vorzulesen begann.

Mami, Daddy … Warum?

Mami, warum sind die Rosen rot? Mami, warum ist das Gras grün und der Himmel blau? Warum hat eine Spinne ein Netz und kein Haus? Daddy, warum darf ich nicht mit deinem Werkzeugkasten spielen? Lehrer, warum muß ich lesen?

Mom, warum darf ich keinen Lippenstift auftragen, wenn ich zum Tanzen gehe?– Dad, warum kann ich nicht bis um zwölf Uhr nachts ausbleiben? Die anderen dürfen es doch auch. Mom, warum haßt du mich? Dad, warum mögen mich die Jungs nicht? Warum muß ich so dünn sein? Warum muß ich Zahnspangen und eine Brille tragen? Warum muß ich sechzehn sein?

Mom, warum muß ich die Abschlußprüfung machen? Dad, warum muß ich erwachsen werden? Mom, Dad, warum muß ich von zu Hause weggehen?

Mom, warum schreibst du mir nicht öfter? Dad, warum vermisse ich meine alten Freunde so? Dad, warum liebst du mich so sehr? Dad, warum verwöhnst du mich? Dein kleines Mädchen wird erwachsen. Mom, warum besuchst du mich nicht? Mom, warum ist es so schwer, neue Freunde zu finden? Dad, warum sehne ich mich so nach meinem Zuhause?

Dad, warum stockt mir das Herz, wenn er mir in die Augen schaut? Mom, warum zittern meine Beine, wenn ich seine Stimme höre? Mom, warum ist das Verliebtsein das grandioseste Gefühl der Welt?

Dad, warum magst du es nicht, wenn man dich »Opa« nennt? Mom, warum klammern sich die winzigen Finger meines Babys so fest an die meinen?

Mom, warum müssen sie erwachsen werden? Dad, warum müssen sie fortgehen? Warum muß ich »Omi« genannt werden?

Mami, Daddy, warum mußtet ihr mich verlassen? Ich brauche euch.

Warum ist meine Jugend an mir vorbeigeschlüpft? Warum zeigt sich in meinem Gesicht jedes Lächeln, das ich je einem Freund oder einem Fremden schenkte? Warum schimmert mein Haar so silbern? Warum zittern meine Hände, wenn ich mich bücke, um eine Blume zu pflücken? Warum, Gott, sind die Rosen rot?

Als ich mit meiner Geschichte geendet hatte, traf sich mein Blick mit dem von Mr. Reynolds, und ich sah, wie ihm langsam eine Träne über die Wange rollte. In diesem Augenblick begriff ich, daß sich das Leben nicht immer nur auf die Antworten gründet, die wir bekommen, sondern auch auf die Fragen, die wir stellen.

Christy Carter Koski

10

Quer durch die Generationen

Ich bin die Frau, die den Himmel stützt.
Der Regenbogen durchzieht meine Augen.
Die Sonne bahnt einen Weg zu meinem Schoß.
Meine Gedanken haben die Formen von Wolken.
Aber meine Worte stehen noch bevor.

Gedicht des Ute-Stamms

Geburt

So wie Kinder werden auch
Großmütter geboren.

Judith Levy

Darüber, daß man ein Stück seiner selbst in Gestalt von Kindern zurückläßt, ist einiges zu sagen. Vor siebenundzwanzig Jahren warf ich einen ersten Blick auf meine Tochter, als man sie mir, die Nabelschnur war noch nicht durchtrennt, auf den Bauch legte. Ihre Augen schienen unergründlich, als sie mich ansah. Ich nahm einen Teil meiner selbst wahr, der dort lag, und doch war dieses Kind auf seltsame und wunderbare Weise einzigartig.

Heute stehe ich neben ihr, tupfe ihr das Gesicht ab und ermahne sie, sich auf die Bewegungen ihres Körpers, auf das Pressen zu konzentrieren, statt auf den Schmerz und die Furcht. Sie hatte von jeher große Angst vor Schmerzen. Doch da ist sie ... verweigert alle Betäubungsmittel ... lebt ihren Entschluß aus, ihr Baby zur Welt zu bringen, wie die Natur es möchte, so wie es der endlose Strom ihrer Vorfahren vor ihr getan hat.

Jahrhunderte des Pressens, sich Vorbereitens, Stöhnens – und dann wird die Tochter meiner Tochter auf die Brust ihrer Mutter gelegt, starrt in deren Augen. Der Segen des großen Mysteriums wird mir erneut zuteil, läßt mich mein Enkelkind sehen, diesen Teil meiner selbst, der in die Zukunft eintreten und wiederum sein eigenes Kind formen wird, mein Urenkelkind.

Kay Cordell Whitaker

Eine Puppe für Urgroßmutter

Als mein Großvater starb, begann meine dreiundachtzigjährige Großmutter, einst so von Leben erfüllt, langsam dahinzuschwinden. Da sie nicht mehr in der Lage war, ihren eigenen Haushalt zu führen, zog sie zu meiner Mutter, wo sie häufig von anderen Mitgliedern ihrer großen Familie (zwei Kinder, acht Enkel, zweiundzwanzig Urenkel und zwei Ururenkel) besucht wurde. Obwohl sie nach wie vor ihre guten Tage hatte, war es oft schwierig, ihr Interesse zu erwecken.

An einem kalten Nachmittag im Dezember vor drei Jahren besuchten meine damals achtjährige Tochter Meagan und ich »GG«, wie die Familie sie nennt, und meine Großmutter bemerkte, daß Meagan ihre Lieblingspuppe bei sich hatte.

»Ich hatte auch eine ganz besondere Puppe, als ich ein kleines Mädchen war«, erzählte sie meiner Tochter, die sie mit großen Augen ansah. »Ich bekam sie zu Weihnachten, als ich ungefähr in deinem Alter war. Damals lebte ich mit Mom und Dad und meinen vier Schwestern in einem alten Farmhaus in Maine, und das erste Geschenk, das ich an diesem Weihnachten auspackte, war die schönste Puppe, die du dir vorstellen kannst.

Sie hatte ein zartes, handbemaltes Porzellangesicht, und ihr langes braunes Haar war hinten mit einer großen rosa Schleife zusammengebunden. Ihre Augen waren so blau wie ein Blau nur sein kann, und sie öffneten und schlossen sich.

Ich erinnere mich, daß ihr Körper aus Ziegenleder war und ihre Arme und Beine sich in den Gelenken biegen ließen.«

GGs Stimme wurde leise und klang fast ehrfürchtig.

»Meine Puppe trug ein reizendes rosa Kleid, das mit Spitzen besetzt war. Aber ganz besonders erinnere ich mich an ihren Petticoat. Er war aus feinem Batist und mit Reihen um Reihen zarter Spitzenrüschen besetzt. Und die winzigen Knöpfe an ihren Stiefeln waren echt… Eine so herrliche Puppe zu bekommen war für ein kleines Farmermädchen wie mich ein Wunder – meine Eltern müssen viel geopfert haben, um sich das leisten zu können. Aber wie glücklich ich an jenem Morgen war!«

GGs Augen füllten sich mit Tränen, und ihre Stimme zitterte, als sie sich an dieses so lange zurückliegende Weihnachtsfest erinnerte. »Ich spielte den ganzen Vormittag lang mit meiner Puppe. Sie war so wunderschön… Und dann passierte es. Meine Mutter rief uns ins Eßzimmer zum Weihnachtsmahl, und ich legte meine neue Puppe ganz vorsichtig auf den Tisch im Flur. Aber als ich hineinging, um mich an den Tisch zu setzen, hörte ich ein lautes Klirren.

Ich brauchte mich gar nicht erst umzudrehen – ich wußte, es war meine kostbare Puppe. Ich wußte es! Und so war es auch. Ihr Spitzenpetticoat hatte gerade so weit von der Tischkante heruntergehangen, daß meine kleine Schwester ihn erreichen und sie daran herunterziehen konnte. Ich rannte aus dem Eßzimmer, und da lag meine schöne Puppe auf dem Boden, ihr Gesicht war in ein Dutzend Scherben zerbrochen. Ich sehe meine Mutter noch vor mir, wie sie versuchte, meine arme Puppe wieder zusammenzusetzen. Aber es war unmöglich. Sie war für immer dahin.«

Ein paar Jahre später ging auch GGs kleine Schwester dahin, sie wurde das Opfer einer Lungenentzündung, erzählte sie Meagan. Nun quollen ihr die Tränen aus den Augen – Tränen, die, wie ich wußte, nicht nur dem Verlust einer Puppe und dem einer Schwester galten, sondern auch einer verlorengegangenen Zeit.

Meagan war den Rest des Besuchs ziemlich ruhig, aber kaum saßen wir im Auto, um heimzufahren, rief sie: »Mom, ich habe eine tolle Idee! Wir schenken GG zu Weihnachten eine neue Puppe, eine, die genau so aussieht wie die zerbrochene. Dann wird sie nicht mehr weinen, wenn sie an sie denkt.«

Ich war stolz, als ich die Worte meiner mitfühlenden kleinen Tochter vernahm. Aber wo ließ sich eine Puppe finden wie jene, an die sich GG so liebevoll erinnerte?

Wo ein Wille ist, da ist auch ein Weg, wie es heißt. Als ich meinen besten Freundinnen, Liz und Chris, von meinem Problem erzählte, brachte mich Liz mit einer Frau am Ort zusammen, die Puppenköpfe, -hände und -füße aus Keramik anfertigte, die den alten aus Porzellan sehr ähnlich waren. Bei ihr bestellte ich einen Puppenkopf in dem vor einem Dreivierteljahrhundert üblichen Stil – wobei ich mich versicherte, daß sie auch über »große blaue Augen, die sich öffneten und schlossen« verfügte – und dazu Hände und Füße. In einem Puppenausstattungsgeschäft bestellte ich eine Perücke mit langem braunem Haar und einen Puppenkörper aus Ziegenleder. Meagan und ich kauften schließlich Stoff, Spitzen und Bänder, um die Kleidung, die GG so liebevoll beschrieben hatte, möglichst genau nachzuschneidern. Liz, die einige Erfahrung im Leimen hatte, erbot sich, die Puppe zusammenzusetzen, und als die letzten Tage vor Weihnachten in Windeseile verstrichen, half mir Chris bei der Anfertigung der Puppenkleidung einschließlich des spitzenbesetzten Petticoats. Und während Liz, Chris und ich nach Puppenstiefeln (mit echten Knöpfen) fahndeten, schrieb und illustrierte Meagan die Geschichte von der zerbrochenen Puppe.

Schließlich war unser Werk vollendet. In unseren Augen war es perfekt. Aber natürlich konnte die Puppe keinesfalls *ganz genau* so aussehen wie die, die GG so sehr geliebt hatte. Würde sie denken, daß sie ihr irgendwie ähnlich sah?

Am Weihnachtsabend trugen Meagan und ich unser bunt eingewickeltes Geschenk zu GG, die von Kindern, Eltern, Tanten, Onkeln, Cousinen und Cousins umringt dasaß. »Das ist für dich«, sagte Meagan, »aber zuerst mußt du die Geschichte lesen, die dazu gehört.«

»Lies sie laut vor!« verlangte eines der Kinder. GG hatte gerade mal die erste Seite vorgelesen, als ihre Stimme versagte und sie nicht weitersprechen konnte, aber Meagan sprang für sie ein. Dann war es Zeit, das Geschenk auszuwickeln.

Ich werde nie den Ausdruck auf GGs Gesicht vergessen, als sie die Puppe hochnahm und an ihre Brust drückte. Wieder flossen

Tränen, aber diesmal aus Freude. Und während sie die Puppe in ihren gebrechlichen Armen wiegte, wiederholte sie immer und immer wieder: »Sie ist genau wie meine alte Puppe, ganz genau so wie sie.«

Möglicherweise sagte sie das nicht nur aus Freundlichkeit. Vielleicht war es uns tatsächlich gelungen, eine ziemlich genau Kopie der Puppe herzustellen, an die sie sich erinnerte. Aber während ich zusah, wie meine achtjährige Tochter und ihre Urgroßmutter die Puppe gemeinsam betrachteten, kam mir eine wahrscheinlichere Erklärung in den Sinn. Was GG wirklich erkannt hatte, war die Liebe, aus der heraus dieses Geschenk entstanden war. Und Liebe, woher sie auch kommt, sieht immer gleich aus.

Jacqueline Hickey

Miteinander heimgehen

»Wenn wir Mom noch länger im Haus allein lassen, machen wir uns der Vernachlässigung schuldig.«

Diese Worte meines Bruders am Telefon setzen eine Reihe von Ereignissen in Gang. Zu ihnen gehört auch, daß wir unserer Mutter helfen, aus dem kleinen Haus, in dem sie fast sechzig Jahre lang gewohnt hat, auszuziehen und in ein hundertfünfzig Kilometer weit entferntes Altenwohnheim umzusiedeln. Wir werden eine Woche Zeit haben, um alles im Haus zusammenzupacken. Vor meinem geistigen Auge sehe ich sie hilflos und mit hängenden Schultern in ihrer gelb gestrichenen Küche stehen. Sie spürt, daß etwas »Schlimmes« passieren wird, kann sich aber nicht immer darauf besinnen, was es ist. Ich kann den Gedanken an ihre letzten sieben langen Tage in diesem Haus nicht ertragen – allein und kurz davor, aus ihrer vertrauten Umgebung gerissen zu werden.

Am nächsten Tag erwische ich nach der Arbeit gerade noch eine Maschine, um heimzufliegen und meiner Mutter beizustehen.

Die folgende Woche ist bittersüß. Diese sieben Tage gehören zu den erfülltesten, aber auch zu den herausforderndsten und quälendsten meines Lebens. Moms Gemütsverfassung ist sofort offensichtlich. Am Telefon hatte sie mir gesagt, daß sie mit dem Packen begonnen hätte, aber als ich eintreffe, stehen da nur zwei offene Kartons im hinteren Schlafzimmer. In dem einen liegen zwei kleine Spitzendeckchen, die sie noch vor ihrer Heirat mit Dad gehäkelt hatte. Der andere enthält drei Rollen Toilettenpapier – sonst nichts. Das ist das gesamte Ausmaß ihres »Packens«, alles andere ist zu überwältigend. »Ich weiß einfach nicht, wo ich anfangen soll, Rita«, schluchzt sie, und mein Herz weint mit ihr.

Wir fangen gar nicht erst mit dem Packen an. Tatsächlich nehmen wir die ganze Woche über, in der ich da bin, kein einziges Bild von der Wand oder stören sonstwie die Ordnung des Hauses. Ich hatte noch einmal mit meiner Schwester gesprochen, und sie hatte gemeint: »Rita, du bist die Vorhut. Steh ihr einfach in ihrem Kummer und bei ihrem Lebewohlsagen bei. Wenn *wir* dann kommen, packen wir. Okay?«

Ich versuche mir etwas einfallen zu lassen, um Moms Stimmung zu heben. Vielleicht können wir ein bißchen am See spazierengehen – das hilft sicher. Eine meiner frühesten und deutlichsten Erinnerungen an meine Mutter ist die, daß sie immer zu Fuß ging, überall hin, denn die Familie besaß damals kein Auto.

Was für eine überzeugte und fröhliche Fußgängerin sie war! Ein bemerkenswert deutliches Bild hat sich meinem damals neunjährigen Gemüt eingeprägt: Es ist ein heißer Augusttag. Mom geht rüstigen Schritts von zu Hause weg, den See entlang in Richtung Krankenhaus, das auf der anderen Seite des Sees liegt. Sie ist auf dem Weg, meine Schwester Mary zur Welt zu bringen. Auf dem Weg, ein Kind zur Welt zu bringen? Rüstigen Schritts? Ja. Dad hatte Mühe, mit ihr mitzuhalten.

In gewisser Weise ist das Gehen von jeher ein Maßstab gewesen, an dem sich Moms Wohlbefinden ablesen ließ. Es gibt ihr ein Gefühl von Lebendigsein, von Vitalität.

In späteren Jahren, als alle Kinder aus dem Haus waren, wurde der Spaziergang um den kleinen See, der unserem Haus gegenüberliegt, zur täglichen lieben Gewohnheit für Mom – jetzt, wo sie ein Auto hatte und nicht mehr überallhin zu Fuß gehen mußte. Es war auch eines unserer Lieblingsrituale, wenn ich sie besuchen kam. Doch in den letzten drei oder vier Jahren wurde – zu ihrem großen Mißvergnügen – wegen ihrer geschwollenen und schmerzenden Beine nicht mehr viel daraus. Trotzdem frage ich sie immer, bevor ich selbst zum Spaziergang aufbreche: »Kannst du heute mitgehen, Mom?«

Zu meiner Überraschung, so als hätte sie darauf gewartet, antwortet sie am ersten Tag dieser Woche: »Na klar!« Es sind vielleicht gute fünfhundert Meter um den See herum. Wir schlendern dreimal um ihn herum und halten nach jeder Runde an, um zu sehen, ob es an der Zeit ist, heimzukehren. »Laß uns weitergehen!« sagt sie mit einem Grinsen. (»Siehst du, *das* schaffe ich noch immer!«) Wir sind beide verblüfft und entzückt ob ihrer wiedergefundenen Lebenskraft. Und sie ist sehr stolz.

Aber in den Tagen darauf kann sie fast überhaupt nicht gehen und schon gar nicht rund um den See; selbst das Ein- und Aussteigen bei Autofahrten gerät zur Anstrengung. »Ich muß mich am ersten Tag übernommen haben, Rita.« Trotzdem lade ich sie jeden Tag, wenn ich mich auf den Weg mache, ein, sich mir anzuschließen, für den Fall, daß sie es doch wieder schafft. Wir sind beide enttäuscht, wenn sie nicht in der Lage ist, auch nur einen kleinen gemütlichen Spaziergang zu unternehmen.

In diesen sieben Tagen lachen Mom und ich viel und weinen auch ein bißchen. Wir sorgen dafür, daß das Leben einigermaßen normal abläuft. Gelegentlich gehen wir morgens zur Messe. Manchmal laden wir alte Bekannte zum Lunch ein. Und zu jeder Tages- und Nachtzeit sitzen wir gemütlich in den Sesseln im Wohnzimmer, um stundenlang unseren Lieblingsausblick zu genießen: den See und die Bäume gegenüber unserem Haus. Wie sie diesen See liebt! Wir alle lieben ihn. Wir sehen auch ein bißchen fern – die Nachrichten, vor allem das Wetter, Lawrence Welk, »Glücksrad«.

Jeden Tag beginnt um fünf Uhr unsere »happy hour«. Um fünf vor fünf beginnt Mom die Hors d'œuvres zu richten, während ich die Drinks zurechtmache. Und wir stoßen immer mit unseren Gläsern an, um damit zu bekunden, daß die »glückliche Stunde« offiziell begonnen hat. (Mehr als einmal bleiben mir in dieser Woche die passenden Worte für einen Toast im Hals stecken.) Hinterher bereiten wir gemeinsam das Abendessen zu. Später dann Popcorn. Manchmal spielen wir ein bißchen Binokel. Doch die ganze Zeit über sind diese gewöhnlichen simplen Dinge, die wir über all die Jahre hinweg genossen haben, von einer Wolke überschattet.

Moms leichte Schlaganfälle vor einigen Wochen haben ihr das selbständige Autofahren unmöglich gemacht, und so erledigen wir gemeinsam ihre Besorgungen – gehen zur Bank, zum Supermarkt, zur Drogerie. Ich fahre sie zur Friseuse, damit sie sich ein letztes Mal eine Dauerwelle bei der Frau legen lassen kann, die das schon seit fünfunddreißig Jahren bei ihr macht, und für die Steuererklärung zu dem Steuerberater, der bereits seit den frühen dreißiger Jahren die Bresnahans in dieser Angelegenheit betreut. Wieder zu Hause sitzen wir dann erneut da und blicken auf den See hinaus, manchmal schweigend, manchmal in Erinnerungen schwelgend.

Gewisse Aspekte des Sees faszinieren Mom immer:

»Schau, wie das Wasser glitzert, wie Diamanten.«

»Die Wellen sind heute aber wirklich hoch, Rita, findest du nicht auch?«

»Ist die Fontäne nicht hübsch?«

»Schau dir bloß all die Spaziergänger heute an. Siehst du die dort mit dem komischen, roten Hut?«

Viel zu schnell hat unsere gemeinsame Zeit ein Ende. An meinem letzten Tag, den ich je in diesem kleinen Haus verbringen werde, stehe ich früh auf, um mir noch ein bißchen Bewegung zu verschaffen, bevor ich zum Flughafen aufbreche. Mom ist schon wach, liegt aber noch im Bett, und auf meine gewohnte Einladung zu einem Spaziergang antwortet sie traurig: »Nein, meine Beine tun zu weh. Geh nur.«

Mein Herz ist schwer, als ich in die Kälte hinaustrete – es ist ein nebliger Morgen mit einer Sichtweite von höchstens hundert Metern. Ich schlage ein flottes Tempo an und mache durch den Nebel hindurch schemenhaft noch ein paar andere abgehärtete Seelen aus, die hier ihr morgendliches Fitnesstraining betreiben. Ich umrunde den See drei- oder viermal, und als ich dann um die Kurve biege, die mich vor unser kleines Haus führt, entdecke ich eine einsame Gestalt in einem langen Gewand, die durch den Nebel langsam auf mich zukommt. Als sie sich mir weiter nähert, erkenne ich meine Mutter. Sie hebt die Hand zu einem Winken, und ich eile auf sie zu. »Mom!« rufe ich. Ein langer brauner Regenmantel umhüllt ihr dünnes Nachthemd.

»Ich mußte dir einfach entgegenkommen, Rita. Machst du noch mal eine Runde?«

»Ach, ich weiß nicht, Mom. Wäre *dir* danach zumute?«

Sie schweigt einen Augenblick, anscheinend innerlich hin- und hergerissen zwischen ihrem unermüdlichen Lebensgeist, der sie nahezu sechzig Jahre lang um diesen See geleitet hat, der Sehnsucht, dies ein letztes Mal zu tun, und der Tatsache, daß kein Knochen und kein Muskel in ihren Beinen sie noch länger zu tragen vermag, sie alle aufschreien: »Auf keinen Fall!« Der innere Kampf zeichnet sich in ihrem Gesicht ab, dann schüttelt sie langsam den Kopf, blickt tieftraurig auf den See und murmelt stockend: »Ach – Rita – laß uns – einfach – miteinander heimgehen.«

Wir kehren um und schlurfen Arm in Arm und Schritt für Schritt die fünf Minuten zu unserem kleinen Haus zurück. Dies ist unser letzter gemeinsamer Spaziergang hier – wir wissen es beide, und wir weinen darüber. Ich spüre, wie sich ihre Brust hebt und senkt, da, wo unsere Arme ineinander verschlungen sind. Was mich angeht, so drängen achtundfünfzig Jahre der Erinnerungen auf mich ein und rinnen meine Wangen hinab. Wir halten uns aneinander fest.

Das kleine Haus heißt uns mit dem Schutz seiner Wärme willkommen. Für mich fühlt es sich mehr als je zuvor wie heiliger Boden an, voll von dem Glück des hier gelebten Lebens. Heiliger Boden, auf dem ich als kleines Mädchen nicht nur das Gehen, sondern auch das »Miteinandergehen« gelernt habe. Eine Woge der Dankbarkeit überschwemmt mich, der Dankbarkeit für alles, was mich meine Eltern hier gelehrt haben, und für all dieses Gehen meiner Mutter… vor allem für ihr Gehen…

Ich helfe Mom aus dem feuchten Regenmantel und in ihren warmen blauen Morgenrock mit den spitzenbesetzten Manschetten. Leicht schaudernd und zitternd bindet sie den Gürtel zu, geht dann geradewegs zum Herd und setzt das Teewasser auf, so wie sie es seit sechzig Jahren jeden Morgen getan hat. »Komm schon, Rita. Setzen wir uns und trinken wir eine Tasse Tee.«

Rita Bresnahan

Wie eine Frau entsteht

Ich sah zusammen mit meinem Vater zu, wie meine Mutter die Treppe herunterkam. Zuerst erschienen die Spitzen ihrer roten, hochhackigen Satinschuhe, gefolgt von glatten, samtweichen Beinen. Der Saum ihres grauen Chanelkleids aus Moiréseide tauchte auf wie eine Nebelwolke. Der Rock umschloß die Hüfte bis hinauf zur Taille, über der sich dann das Oberteil nach außen wölbte, um ein paar stolze, von unten abgestützte Brüste zu betonen, die sich gegen einen roten Satinschal preßten. Dieser umrahmte die nackten Schultern und war an den Enden hinter den Ellbogen eingesteckt. Sie war der Inbegriff des Chics der 60er Jahre. Der Duft ihres Parfüms drang bis zu uns herab… schwindelerregend, köstlich.

Ich wandte mich meinem Vater zu, um zu sehen, wie ihm das Ganze gefiel, und war fasziniert von seinem Gesichtsausdruck, den ich noch nie an ihm gesehen hatte. Er starrte zu diesem Wesen hinauf, das nicht mehr seine Frau zu sein schien. Sein glühender Blick schien sie wie einen Schmetterling aufzuspießen. Sie blieb mitten auf der Treppe stehen, ein leicht verblüfftes Lächeln auf den Lippen. »Nun«, murmelte sie, »wie sehe ich aus?«

»Komm her, du«, sagte – nein, befahl er.

Ich starrte auf diese beiden Menschen, die einmal meine Eltern gewesen waren. Sie schienen ein Geheimnis miteinander zu teilen, das, so seltsam es schien, offensichtlich nichts mit mir zu tun hatte. Ich verspürte plötzlich den Impuls, mich zwischen sie zu drängen. Ich sah zu, wie er ihr den Abendmantel über die Schultern legte. Dann beugte er sich über sie und flüsterte etwas in ihr Haar. Sie legte leicht den Kopf zurück. Etwas Geheimnisvolles tauchte in ihrem Blick auf. Dieses Bild blieb wie die Momentaufnahme einer Kamera in meinem Innern haften und verfolgte mich noch lange, nachdem sich die Tür hinter ihnen geschlossen hatte.

Am nächsten Tag saß ich auf dem Stuhl meines Vaters und wartete darauf, daß er heimkam. Ich trug das Chanelkleid meiner Mutter, den Gürtel so eng wie nur möglich zugezogen. Ich hatte herausgefunden, daß ich, wenn ich den Bauch einzog und den Brustkorb herausstreckte, perfekt einen wogenden Busen imitieren konnte. Ich wartete, die nackten Beine vorgestreckt wie die eines Models. Ich bemerkte den Schmierfleck des Lippenstifts, der mir aus der Hand gerutscht, am Regal im Bad abgeprallt und am Rock entlang auf den Boden gefallen war, und verdeckte ihn mit einer Stoffalte. Dann hörte ich, wie der Schlüssel im Schloß umgedreht wurde. Rasch streckte ich den Brustkorb heraus.

Vater blieb stehen, als er mich sah, und wollte wie gewöhnlich »hallo« sagen, merkte dann aber, daß irgend etwas anders war. Ich konnte buchstäblich sehen, wie der Alltag von ihm abfiel, während er das Kleid, das zurechtgemachte Gesicht und die ganze Pose in sich aufnahm. Sein Blick wurde weich, und in seinem Gesicht tauchte ein wunderbares Lächeln auf. »Na was!« sagte er. »Ist das heute mein Glückstag? Laß dich mal anschauen.« Ich stand auf und ging mit vorsichtigen Schritten seidenraschelnd auf ihn zu. Sein amüsierter Blick fiel auf den roten Schmierfleck, und sein

Gesichtsausdruck veränderte sich. Er sah mich scharf an. Ich blieb ruckartig stehen, denn mir wurde zum erstenmal bewußt, was ich da angestellt hatte: Das Lieblingskleid meiner Mutter, unglaublich teuer, ein Weihnachtsgeschenk meines Vaters. Wir starrten einander an, seine Augen schienen mich zu durchbohren...

Plötzlich kauerte er sich nieder und sah mir ins Gesicht. Ich nahm die Fältchen um seine Augen wahr, kleine, weiße, von der Sonnenbräune ausgesparte Strahlen, und das glatte braune Haar mit dem blonden Schimmer. Ich sah meinen eigenen mageren kleinen Körper, eingehüllt in diesen Ozean aus Moiréseide. Dann hörte ich ihn mir zuflüstern: »Du wächst so schnell heran, weißt du das? Eines Tages werde ich mich umdrehen, und du wirst der Hit der Stadt sein. Dein alter Vater wird sich gar nicht mehr den Weg durch die Schar der Jungen bahnen können, die sich um dich drängen!«

Dann schob er mich ganz plötzlich hoch und hielt mich in einer gigantischen bärenstarken Umarmung fest. Die Schuhe meiner Mutter flogen von meinen baumelnden Füßen und landeten lautlos irgendwo auf dem Teppich. Er drückte mir fast den Atem ab und gab ein unterdrücktes Lachen von sich, bevor er mich wieder sachte auf den Boden stellte. Er kauerte sich erneut nieder. »Werde bloß nicht zu schnell erwachsen, du!« befahl er und tippte mir auf meine flache, kaum erwähnenswerte Nase.

Und zum erstenmal bezeichnete er sie nicht als »Sommersprossenfarm«.

Doni Tamblyn

Huldigung für Dad

Mein Vater starb drei Wochen nach seinem achtzigsten Geburtstag. Das machte keine Schlagzeilen in der Zeitung, denn er hatte nie etwas Nennenswertes erfunden, war nie ein Star gewesen und hatte auch kein riesiges Vermögen angehäuft. Seine maßgeblichste Leistung war die, ein netter Mensch gewesen zu sein. Aber das sorgt selten für Schlagzeilen. »Harold Halperin, netter Mensch, im Alter von achtzig Jahren verstorben.«

Den größten Teil seines Erwachsenenlebens hatte er gemeinsam mit seinem Schwager einen Drugstore an der Ecke besessen. Es war ein altmodischer Laden mit freundlichem Service, einem Mineralwassersiphon und einem Kaugummiautomaten, bei dem der Kaugummi noch immer nur einen Penny kostete und aus dem man sogar einen »Treffer« ziehen konnte, der dann gegen eine Zuckerstange eingetauscht wurde. Obwohl seine Kunden ihre Medikamente in dem Kettenunternehmen gegenüber billiger hätten bekommen können, kamen sie zu meinem Dad, weil sein »Hallo, Mr. Jones!« mehr zu ihrer Heilung beitrug als irgendeine Arznei.

Als er sich mit siebzig aus dem Geschäft zurückzog, startete er eine zweite Karriere bei der Hershey Company, wo er in den örtlichen 7-Elevens und White-Hen-Pantries Süßigkeiten in die Regale einordnete. Obwohl er angehalten war, die Süßigkeiten, deren Verfallsdatum abgelaufen war, wegzuwerfen, machte es ihm Spaß, diese unter den Kindern in der Nachbarschaft zu verteilen oder sie zu der örtlichen Suppenküche zu bringen, damit die Obdachlosen auch eine Freude hatten. Jeder nannte ihn den Candyman.

Von dem Zeitpunkt, an dem bei ihm Bauchspeicheldrüsenkrebs diagnostiziert wurde, bis zu seinem Tod, dauerte es knapp vier Monate. Diese vier Monate waren ein Geschenk sowohl für ihn wie für uns – sie waren nicht lange genug, als daß er allzuviel hätte leiden müssen, aber lange genug für uns alle, um uns zu verabschieden. Und es war auch eine Zeit, in der ich nicht nur wahrnahm, wer mein Vater war, sondern auch, wie er uns seine Liebe schenkte. Vorher hatte ich mir nie die Zeit genommen, das zu bemerken. Ich verfaßte den Nachruf:

Gestern früh, am Sabbat, starb mein wunderbarer Vater. Als ich überlegte, was ich bei seiner Beerdigung sagen sollte, dachte ich:

»Wie kann ich einem Menschen huldigen, dessen ganzes Leben eine einzige Huldigung war? Eine Huldigung der Güte, der Freundlichkeit, der Fürsorge und der Großzügigkeit. Es bedarf im Grund keiner Worte, weil das Leben meines Vaters laut und klar für sich spricht.«

Wir alle wissen, wer Harold Halperin war. Er war jedermanns liebster Freund. Er war jedermanns Lieblingsnachbar. Er war jedermanns Lieblingsonkel. Er war jedermanns Lieblingsarbeitgeber. Er war jedermanns Lieblingsangestellter. Er hatte auf der ganzen Welt keinen Feind. Ich glaube nicht, daß es jemanden gibt, der ihn kannte und nicht liebte. Er war ein Gentleman und ein sanfter, gütiger Mann.

Nicht, daß er vollkommen gewesen wäre – kein menschliches Wesen ist das. Aber selbst wenn ich überaus anstrengend für ihn war – und es gab ein paar Momente, in denen ich ihn wirklich strapazierte –, hatte ich in meinem ganzen Leben nicht einen Augenblick lang das Gefühl, daß er nicht mit seinem ganzen Herzen und all seiner Liebe für mich da war.

Er wird uns allen sehr fehlen. Ich werde ihn vermissen, weil er der einzige war, der mir regelmäßig versicherte, ich sei so schön, daß ich eigentlich ein Filmstar sein sollte – und es auch wirklich glaubte.

Die Kinder werden ihn vermissen, weil es nie einen liebevolleren Großpapa gab. Ich wollte, Sie alle hätten sehen können, wie er mit seinen Enkeln spielte. Diese Liebe in seinen Augen, wie er sie bewunderte – und wie sie ihn liebten! Immer hieß es: »Opa, spiel mit mir!« Und dann ließ er sich bei ihnen auf dem Boden nieder und achtete nicht auf die Schwierigkeiten, die ihm das Aufstehen hinterher bereitete.

Und meine Mutter – was kann ich über ihre Liebe sagen? Siebenundvierzig Jahre waren die beiden einander völlig ergeben. Mein Mann und Mom unterhielten sich gestern, und sie sagte: »Wenn du und Debbie nur so eine Ehe haben könntet wie Harold und ich. In all den siebenundvierzig Jahren sind wir nicht ein ein-

ziges Mal zornig aufeinander zu Bett gegangen. Worauf mein Mann erwiderte: »Ceil, ich glaube, das haben wir bereits verpatzt.«

Zu meinen eindrücklichsten Kindheitserinnerungen gehört der Augenblick, in dem mein Dad um halb sieben Uhr abends von der Arbeit nach Hause kam. Mein Bruder und ich hörten ihn dann an der Haustür klingeln – unser privates Vergnügen bestand darin, daß er so lange immer wieder auf den Klingelknopf drückte, bis wir an der Tür waren. Wir saßen im oberen Stockwerk und erledigten unsere Hausaufgaben oder hockten vor dem Fernseher und brachen dann in Geschrei aus: »Daddy ist da, Daddy ist da!« Danach rasten wir die Treppe hinunter und machten die Tür auf, und er sagte immer: »Wieso braucht ihr bloß so lange.« Es war der Höhepunkt des Tages, wenn Dad nach Hause kam.

Eine andere sehr lebendige Erinnerung ist die an sein Abendessensritual. Wenn wir am Tisch saßen, legte Dad die Hand auf Moms Arm und sagte zu uns: »Wißt ihr eigentlich, daß ihr die wunderbarste Mutter der Welt habt?« Er sagte das jeden Abend.

Meine Mom und mein Dad lebten in seinen letzten Wochen so zusammen, wie sie das ihr ganzes gemeinsames Leben lang getan hatten – meine Mutter sorgte für ihn, kam allen Bedürfnissen ihres geliebten Mannes nach, vierundzwanzig Stunden am Tag. Sie tat alles Menschenmögliche, damit er in Würde und ohne zu leiden in seinem Bett sterben konnte.

Und mein Dad, der nur noch Tage, ja Stunden, seines Lebens hatte, wollte immer noch ganz sichergehen, daß für seine Frau und seine Familie gesorgt sei. Vor wenigen Tagen war er so schwach, daß er kaum mehr sprechen konnte. Da sagte ich ihm, wie sehr ich ihn liebte, was für ein großartiger Dad er gewesen sei und was für ein Glück Larry und ich gehabt hätten, ihn zum Vater zu haben. Ich redete immer weiter, schüttete mein Herz aus und sagte am Ende nur noch: »Ich liebe dich so sehr, Daddy.« An diesem Punkt flüsterte er mir etwas zu, was ich zunächst nicht verstehen konnte. Ich beugte mich näher zu ihm und fragte: »Was hast du gesagt?« Er nahm seine ganze Kraft zusammen und wiederholte: »Achte darauf, daß die Bremsen am Oldsmobile gerichtet werden. Ich möchte nicht, daß deine Mutter ohne gute Bremsen fährt.«

Heutzutage wird in der Presse viel darüber geklagt, daß es keine Helden oder großen Männer mehr gibt, zu denen die Kinder aufschauen können. Mein Vater hat sicher keinen Nobelpreis gewonnen, aber wenn Sie sich nach einem Beispiel für einen großartigen Menschen umschauen, brauchen Sie sich nur Harold Halperin anzusehen.

Dad – Mom und ich werden nie vergessen, wie freundlich und friedlich du an dem Morgen aussahst, an dem du starbst. Die Sonne schien durch das Fenster herein und ließ dein silbriges Haar aufleuchten, so als würden tausend Engel dich umtanzen.

Und wir werden nie vergessen, daß der Hund des Nachbarn, der in all den Monaten deiner Krankheit Nacht für Nacht bellte, in dieser Nacht vor deinem Tod nicht einen Mucks von sich gab, sondern Stunde um Stunde still und regungslos dasaß und zu deinem Schlafzimmerfenster emporstarrte, so als wäre er der offizielle Wächter am Himmelstor.

Wir lieben dich, Dad. Du warst so wundervoll im Tod wie du es im Leben warst. Wir werden dich vermissen, aber wir werden nie vergessen, wer du warst, und wir werden immer über dich sprechen und unseren Kindern und Enkelkindern von ihrem Opa erzählen, der in unseren Augen einer der großartigsten Menschen war, die je gelebt haben.

Nun geh, sei bei Gott und sei im Frieden.

Wir lieben dich.

Debra Halperin Poneman

Erinnerungen an eine vergangene Kindheit

> Die meisten von all den schönen Dingen im Leben kommen zu Zweien oder Dreien, zu Dutzenden oder Hunderten. Unmengen von Rosen, Sternen, Sonnenuntergängen, Regenbogen, Brüdern, Schwestern, Tanten und Cousins. Aber es gibt nur eine Mutter auf der ganzen Welt.
>
> *Kate Douglas Wiggin*

Sie sitzt teilnahmslos vor dem Fernseher. Das Programm scheint keine Rolle zu spielen, Hauptsache, sie muß nicht aufstehen, um umzuschalten. Das Gehen ist, wie alles andere, schwierig für sie geworden. Sie braucht Hilfe beim Anziehen, beim Essen und beim Baden. Nicht, daß ihr Körper alt oder verkrüppelt wäre – sie ist erst achtundvierzig – aber ihr Geist ist es. Sie hat Alzheimer. Sie ist meine Mutter.

Manchmal scheint mir, als sei überhaupt keine Zeit verstrichen, seit ich ein Kind war und wir zusammen ausgiebige Wanderungen machten. Die Natur gehörte zu den Leidenschaften meiner Mutter. Sie nahm mich mit zum Strand, um die durch Ebbe und Flut entstandenen kleinen Tümpel zu erforschen. Wir sprangen von einem Fels zum anderen, sorgfältig darauf bedacht, den anbrandenden Wellen auszuweichen. Sie machte mich auf die rotstacheligen Seeigel und die hellen Seesterne aufmerksam. Ich kann immer noch den feinen Dunst des Meerwassers auf meinem Gesicht spüren und die Salzluft riechen. Wenn es geregnet hatte, nahm sie mich auch gerne auf Wanderungen in die Redwoodwälder mit. Wir suchten dann nach Bananenschnecken, deren leuchtendes Gelb in der Dunkelheit des Waldes wie kleine Nachtlichter schimmerte. Der Geruch der feuchten Blätter stieg uns in die Nase, während wir zwischen den riesigen Baumstämmen dahingingen und uns in der Erhabenheit dieses verzauberten Ortes verloren.

Meine Mutter war vom politischen Aktionismus der sechziger Jahre beeinflußt und glaubte an den Kampf für das Recht und den Protest gegen das Unrecht. Sie war keine Radikale; sie sorgte sich einfach nur um die Welt und deren Menschen. Ich kann mich entsinnen, daß ich mit ihr an einem Friedensmarsch teilnahm, als ich etwa zehn war. Es war ein nächtlicher Schweigemarsch durch die Innenstadt. Jeder von uns hielt eine brennende Kerze in der Hand, die die Dunkelheit erhellte und unsere Hoffnung symbolisierte, mit dieser stillen Botschaft Licht in die Welt zu bringen.

Bildung war ein weiterer Punkt, der meiner Mutter wichtig war. Sie war Lehrerin und hatte studiert, während ich in die Grundschule ging. Ich weiß immer noch nicht, wie sie das geschafft hat. Ich kann mich nicht erinnern, daß es selbst mitten in ihrem Studium je eine Zeit gab, in der sie meinem Gefühl nach nicht für mich da war. Sie bemühte sich sehr, den richtigen Kindergarten für mich zu finden, und während sich die meisten Eltern für ihre Kinder mit der nächstgelegenen Schule zufriedengeben, nahm mich meine Mutter zur Begutachtung mehrerer Schulen mit, bevor sie eine fand, mit der sie zufrieden war.

Jetzt betrachte ich oft meine eigene Tochter und sehe dann meine Mutter vor mir. Ich sehe ihr mittelbraunes Haar durchzogen von wunderschön goldblonden Strähnen und mit kastanienfarbenen Glanzlichtern. Ich sehe ihr leicht vorspringendes Kinn in dem schmalen Gesicht und die winzige Falte in einem ihrer Augenlider – es müssen dieselben Merkmale sein, die meine Mutter erblickte, wenn sie mich betrachtete und dabei sich selbst sah.

Ich habe festgestellt, daß ich mich neuerdings mit Dingen umgebe, die mich an sie erinnern. Jedesmal, wenn ich vor dem Schlafengehen eine Tasse Kräutertee trinke, erinnert mich sein beruhigender Duft an all die Nächte, die meine Mutter an meinem Bett verbrachte, wenn ich krank war und nicht schlafen konnte. Wenn ich in der Frühe aufstehe, benutze ich dieselbe nach Kräutern riechende Lotion und denselben süß fruchtig duftenden Haarspray, die meine Mutter zu kaufen pflegte. Wenn ich einen Song von Joan Baez höre oder dem rhythmischen Beat lausche, wenn Jimmy Cliff einen Reggae singt, kann ich die Stimme meiner Mutter darin erkennen. Es vergeht kaum ein Tag, an dem ich nicht etwas höre, rieche, schmecke oder sehe, das mir Erinnerungen zurückbringt. Diese Dinge sind tröstlich und erlauben mir, in meine Kindheit zurückzuflüchten, als meine Mutter noch so war, wie ich mich ihrer entsinne.

Diese Krankheit hat mir ganz schnell die Frau gestohlen, die ich einst kannte. Sie hat immer eine so aktive Rolle in meinem Leben gespielt, und nun sitzt sie still da.

Meine Mutter mag sich vielleicht nicht mehr an all das erinnern, womit sie mich geprägt und auf mein Leben eingewirkt hat, aber ich habe es nicht vergessen. Am schwierigsten ist es für mich, die Mutter zu lieben, die ich jetzt habe, während ich noch immer in den Erinnerungen an die schwelge, die sie einmal war. Ich bete fast jeden Abend für sie, aber meine Gebete haben sich verändert. Am Anfang betete ich: »Herr, laß sie ein Heilmittel finden.« Jetzt bete ich einfach: »Herr, laß sie glücklich sein in ihrer eigenen Welt, so wie sie mich in meiner glücklich gemacht hat.« Manchmal, fast in der Hoffnung, daß sie mich irgendwie hören kann, flüstere ich: »Ich liebe dich, Mom. Du fehlst mir.«

Sasha Williams

Fäden, die verbinden

Liebe ist das Emblem der Ewigkeit;
sie löst jeglichen Zeitbegriff auf.
Anna Louise de Staël

Der Quilt war offensichtlich sehr alt. Der Seidenstoff hatte sich im Verlauf der Zeit an vielen Stellen nahezu aufgelöst, war aber immer noch schön. Es handelte sich um eine Variante des Log-Cabin-Stils mit einem kleinen Rechteck in einer Ecke und Balken an nur zwei Seiten. Ja, der Stoff war zerschlissen und verblichen, aber die Decke war über die Jahre hinweg augenscheinlich sehr pfleglich behandelt worden.

Die Workshopleiterin hielt den Quilt hoch, damit ihn alle sehen konnten. »Das ist ein Quilt im Log-Cabin-Stil, wie er in der Mitte des 19. Jahrhunderts sehr beliebt war. Diese Decke hier muß von einer Person angefertigt worden sein, die offensichtlich Zugriff auf viele verschiedene Stoffstücke hatte. Nachdem ich sie gekauft hatte, stellte ich fest, daß sie ursprünglich viel größer gewesen sein muß. Jemand hat sie in zwei Hälften geschnitten.« Alle Workshopteilnehmerinnen stöhnten auf. Wer um alles in der Welt konnte einen so exquisiten Quilt entzweigeschnitten haben?

Eine Wagenkolonne zog westwärts; es war im Jahr 1852…

Katherine sann über die Ereignisse der vergangenen drei Jahre nach, während sie den Quilt über sich und ihre Schwester Lucy zog. Der Tag heute war wunderschön gewesen. Katherine und Lucy hatten ihren gemeinsamen Geburtstag gefeiert. Katherine war soeben dreizehn und Lucy drei geworden. Katherine war genau zehn Jahre alt, als Lucy geboren wurde. Wie glücklich sie gewesen war, endlich eine kleine Schwester zu bekommen! Alle ihre Freunde und Freundinnen hatten große Familien, und Katherine hatte sich seit langem einen Bruder oder eine Schwester gewünscht. Endlich war ihr Wunsch in Erfüllung gegangen. Sie hatte eine Schwester – geboren an ihrem eigenen Geburtstag. Die ganze Familie war so glücklich. Es schien, als ob niemals etwas schieflaufen könnte.

Doch die Tragödie ereignete sich, als Lucy eineinhalb Jahre alt war. Ihre Mutter starb. Bald darauf beschloß ihr Vater, mit der kleinen Familie nach Westen zu ziehen. Die ganze Habe wurde verkauft, weggegeben oder in den Wagen gepackt, und sie zogen los. Trotz der Freude über ihre Geburtstagsfeier an diesem Tag fröstelte Katherine und zog den kostbaren Quilt enger um sich und ihre Schwester. Die Decke war das einzige Erinnerungsstück an ihre Mutter, das ihr noch geblieben war.

Lucy unterbrach Katherines Träumereien. »Erzähl mir eine Geschichte«, bettelte sie. »Erzähl mir eine Geschichte von dem Quilt.«

Katherine lächelte. Jeden Abend war es dasselbe. Lucy liebte es, Geschichten über den Quilt zu hören, und Katherine liebte es, sie zu erzählen. Es half ihr, die Erinnerungen an glücklichere Tage zurückzuholen.

»Welche denn?« fragte sie.

Lucy strich mit der Hand über die Decke, bis sie zu einem weichen blauen Stoffstück mit Blumen kam. »Diese da, Kathy«, sagte sie und blickte zu ihrer Schwester auf. Aus irgendeinem Grund fand die Kleine dieses Stückchen Stoff häufig. Es war ihre Lieblingsgeschichte.

»Naja«, begann Katherine, »das da stammt von einem Festkleid, das einem Mädchen mit wunderschönem rotem Haar gehörte. Sie hieß Nell, und alle sagten, sie sei das hübscheste Mädchen in der Stadt…«

Es dauerte nicht lange, und Lucy war eingeschlafen, aber Katherines Blick blieb auf dem Quilt haften. Jedes dieser Stoffstücke ist etwas Besonders, dachte sie, und sie fing an, sich selbst ein paar von den mit ihnen verbundenen Geschichten zu erzählen. Erinnerungen an zu Hause, Freunde, Familie und glücklichere Zeiten überfluteten sie geradezu. Ihre Mutter war Schneiderin gewesen, und so unterschied sich fast jedes Stoffstück vom anderen. Viele waren aus feiner Seide und Brokat und stammten von Festkleidern der Mädchen in der Stadt, manche auch von Kleidern, die einst Katherine gehört hatten. Ein Stück war Teil von Lucys Taufgewand. Ein anderes rührte von einem besonderen Kleid her, das Katherine trug, als sie acht Jahre alt war. Hier war ein Stück von einem Hochzeitskleid, dort eines von Großmutters Schürze. Dieser Quilt war nun das einzige Besitztum, das Freude in Katherines Leben brachte und ihm Kontinuität verlieh. Dankbar dafür, daß sie ihn hatte, und von der behaglichen Wärme, die er ihr spendete, getröstet, schlief sie ein.

Die Tage verstrichen langsam, und der kleine Treck zog über die weiten Ebenen dahin. Es war nicht leicht, aber sie versuchten alle, so fröhlich wie möglich zu sein und von einem neuen und besseren Leben zu träumen. Und an jedem Abend waren da die Geschichten von dem Quilt.

Sie waren etwa drei Wochen unterwegs, als Lucy schweres Fieber bekam. Katherine tat alles ihr Mögliche, damit sich die Kleine besser fühlte. Am Tag saß sie mit ihr in dem dahinschaukelnden Wagen, strich über ihr Haar, glättete ihr Kissen und sang ihr etwas vor. Nachts erzählte sie ihr Geschichten über den Quilt und hielt sie in den Armen, bis Lucy beim Klang der zirpenden Grillen eingeschlafen war. Ihr Herz krampfte sich aus Angst um ihre geliebte Schwester zusammen. Sie wickelte sich beide fest in den Quilt ein, und die Tränen rannen ihr über die Wangen, während sie in seiner behaglichen Wärme Trost suchte.

An einem Spätnachmittag, sie hatten bereits ihr Nachtlager aufgeschlagen, ließ Katherine Lucy schlafend zurück und brach auf, um aus einem nahegelegenen Bach frisches Wasser zu holen. Als sie den Eimer aufnahm, überkam sie ein Gefühl der Ruhe, und sie spürte, daß Lucy sehr bald wieder in Ordnung sein würde.

Sie wanderte langsam durch das weiche Gras zum Wasser. Sie füllte ihren Eimer im Bach und setzte sich dann ans Ufer. Das Geräusch des über die Steine plätschernden Wassers hatte etwas Beruhigendes und Erfrischendes. Sie legte sich hin, blickte zum blauen Himmel empor und entsann sich einiger tröstlicher Worte: »Dies ist der Tag des Herrn. Freut euch und seid glücklich.« »Vielleicht wird doch alles gut«, dachte sie.

Die Zeit verging, und Katherine sagte sich, daß sie nun wohl besser zurückkehren sollte. Sie erhob sich, nahm den schweren Eimer auf und machte sich auf den Weg zurück zum Wagen. Als sie über den kleinen Hügel kam und zum Lager hinüberblickte, erstarrte sie. Nicht weit von ihrem Wagen entfernt hoben drei Männer eine Grube aus. Ein Grab!

»Lucy!« schrie sie. »Lucy! Lucy! Lucy!« Sie ließ den schweren Eimer fallen und rannte los. Die Tränen strömten ihr über das Gesicht, und sie hatte das Gefühl, das Herz würde ihr aus der Brust springen, als sie schließlich beim Wagen anlangte und hineinkletterte.

Sie begann, unkontrolliert zu zittern. Der Quilt lag ordentlich zusammengefaltet da, wo sich Lucys Bett befunden hatte. Katherine taumelte zurück und wäre fast vom Wagen gestürzt. Völlig benommen lief sie zu ihrem Vater, der in der Nähe der Männer saß. Mit roten, verschwollenen Augen sah er zu Katherine auf. »Sie hat nun ihren Frieden«, sagte er schlicht.

Katherine konnte nur nicken. Sie wandte sich ab, taub vor Schmerz, und eine der Frauen legte den Arm um sie und führte sie zum Wagen zurück. »Es tut mir so leid, Katherine«, sagte sie. »Wir werden etwas brauchen, in das wir sie einwickeln können. Es muß nicht allzu groß sein.«

Katherine nickte und kletterte in den Wagen. Irgendwo fand sie eine Schere. Vorsichtig nahm sie den Quilt und begann ihn schweren Herzens in zwei Teile zu schneiden.

Ann Seely, veröffentlicht von Laura J. Teamer

Lob den Frauen auf meiner Reise

Den Frauen auf meiner Reise,

Die mir die Wege wiesen, die ich gehen und die ich nicht gehen sollte,

Die mit ihrer Kraft und ihrem Mitgefühl ein Licht hochhielten und mir winkten, ihnen zu folgen,

Deren Schwächen und Unwissenheit den Weg verdunkelten und mich ermutigten, einen anderen Weg einzuschlagen.

Den Frauen auf meiner Reise,

Die mir zeigten, wie man leben und wie man nicht leben soll,

Deren Anmut und Würde, Erfolg und Dankbarkeit mich zur erfüllenden Hingabe an Gott emporhoben,

Deren Bitterkeit, Neid und vergeudete Talente mich vor der Leere des Eigensinns warnten.

Den Frauen auf meiner Reise,

Die mir zeigten, was ich bin und was nicht,

Deren Liebe, Ermutigung und Vertrauen mich zärtlich umfangen hielten und sanft anstießen,

Deren Aburteilung, Enttäuschung und mangelnder Glaube mich zu intensiverem Engagement aufriefen.

Den Frauen auf meiner Reise, die mich sowohl durch Dunkelheit wie durch Licht die Liebe lehrten,

Diesen Frauen sage ich aus tiefstem Herzen *Gott segne euch* und *danke,* denn ich wurde geheilt durch eure Freude und eure Opfer.

Rev. Melissa M. Bowers

Danksagung

Das Schreiben, Zusammenstellen und Redigieren von »Hühnersuppe für die Seele. Für Frauen« dauerte über ein Jahr und war für uns alle ein Werk der Liebe. Mit am meisten Freude machte uns die Zusammenarbeit mit Menschen, die diesem Projekt nicht nur ihre Zeit und Aufmerksamkeit, sondern auch ihr Herz und ihre Seele schenkten. Wir möchten folgenden Personen für ihre Hingabe und ihren Beitrag unseren Dank aussprechen.

Unseren Familien, die uns im Verlauf diese Projekts ihre Liebe und Unterstützung zukommen ließen und Hühnersuppe für *unsere* Seelen waren!

Dan Hawthorne, der immer an uns und die Wichtigkeit dieses Projekts glaubte. Dan, wir danken dir dafür, daß du uns geholfen hast, an unserer Perspektive festzuhalten und uns selbst nicht allzu ernst zu nehmen. Wir wissen deine Liebe und deinen Sinn für Humor zutiefst zu schätzen!

Rusty Hoffman mit seiner bedingungslosen Liebe, seiner außergewöhnlichen Unterstützung, seinem großen Herzen und seiner Interneterfahrung. Rusty, wir danken dir dafür, daß du uns beständig daran erinnert hast, den Augenblick zu genießen. Du bist ein wahrer Heiliger!

Maureen H. Read, du hast Hunderte von Geschichten gelesen und uns dazu Feedback gegeben, warst immer für uns da und hast uns stets ermuntert. Wir lieben dich!

Louise und Marcus Shimoff, wir danken euch für eure endlose Unterstützung und Liebe. Für eure ständige Bereitschaft, alles zu recherchieren, was wir brauchten, und dafür, daß ihr eine unserer besten Quellen für Geschichten wart. Wir lieben euch!

Elinor Hall, die uns in jeder Hinsicht bei diesem Projekt beistand, vom Managen des Büros über das Recherchieren bis hin zur emotionalen Unterstützung. Keine Aufgabe war zu groß oder zu klein, und wir danken dir für deine Liebe, deine Freundschaft und deinen Enthusiasmus – ohne dich hätten wir es nicht geschafft!

Wir danken Ron Hall für sein grenzenloses Bewußtsein, seine Visionskraft und Liebe.

Carol Kline für ihre großen Fähigkeiten beim Lesen und Recherchieren von Hunderten von Geschichten und dafür, daß sie mehrere Frauen interviewte und ihre Geschichten für dieses Buch aufschrieb. Carol, wir sind dir für deine Liebe und Freundschaft überaus dankbar.

Joanna Cox für die zahllosen Stunden, die sie damit verbrachte, das Manuskript zu tippen und dafür, daß sie mit unendlicher Geduld immer für uns da war. Dein Einfluß und die Zusammenarbeit mit dir waren wunderbar!

Nancy Berg und Eileen Lawrence für ihr erstklassiges Redigieren zahlreicher Geschichten. Wir sind euch zutiefst dankbar dafür, daß ihr bei den von euch bearbeiteten Geschichten den Grundgedanken dieses Buches eingefangen habt.

Dan Clark dafür, daß er uns viele seiner Geschichten zukommen ließ und endlose Stunden mit dem Redigieren verbrachte, damit wir unsere Abgabetermine einhalten konnten.

Suzanne Lawlor für ihre Recherchen und Großzügigkeit.

K. Bernard, Bobby Roth, Susan Shatkin, Emily Sledge und Mary Zeilbeck für ihre Hilfe bei der Arbeit an diesem Buch.

Peter Vegso und Gary Seidler von Health Communications Inc. dafür, daß sie von Anfang an an dieses Buch glaubten und dafür sorgten, daß es in die Hände von Millionen Lesern gelangte. Danke, Peter und Gary!

Christine Belleris, Matthew Diener und Mark Colucci, unseren Herausgebern bei Health Communications Inc., für ihr großzügiges Bemühen, dieses Buch auf seinen hervorragenden Stand zu bringen.

Kim Weiss und Arielle Ford für ihre glänzende Öffentlichkeitsarbeit.

Patty Aubery und Nancy Mitchel, Co-Autorinnen von »Chicken Soup for the Surviving Soul«, die uns durch den Entstehungsprozeß dieses Buches geleiteten und nie müde wurden, uns zu ermutigen und zu inspirieren. Patty, wir danken dir dafür, daß du immer mit Antworten und Verständnis für uns da warst. Nancy, wir danken dir für deine hervorragende Arbeit beim Einholen der Abdruckgenehmigungen für die Geschichten in diesem Buch.

Heather McNamara, wir sind dir zutiefst dankbar für deine Geduld, deine wertvollen Anregungen und dafür, daß du mit so leichter Hand, solchem Talent und solcher Klarheit das Endmanuskript bearbeitet und für den Druck vorbereitet hast. Die Zusammenarbeit mit dir war eine Freude!

Wir danken Veronica Valenzuela und Julie Knapp, die durch ihre Hilfe in Jacks Büro dafür sorgten, daß alles glatt lief.

Rosalie Miller (Auntie Ro), die uns in den letzten Wochen der Arbeit am Manuskript mit Essen und Liebe versorgte.

Barry Spilchuck, der uns Geschichten, Cartoons, Zitate – und, wenn nötig, Kekse zukommen ließ. Barry, wir danken dir für deine Ermutigung und deinen Humor!

Mark Tucker, der überall im Land seinem Publikum von diesem Buchprojekt erzählte. Ihm ist es zu verdanken, daß wir Hunderte von Geschichten zugeschickt bekamen.

Wir bedanken uns bei Recie Mobley, Diane Montgomery und Jenny Bryson dafür, daß sie in ihren Firmen professionelle Vortragsrednerinnen um Geschichten baten.

Bei Mavis Cordero und Women Inc. für die Unterstützung unseres Projekts und ihre Einladung zur Teilnahme an ihrer Frauenkonferenz in New York: »Uncommon Women on Common Ground«.

Bei Dan Fields, Elaine Glusac, Joann Landreth und Sheryl Vestal dafür, daß sie dieses Projekt in ihren Publikationen vorgestellt haben.

Bei Bonnie Bartlett und Elizabeth Caulder für ihre enthusiastische Unterstützung auch bei unserem Aufruf, uns Geschichten zuzuschicken.

Bei Aliza Sherman von Cybergirl Internet Media dafür, daß sie unsere Web-Seite entwarf und uns ins Internet brachte.

Folgende Personen halfen uns bei der monumentalen Aufgabe, das Rohmanuskript des Buches durchzulesen, eine letzte Auswahl zu treffen, und trugen mit ihren unschätzbaren Kommentaren zur Verbesserung des Buches bei: Patty Aubery, Kim Banks, Christine Belleris, Pamela Bice, Laura Chitty, Lane Cole, Debbie Davis, Linda Lowe DeGraaff, Pam Finger, Elinor Hall, Jean Hammond, Stephany Harward, Amy Hawthorne, Rachel Jorgensen, Kimberly Kirberger, Robin Kotok, Nancy Leahy, Jeanette Lisefski, Priscilla Lynch, Teresa Lynch, Barbara McLoughlin, Karen McLoughlin, Heather McNamara, Barbara McQuaide, Jackie Miller, Nancy Mitchell, Cindy Palajac, Debra Halperin Poneman, Maureen H. Read, Wendy Read, Carol Richter, Loren Rose, Marjorie E. Rose, Heather Sanders, Wendy Sheets, Louise und Marcus Shimoff, Carolyn Strickland, Paula Thomas, Debra Way und Kim Wiele. Wir danken euch von Herzen für euer mutiges Engagement!

Wir danken Fairfield Printing, vor allem Stephany Harward und Deborah Roberts für ihre enthusiastische Unterstützung des Buches und ihre Bereitschaft, »Hühnersuppe für die Seele. Für Frauen« jeder Zeit vor fast jedem anderen Druckauftrag Vorrang einzuräumen.

Jim Rubis und der Fairfield Public Library und Tony Kainauskas und dem 21st Century Bookstore danken wir für ihre hervorragende Hilfe bei den Recherchen.

Rick und Irene Archer für ihre künstlerischen Fähigkeiten und ihre Ausarbeitung von wunderschönem Werbematerial.

Felicity und George Foster für ihr talentiertes Design und ihre Arbeit an der Farbgebung.

Jerry Teplitz für seine Mitarbeit an unserem Coverentwurf.

Terry Johnson, Bill Levecy und Blaine Watson für ihre scharfsinnige Anleitung bei manchen Teilen dieses Projekts.

Wir danken Georgia Noble dafür, daß sie in den letzten Tagen des Projekts ihr Heim für uns geöffnet und ihr Licht und ihre Liebe zur Schönheit mit uns geteilt hat.

M. für die Geschenke der Weisheit und Kenntnis.

Folgenden Personen, die mit ihrer emotionalen Unterstützung und Ermutigung während des Verlaufs des Projekts einen Beitrag geleistet haben: Amsheva Miller, Robert Kenyon, Lynn Robertson, Loren und Cliff Rose, Janet Jenkins, David und Sofia Deida.

Vielen Personen, die Beiträge zu den vorangegangenen Büchern der »Hühnersuppe für die Seele« – geliefert haben, für ihre Liebe zu diesem Projekt und ihre Bereitschaft, weiterhin ihre Geschichten beizusteuern.

Wir möchten auch den Hunderten von Menschen unseren Dank aussprechen, die uns Geschichten, Gedichte und Zitate für dieses Buch geschickt haben. Wir konnten zwar nicht alles aufnehmen, was eingesandt wurde, aber Ihre liebevolle Absicht, Ihre Erfahrungen und Geschichten mit uns und unseren Leserinnen und Lesern zu teilen, hat uns tief berührt. Vielen Dank!

Wegen des riesigen Umfangs dieses Projekts haben wir möglicherweise die Namen von einigen Personen nicht erwähnt, die uns auf unserem Weg geholfen haben. Sollte dies der Fall sein, tut es uns sehr leid – Sie sollen wissen, daß unser Dank Ihnen allen gilt.

Wir sind zutiefst dankbar für die vielen Hände und Herzen, die dieses Buch möglich gemacht haben. Wir lieben euch alle!

Schreiben Sie uns

Wir würden gerne von Ihren Reaktionen auf die Geschichten in diesem Buch erfahren. Bitte lassen Sie uns wissen, welches Ihre Lieblingsgeschichten waren und wie sie sich auf Sie ausgewirkt haben.

Wir möchten Sie auch auffordern, uns Geschichten zu schicken, die Sie gerne in künftigen Ausgaben von »Hühnersuppe für die Seele. Für Frauen« veröffentlicht sehen würden. Sie können uns Geschichten schicken, die Sie selbst geschrieben haben, oder von anderen Personen verfaßte Texte, die Ihnen gefallen.

Schicken Sie Ihre Beiträge an:

Chicken Soup for the Woman's Soul
P. O. Box 1959, Dept. W52
Fairfield, IA 52556
USA

e-mail: chickensoup@lisco.com
Telefon: 001 – 800 – 211 – 5948
Fax: 001 – 515 – 472 – 7288

Sie finden uns auch im Internet unter: www.chickensoup.com.

Über die Autorinnen und Autoren

Melody Arnett betrachtet jedermann als ihren Lehrer. Ihre zwei Töchter und ein großer Freundeskreis sind ihre größte Freude. Sie arbeitet mit Obdachlosen und Menschen mit Englisch als Zweitsprache. Als Anwältin von Opfern häuslicher Gewalt glaubt sie an die Hilfe zur Selbsthilfe. Sie praktiziert gern die Kunst des Geschichtenerzählens und Schreibens; dies ist ihre erste Veröffentlichung auf nationaler Ebene. Ihre Adresse: P. O. Box 692, Grass Valley, CA 95945, USA.

Marsha Arons ist freischaffende Schriftstellerin und Vortragsrednerin. Sie beschäftigt sich unter anderem mit Frauenthemen, Eltern-Kind-Beziehungen, christlich-jüdischen Beziehungen und mit der Konzentration auf die positiven Aspekte des Lebens. Neben ihren Beiträgen in den »Hühnersuppe«-Büchern sind ihre Geschichten, Essays und Artikel in »Good Housekeeping«, »Redbook«, »Woman's Day«, »Woman's World« und »Readers Digest« erschienen. Gegenwärtig arbeitet sie an einem Erzählband über Elternschaft und an einem Roman für junge Erwachsene. Ihre E-mail-Adresse: ra8737@aol.com.

Sue Augustine ist eine international anerkannte Vortragsrednerin. Sie hält jährlich über 100 Vorträge und Seminare, wobei sie sich hauptsächlich auf das Management von Veränderungen, Streßbewältigung und effektivem Zeitmanagement bei Berufstätigen, sowie positives Eingehen von Risiken und den Aufbau von Selbstvertrauen bei Frauen konzentriert. Sie hat Tonbandkassetten mit ihren Programmen produziert und ist die Autorin von

»With Wings. There Are No Barriers«, ein Buch, das den Rest ihrer Geschichte erzählt. Ihre Adresse: Sue Augustine Seminars, P. O. Box 2194, Niagara Falls, NY 14302, USA.

Beverly M. Bartlett ist in San Francisco geboren und lebt nun nach einem mehrjährigen Aufenthalt in Deutschland mit ihrem Mann in Cleveland. Obwohl sie bereits schon früher Europa bereist und dort auch studiert hatte, bedeutete Deutschland für sie eine Erfahrung, die ihr die Augen öffnete. Die Begegnung mit anderen Menschen, Flüchtlingen eingeschlossen, das Erlernen ihrer Sprache und der Einblick in ihre Kulturen werden noch lange in ihr nachwirken. Sie ist Besitzerin eines Unternehmens für Visitenkarten. Ihre Adresse: 2215 Overlook Road, Apt. 8, Cleveland, OH 44106, USA.

Joan Beck schreibt regelmäßig eine Meinungskolumne für »The Chicago Tribune«, für die sie auch Sonderartikel schrieb und zu deren Redaktionsstab sie gehörte. An der Northwestern University Medill School of Journalism erwarb sie ihren Magister- und Doktortitel. Sie hat vier Bücher über die geistige Entwicklung in der frühen Kindheit veröffentlicht und zahlreiche Preise für ihre journalistische Tätigkeit und ihren Einsatz für Kinder erhalten. Sie und ihr inzwischen verstorbener Mann haben zwei Kinder und zwei Enkelkinder.

Edgar Bledsoe wurde auf einer Farm im nordöstlichen Missouri geboren. Nachdem er aufgrund der Wirtschaftsdepression sein Studium an der Texas Tech abbrechen mußte, schloß er sich dem Strom der Wanderarbeiter an, die in den 1930ern nach Kalifornien zogen. Er machte im Verkaufsbereich erfolgreich Karriere bei der Kaiser Aluminium Company, ist nun im Ruhestand und lebt mit seiner Frau Marian in Green Valley.

Jean Bole ist als Ausbilderin und Beraterin im Pflege- und Rehabilitationsbereich tätig und freischaffende Schriftstellerin und Dichterin. Ihre Adresse: P. O. Box 11, Crete, IL 60417, USA.

Melissa Masters Bowers ist Pfarrerin, Schriftstellerin und Vortragsrednerin. Nachdem sie sieben Jahre an der Westküste ein Pfarramt versehen hatte, zog sie mit ihrer Familie in den Mittleren Westen, um sich ihrem Lieblingsberuf zu widmen – Mutter zu sein! Sie ist Kolumnistin für die Zeitschrift »New Perspectives« und spezialisierte sich als Schriftstellerin und Gastrednerin auf die Themen Ganzheitlichkeit und Mitgefühl. Ihre Adresse: 511 N. Main St., Lee's Summit, MO 64063, USA.

Rita Bresnahan war 40 Jahre lang Erzieherin, über 25 Jahre lang Psychotherapeutin und ist nun seit fast zwölf Monaten auch Schriftstellerin. Ihre Geschichte »Miteinander heimgehen« (die sie im Sommer 95 in Illinois während eines ausgedehnten Besuchs bei ihrer Mutter schrieb), wird die Titelgeschichte ihres in Vorbereitung befindlichen Buches sein. Rita gibt Workshops und hält Vorträge über Themen, die ihr am Herzen liegen: bewußtes Altern, Gemeinschaft und die spirituelle Dimension der menschlichen Reise. Ihre Adresse: 500 Wall St., # 319, Seattle, WA 98121, USA.

William Cantys Cartoons sind in vielen nationalen Zeitschriften erschienen, darunter »Saturday Evening Post«, »Better Homes and Gardens«, »Woman's World«, »National Review« und »Medical Economics«. Sein Feature »All About Town« erscheint in 40 Zeitungen.

Fran Capo ist professionelle Komikerin, Vortragsrednerin und Autorin und als schnellstsprechende Frau der Welt ins »Guiness Buch der Rekorde« eingetragen. Sie trat in über 76 Fernseh- und 248 Rundfunkshows auf. Fran belehrt und unterhält ihr Publikum mit ihrer großen Energie und ihrem schnellen Redefluß in ihren Vorträgen »How to Get Publicity Without a Publicist« und »Humor and Business Speaking«. Ihre Adresse: P. O. Box 580272, Flushing, NY 11358, USA.

Philip Sutton Chard ist Psychotherapeut, Unternehmensberater und preisgekrönter Zeitungskolumnist für den »Milwaukee Journal Sentinel«. Er ist Autor von »The Healing Earth: Nature's Medicine for the Troubled Soul«, ein bahnbrechendes Werk im Bereich der Ökopsychologie. Seine meisterliche Erzählkunst brachte ihm Preise an der Michigan State University ein. Seine Adresse: NEAS, Inc., 20700 Swenson Dr., # 200, Wauksha, WI 53186, USA.

Rebecca Christian wuchs in Iowa auf. Sie schreibt Theaterstücke, ist Reiseschriftstellerin, Vortragsrednerin und Kolumnistin. Ihre Arbeiten erschienen in über 100 Zeitschriften und Zeitungen. Ihre Adresse: 641 Alta Vista St., Dubuque, IA 52001, USA.

Dan Clark ist ein internationaler Botschafter der »Kunst, lebendig zu sein«. Mit seinen Vorträgen hat er über zwei Millionen Menschen in den USA, Kanada, Europa, Asien und Rußland erreicht. Dan ist Schauspieler, Songtexter, Videoproduzent, preisgekrönter Sportler und Autor von sechs Büchern, darunter »Getting High – How to Really Do It, One Minute Messages« und »The Art of Being Alive«. Seine Adresse: P.O. Box 8689, Salt Lake City, UT 84108, USA.

Sharon Nicola Cramer ist Soldatin, Navigatorin, weiblicher Sanitäts- und befehlshabender Offizier und glaubt, daß die Mutterschaft und nicht die Armee der härteste Job ist, den man je lieben lernt. In ihrem vierteljährlichen humorigen und inspirierenden Newsletter »Mother Love« wendet sie sich an andere Mütter, an Kinder, Erwachsene und Erholungsbedürftige, wobei sie auf witzige Weise ihr erzählerisches Talent mit ihrer »im Schützengraben« erworbenen Lebenserfahrung verbindet. Ihre Adresse: 221 West Main Street, Cary, IL 60013, USA.

Lilian K. Darr arbeitete kurz für den Autor Ben Hecht und für Norman Cousins, den Herausgeber der »Saturday Review of Literature«. Sie hat zwei Mädchen und zwei Jungen, lebte in New York, Kalifornien, auf Hawaii und wohnt nun in Fairfield, Iowa. Vor fünfeinhalb Jahren begegnete sie der Liebe ihres Lebens, Bill Darr.

Mary Ann Detzler ist Ehefrau, Mutter und Pfarrerin der Unity Church. Ihre Schwerpunkte sind Meditationsunterricht und Selbstgewahrsein, sie führt auch Retreats für Frauen durch. Als Leiterin einer Organisation für spirituelle Erziehung reist sie viel, und sie hilft ihrem Mann beim Unterrichten in spirituellen Heilmethoden. Ihre Adresse: Spiritual Response Center, 727 245th Pl NE, Redmond, WA 98053, USA.

Bettie Aboussie Ellis hat sich auf das Design, die Entwicklung und die Präsentation von Trainingsprogrammen spezialisiert. Sie und ihr Mann und Geschäftspartner Peter bemühen sich um eine Verbindung des Trainings mit der konkreten Arbeit, die die Menschen alltäglich tun, und entwickeln Programme für große Dienstleistungszentren in den USA und England. Betty ist ein Gründungsmitglied von »The Outsource Alliance«. Ihre Adresse: 8410 Hall, Lenexa, KS 66219, USA.

Sandy Ezrine ist Autorin, Trainerin und Managementberaterin. Sie hat über 20 Jahre lang für Stiftungen, Universitäten, staatliche Behörden und Privatunternehmen gearbeitet. Ihr Schwerpunkt ist die Entwicklung von Organisationsstrukturen, die Motivierung von Angestellten und Problemlösungen. Gegenwärtig arbeitet sie an einem neuen Buch: »1001 Ways to Organize Anything«. Ihre Adresse: P. O. Box 658, Cornville, AZ 86325, USA.

Dave Farrell ist preisgekrönter Journalist und Kolumnist. In den 20 Jahren, in denen er als Zeitungsreporter arbeitete, erhielt er zahlreiche staatliche und nationale Preise, darunter den Professional Journalism Society's National Investigative Reporting Award und 1992 das prestigeträchtige Mike Wallace Investigative Fellowship der University of Michigan. Seine Kolumne »Roadside Attractions Along the Information Highway« erscheint in über 30 Zeitungen in den USA, Kanada und Japan.

Joan Fountain ist eine eindrucksvolle und vielbeschäftigte Vortragsrednerin, besitzt ihre eigene Trainings- und Consultingfirma Joan Fountain & Associates und ist Autorin von »Nothing Bad Happens – Ever«. Sie trat in den Talkshows von Oprah Winfrey, Phil Donahue, Sally Jesse Rafael und Montel Williams auf. Ihre Adresse: 3104 0 Street, Suite 220, Sacramento, CA 95816, USA.

Beverly Gemigniani ist Lehrerin und hat viermal die Goldmedaille bei den Olympischen Spielen für Senioren gewonnen. Die »Dancing Grannies« (Die Tanzenden Großmütter) haben vier Übungsvideos herausgebracht und traten in den Fernsehshows von Donahue, in »The Today Show« in »Arsenio Hall« und auch im Weißen Haus auf. Sie haben weiterhin überall in den USA Vorstellungen.

Rosemarie Giessinger ist Kolumnistin, Vortragsrednerin und spirituelle Lebensberaterin, die für ihre Klienten Informationen aus vergangenen Leben, spirituelle Lektionen, Engel und Geistführer channelt. Ihre Adresse: P. O. Box 2024, Albany, OR 97321, USA.

Randy Glasbergens Cartoons erscheinen in über 25 Ländern, und seine Cartoonserie »The Better Half« wird täglich von King Features Syndicate an Zeitungen in aller Welt vertrieben. Er hat humoristische Illustrationen für Hallmark, IDG Books, NAPA Auto Parts, »Golf Digest«, »Woman's World«, amerikanische Luftfahrtgesellschaften und viele andere geliefert. Zu seinen Büchern zählen »Getting Started Drawing and Selling Cartoons«, »How to Be a Successfull Cartoonist« und »Attack of the Zit Monster and Other Teenage Terrors«. Randy lebt und arbeitet in einem großen, alten viktorianischen Haus in einer kleinen Ortschaft im Staat New York.

Diana Golden ist eine großartige Vortragsrednerin, Schriftstellerin und Olympische Goldmedaillengewinnerin. Mit zwölf verlor sie durch ein Krebsleiden ein Bein und nahm dann anschließend die Welt der Skirennen im Sturm. Mit einer olympischen Goldmedaille und 29 Goldmedaillen, die sie bei internationalen und nationalen Wettkämpfen gewann, ist sie die erfolgreichste Skirennfahrerin der amerikanischen Geschichte. Die Dartmouth Collegeabsolventin spricht bei ihren eloquenten und humorvollen Vorträgen darüber, wie man Veränderungen in Chancen verwandelt, starke Individuen zu einem machtvollen Team zusammenschweißt und über die vielen Gesichter des Muts. Mit ihren aufrüttelnden Reden hilft sie ihrer Zuhörerschaft weltweit, Ängste zu durchbrechen, Träume zu verfolgen und niemals aufzugeben.

Elinor Daily Hall ist Mitglied des »Hühnersuppen«-Teams. Zudem hat sie ein gemeinsames Unternehmen mit ihrem Mann Ron. Ihre Firma, Global Coherence, Inc., vermarktet Elektroartikel zur Verbesserung der Atmosphäre in Wohn- und Büroräumen.

Patty Hansen ist sich völlig klar über ihre Prioritäten – Mutter zu sein kommt an erster Stelle. Als die andere Hälfte des »Mark/Patty-Teams« teilt sie ihre Zeit auf zwischen ihrer Beschäftigung als Finanzchefin und Feuerwehr bei M. V. Hansen & Associates, Inc. und als ständig verfügbare Chauffeurin, Fürsorgerin und Hausaufgabengehilfin für ihre beiden Töchter Elisabeth und Melanie. Sie ist Co-Autorin von »Condensed Chicken Soup for the Soul«. Ihre Adresse: 711 W. 17th St. D2, Costa Mesa, CA 92627, USA.

Jean Harper ist Pilotin bei der United Airlines, mit einem Piloten bei derselben Luftfahrtgesellschaft verheiratet und Mutter von zwei Kindern. Sie ist Schriftstellerin und Vortragsrednerin, und ihre Lieblingsthemen sind Luftfahrt, Christentum, Kommunikation und allgemein inspirierende und motivierende Themen. Ihre Adresse: 8529 E. Nichols Ave., Englewood, CO 80112-2734, USA.

Christine Harris-Amos hat eine reguläre Ausbildung an der Kunstakademie genossen. In ihrer Kunst drückt sich stets Liebe, Humor und etwas Schrulliges aus. Gegenwärtig beschränkt sie ihre Ausstellungen auf ihr Heim, das ihr auch als Galerie dient. Christine traf den »berühmten« Wally Amos auf einem Flug, bei dem sie Flugbegleiterin war. Sie verliebten sich, und ihre gemeinsame Liebe für Schokoladenchipcookies wurde Legende. Christine kreierte zwei Cookiepuppen namens *Chip* und *Cookie* und geht mit Wally und ihrer Tochter Sarah dafür auf Werbereisen. Sie ist eine sehr glückliche Mutter, Hausfrau und Künstlerin und wohnt auf Oahu.

Jacqueline Hickey ist freischaffende Schriftstellerin und lebt mit ihrem Mann und ihren drei Kindern in Rockport, Massachusetts. Sie arbeitet als Büromanagerin im schönen Seaward Inn in Rockport und schreibt gegenwärtig an ihrem ersten Roman. Ihre Adresse: 6½ Rear Parker Street, Rockport, MA 01966, USA.

Barbara Haines Howetts Roman über Indonesien, »Ladies of the Borabudur«, wird gegenwärtig von ihrer Agentur herumgereicht. Sie machte ihren Magister in kreativem Schreiben an der Antioch University, war Dozentin am Northampton Community College und hält auf Schriftstellerkonferenzen Workshops über Zeitmanagement für Schriftsteller.

Linda E. Jessup ist Begründerin und Leiterin des Parent Encouragement Program, Inc., eines Familienerziehungszentrums in

Kensington, Maryland. Sie half, sieben Kinder aufzuziehen, von denen drei adoptiert sind. Die Autorin hält viele Vorträge und war auch schon Gast in Rundfunksendungen.

Teri Johnson ist gegenwärtig Co-Seelsorgerin der First United Methodist Church von Brookings, South Dakota, liebt das Predigen, Schreiben und Unterrichten und ist immer auf der Suche nach Tips, wie sie ihre 1100 »Kirchenfamilienmitglieder« und ihre siebenköpfige eigene Familie unter einen Hut bringen kann. Sie und ihr Mann sind die Eltern von fünf Kindern: Taylor, Alyssa, Alec, Emily und Eliott. Ihre Adresse: 625th St., Brookings, SD 57006, USA.

Carol Kline befaßt sich mit dem Lehren von fürsorgerischen Fähigkeiten und der Entwicklung von Selbstwertgefühl, unterrichtet einen Kurs mit dem Titel »Redirecting Children's Behavior«, schreibt Artikel für Lokalzeitungen und hilft mit großem Vergnügen anderen dabei, ihre Geschichten zu schreiben. Ihre Adresse: P. O. Box 1262, Fairfield, IA 52556, USA.

Christy Carter Koski wuchs in Weatherford, Texas auf und graduierte an der Asian Division der University of Maryland in Misawa, Japan, wo sie und ihr Mann drei Jahre lang lebten. Gegenwärtig wohnt sie in New Mexico, wo sie weiterhin Gedichte und Geschichten schreibt. Sie betrachtet sich selbst als eine Erbforscherin des Lebens und freut sich auf jedes neue Abenteuer und all die rätselhaften Fragen, die sich unterwegs ergeben.

Liah Kraft-Kristaine ist eine Philosophin, die ihr Leben dem Thema des menschlichen Potentials widmet. Sie war Rechtsanwältin und Mitarbeiterin bei CNN und hält nun weltweit Vorträge über Selbstachtung, Streßmanagement und Seelenwachstum. Sie ist Autorin von sechs Büchern, darunter »A Course in Becoming« und der Bestseller »30 Days to Happiness«, trat in zahlreichen

Fernseh- und Rundfunkshows auf, so auch bei »Oprah«. Ihre Adresse: P. O. Box 1505043, Nashville, TN 37215, USA.

Lois Krueger ist Vollzeitmutter und Freundin von drei Jungen. Sie ist auch Teilzeit-Blumenarrangeurin, arbeitet freiwillig in Hospizen und unterstützt Familien bei der Trauerarbeit. Gegenwärtig erwägt sie, sich als Krankenschwester ausbilden zu lassen. Sie lebt mit ihrem Mann George in Franklin Park, Illinois.

Alison Lambert ist Mitglied der »Class of 2000« an der University of Pennsylvania. Sie ist ausgebildete medizinische Technikerin für Notfalleinsätze bei der Newton Square Volunteer Fire Company in Newton Square, Pennsylvania, und Rettungsschwimmerin in Long Beach Township, New Jersey.

Page Lambert hat ein für den Pulitzerpreis nominiertes Buch geschrieben, »In Search of Kinship: Modern Pioneering on the Western Landscape«. Das Buch, dem ihre Geschichte entnommen ist, handelt von Pages Leben mit Hondo und anderen Tieren auf ihrer kleinen Ranch in Wyoming. Ein weiteres Buch, »Shifting Stars«, ein Roman über den Westen im Wyoming der 1850er Jahre, ist 1997 bei Forge Books erschienen. Page gibt auch Workshops und hält Vorträge. Ihre Adresse: P. O. Box 5, Sundance, WY 82729, USA.

Jeanne Marie Laskas schreibt eine wöchentliche Kolumne, »Uncommon Sense«, für das »Washington Post«-Magazin. Sie ist die Autorin von »The Balloon Lady and Other People I Know«, einer Essaysammlung. Sie hat in Dutzenden von nationalen Zeitschriften veröffentlicht, darunter »GO«, »Life«, »Allure«, »Health«, »Redbook«, »Glamour« und »Reader's Digest«. Ihre Adresse: 1701 Benedum Trees Building, Pittsburgh, PA 15222.

Suzanne Thomas Lawlor hat hunderte Zeitschriftenartikel geschrieben und war Chefredakteurin bei Cameron and Company, die die »Above San Francisco«-Serie herausbringen. Sie hat in den letzten 24 Jahren mehr als 500 Personen in Transzendenter Meditation (TM) unterrichtet und lebt mit ihrem Mann Tony, einem bekannten Architekten und Autor, in Fairfield, Iowa. Sie betätigt sich auch als Gärtnerin und besitzt ein Geschäft für getrocknete Blumen, das sich auf Kränze spezialisiert.

Bobbie Jensen Lippman ist Schriftstellerin und hat in zahlreichen nationalen und internationalen Publikationen veröffentlicht. Sie besitzt ein eigenes, lokal und im Mittleren Westen zu empfangendes Radioprogramm, »Bobbie's Beat on the Air«. Bobbie engagiert sich für Menschen mit beeinträchtigtem Sehvermögen und ist auch in der Hospizarbeit sehr aktiv. Ihre Adresse: 13650 South Coast Hwy., South Beach, OR 97366, USA.

Diana Loomans ist eine dynamische Rednerin und Bestsellerautorin, die auf internationaler Ebene Vorträge über Selbstachtung, Kommunikation und die Kraft des Lachens und Spielens hält. Sie hat acht Bücher geschrieben, darunter »Full Esteem Ahead: 100 Ways to Build Esteem in Children & Adults«, »The Laughing Classroom«, »The Lovabels in the Kingdom of Self-Esteem«, »Positively Mother Goose« und »Today I Am Lovable«. Sie ist häufig Gast im nationalen Rundfunk und Fernsehen. Ihre Adresse: Global Learning, P. O. Box 1203, Solana Beach, CA 92075, USA.

Patricia Lorenz schreibt inspirierende und humorvolle Bücher, Artikel und Kolumnen. Ihre ersten beiden Bücher »Stuff That Matters for Single Parents« und »A Hug a Day for Single Parents« sind bei Servant Publications in Ann Arbor, Michigan erschienen. Über 400 Artikel von ihr sind in über 70 Publikationen erschienen, darunter »Reader's Digest«, »Guideposts«, »Working Mother« und »Single-Parent Family«. Ihre Adresse: 7457 S. Pennsylvania Ave., Oak Creek, WI 53154, USA.

Mary L. Miller ist Marketing Communications Manager bei einer Fortune-500-Firma und Mutter von sechs Kindern. Sie schreibt für lokale Publikationen und hält häufig Vorträge vor Geschäftsleuten.

Sheryl Nicholson ist seit 14 Jahren professionelle Vortragsrednerin auf internationaler Ebene. Sie spricht über Führungswesen, Verkaufsstrategien oder das Ausbalancieren unserer Lebensentscheidungen. Sie hat verschiedene Bücher und Hörkassetten herausgebracht. Ihre Adresse: 1404 Corner Oaks Drive, Brandon, FL 33510, USA.

Lynn Rogers Petrak ist freischaffende Schriftstellerin und unterrichtet Journalismus. Sie lebt mit ihrem Mann Michael in La Grange, Illinois, und hat unter anderem für die »Chicago Tribune«, das »Chicago Magazine« und »Romantic Homes Magazine« geschrieben. Ihr Beitrag wurde im Angedenken an ihre Mutter und große Freundin, Carol Rogers, geschrieben, die 1994 nach einem neun Jahre langen, tapferen Kampf gegen den Brustkrebs starb.

Debra Halperin Poneman ist Präsidentin von »YES! To Success Seminars« und hält Vorträge über Erfolg und wie man ihn erlangt. In ihrer herzlichen, doch professionellen Art verbindet sie pragmatische Sachlichkeit mit tiefen und inspirierenden spirituellen Einsichten. Dies macht sie im ganzen Land zu einem beliebten Gast in Rundfunk- und Fernsehtalkshows und einer begehrten Vortragsrednerin bei Firmen und Organisationen. Ihre Seminare werden in allen größeren Städten der USA und auch in anderen Ländern abgehalten. Ihre Adresse: 1520 Forest Ave., Evanston, IL 602101, USA.

Carol Price hat über 20 Jahre lang mit ihren Vorträgen in Australien, Europa und in den USA bei ihrem Publikum Gelächter und

Tränen ausgelöst und es stark motiviert. Ihre Spezialgebiete, zu denen sie auch Hörkassetten herausgebracht hat, sind Gesundheitswesen, Streßmanagement, Selbstwertgefühl, der Umgang mit schwierigen Menschen, Durchsetzungskraft und der reale Bezug zum Leben. Ihre Adresse: P. O. Box 8731, Madeira Beach, FL 33738, USA.

Maureen Read wurde 1924 in England geboren. Im Laufe ihrer Karriere hat sie unter anderem viereinhalb Jahre bei der BBC und ein Jahr in Budapest für die UNO gearbeitet. Dort traf sie ihren Mann, einen GI, sie heirateten und siedelten in die USA über. Kurz darauf wurde sie Witwe. Sie heiratete später erneut, und sie und ihr Mann haben drei Töchter großgezogen. Maureen ist mit jetzt 72 Jahren noch immer eine eifrige Tennisspielerin und nimmt an Seniorenwettkämpfen teil. Sie lebt in Baton Rouge, Louisiana.

Elaine Reese lebt als freischaffende Schriftstellerin in Spring Green, Wisconsin. Die meisten ihrer Texte handeln von Familie, Ferien, dem Landleben und den kleinen Dingen des Alltags.

Lynn Robertson lebt mit ihrem Mann und ihren zwei Söhnen in einem Vorort von Chicago. Zusammen mit ihrem Mann besitzt sie eine Designfirma, sie beschäftigt sich gerne mit Innenarchitektur.

Jennifer Rosenfeld schreibt gegenwärtig an einem Buch, »Building Your Yellow Brick Road: Real Women Create Extraordinary Career Paths«.

Gina Barrett Schlesinger ist Präsidentin von Speaker Services Inc., einer Agentur für professionelle Vortragsredner, in Springfield, Pennsylvania. Sie selbst hält Vorträge und Seminare über gute Präsentationsfähigkeit, Lebensführung und Zeitmanagement. Ihre Adresse: Speaker Services, Inc., 491 Baltimore Pike, Springfield, PA 19064, USA.

Anne Winterton Seely stellt Quilts her, für die sie im ganzen Land bekannt ist. Sie und ihre Schwester, Joyce Steward, geben dazu Workshops und haben zwei Bücher herausgebracht. Annes Adresse: 4890 S. 1575 W., Taylorsville, UT 84123.

Pat Bouney Shepherd ist Mutter von zwei Kindern. Sie ist Co-Autorin von »Know Your Dreams, Know Yourself« und hat kürzlich einen Laden für Büroartikel und einen Druckerservice eröffnet. Ihre Adresse: P. O. Box 1173, Pittsburg, TX 75686, USA.

Louise Shimoff ist seit 53 Jahren glücklich mit ihrem Mann Marcus verheiratet, Mutter von drei Kindern und Großmutter von vier Enkeln. Sie spielt gerne Golf, arbeitet ehrenamtlich und reist in der Welt herum. Sie hat ihr ganzes Leben lang viel gelesen und ihre Liebe zur Sprache an ihre Kinder vererbt. Sie hat es genossen, ihrer Tochter Marci bei der Arbeit für dieses Buch beizustehen.

Andrea (Andy) Skidmore lebt in Cleveland, Tennessee. Sie ist seit 28 Jahren verheiratet und die Mutter von zwei Söhnen. Sie war 13 Jahre lang beim Cleveland City School System angestellt und ist gegenwärtig Sekretärin in der Cleveland High School. Sie schreibt über das, was sie auf Erden am meisten liebt, ihre Familie.

Charles Slack ist seit 1986 Wirtschaftsreporter für die »Times Dispatch« in Richmond, Virginia. Er hat zudem Artikel für »Reader's Digest«, »Men's Journal« und »Historic Preservation« geschrieben, ist Harvard-Absolvent und lebt mit seiner Frau Barbara und Tochter Nathalie in Richmond.

Grazina Smith begann mit ihrer Schriftstellerkarriere, nachdem sie sieben Kinder großgezogen hatte. Ihre Arbeiten erscheinen in »Prairie Hearts – Women's Writing on the Midwest«, Outrider Press, 1004 East Steger Road, Crete, IL 60417, USA.

Doni Tamblyn hat seit 1980 für die Bühne und Medien Musikstücke und Komödien geschrieben und aufgeführt. Sie ist Präsidentin von Humor Works und lehrt in dieser Eigenschaft Profis, ihren natürlichen Sinn für Humor produktiv, angemessen und angstfrei einzusetzen. Sie hat sich auf Kreativitätstraining und kreatives Trainieren spezialisiert. Ihre Adresse: 3910 Fulton St., Ste. 8, San Francisco, CA 94118, USA.

K. Lynn Towse hat noch nie zuvor etwas geschrieben. Sie würde alles tun, um die Herzen ihrer Schwestern Judy und Mary zu heilen. Ihr Familienzusammenhalt ist sehr eng, und der Gedanke, in unserem Buch vertreten zu sein, ist für sie alle sehr aufregend.

Mary L. Towse hat eine leitende Position bei Hallmark Cards inne, für die sie in den letzten 24 Jahren gearbeitet hat. Sie hat ihren Abschluß an der University of Missouri in Kansas City in englischer Literatur gemacht und erwirbt gegenwärtig ihren Magister in Organisationsmanagement am St. Mary College in Johnson County, Kansas. Ihre Adresse: P. O. Box 1309, Bonner Springs, KS 66012.

Phyllis Volkens, die in Iowa geboren wurde, besaß eine einzigartige Begabung, Lebenserfahrungen aus dem Herzen heraus zu Papier zu bringen. Wenn man sie fragte, worüber sie schrieb, gab sie zur Antwort: »Ich schreibe über Menschen und das, was sie zum Lachen und Weinen bringt.« Ihre Geschichten erschienen in verschiedenen Zeitungen und Zeitschriften, darunter auch in »Reader's Digest«. Phyllis starb am 3. Mai 1996.

Laurie Waldron lebt in Arvada, Colorado, und ist leitende Angestellte. Dies ist ihre erste veröffentlichte Geschichte. Als vielbeschäftigte alleinerziehende Mutter verbringt sie ihre Freizeit gerne mit ihrem dreijährigen Sohn. Ihre Hobbys sind Lesen, Rollerblading, Radfahren und Campen.

Marjorie Wallé ist Schriftstellerin, Seminarleiterin und Beraterin. Sie managt das Illinois Statewide Radon Program, das unter ihrer Führung von der U.S. Environmental Protection Agency für seine Bemühungen um die Sensibilisierung des öffentlichen Bewußtseins für den Umweltschutz mit einem Preis für außergewöhnliche Leistungen und Teamarbeit gewürdigt wurde.

Charlotte Ward leitet Seminare im PhotoReading Whole Mind System. Ihre Strategien zur effizienten Aufnahme und Verarbeitung von Texten sind in ihrem Buch »Simply Live It Up« beschrieben. Hier finden sich auch 40 Lösungsvorschläge zur Bewältigung der Herausforderungen, die das Informationszeitalter an uns stellt. Sie praktiziert NLP und MBTI, unterrichtet und hält im ganzen Land Vorträge, und ist Präsidentin von Accelerated Learning of Maryland, 7106 Saunders Court, Bethesda, MD 20817, USA.

Sue West ist Verlegerin, Erzieherin, Schriftstellerin und Meditationslehrerin. Sie hat auf vier Kontinenten gelebt und fühlt sich überall zu Hause. Ihre Adresse: 5540 Fremont St., Oakland, CA 94608, USA.

Dr. Kay Cordell Whitaker ist die Autorin von »The Reluctant Shaman« und »Sacred Link« und eine international anerkannte Geschichtenerzählerin und Rednerin. 1974 begann sie eine Ausbildung bei einem indianischen Schamanenpaar im zentralöstlichen Andengebiet, Chea and Domano Hetaka. Sie hält in Firmen, an Universitäten und privat Workshops mit Schwerpunkt auf innerer Freiheit, Heilung und Ausgewogenheit. Ihre Adresse: 4970 Nectar Way, Eugene, OR 97405, USA.

Donna Wick ist Gründerin des Center for Positive Change in Houston und führt gegenwärtig nationalweit eine Seminarreihe »Let Your Light Shine!« durch. Sie verfügt über ein umfassendes Wissen in den Bereichen der persönlichen Entwicklung, der Trainings in Selbstachtung, der Motivierung und der Inspiration. Sie glaubt, daß kein Mensch zufällig dem Menschengeschlecht angehört, und daß wir alle einen Sinn und Zweck in unserem Leben haben. Informationen über ihr Zentrum sind unter folgender Adresse zu erhalten: 25231 Grogans Mill Road, Suite 195, The Woodlands, TX 77380, USA.

Sasha Williams ist Collegestudentin, Ehefrau und Mutter von zwei Mädchen. Ihr Essay wurde für einen Kompositionskurs geschrieben. Das Thema: »Etwas, das mein Leben maßgeblich beeinflußt hat«.

Susan B. Wilson ist eine sehr geschätzte Rednerin, die mit ihren maßgeschneiderten Instruktionen und mit ihren Vorträgen und Büchern, darunter »Goal Setting« und »Your Intelligent Heart«, Tausende dazu inspiriert hat, ihr Leben nachhaltig zu verändern. Ihre Firma spezialisiert sich auf die Themen von Führungswesen, Teamentwicklung und persönlichen Erfolg. Ihre Adresse: Executive Strategies, 1105 W. 12th St. S., Newton, IA 50208, USA.

Andy Wyatt zeichnet seit über 25 Jahren Cartoons. Ihre Arbeiten erschienen in vielen Publikationen in den USA wie auch in vielen anderen Ländern. Sie arbeitet gegenwärtig für eine Zeitung in Destin, Florida und hat verschiedene Preise der Florida Press Association gewonnen. Sie studierte an der Boston University und Art Student League in New York und machte ihren B. A. an der University of Miami, Florida.

Abdruckgenehmigungen

Wir möchten den Verlagen, Herausgebern und Autoren für die Genehmigung zum Abdruck folgenden Materials danken. (Geschichten, die von anonymen Autoren stammen, urheberrechtsfrei sind oder von Jennifer Read Hawthorne oder Marci Shimoff geschrieben wurden, bleiben unerwähnt.)

The White Gardenia (Die weiße Gardenie). Abdruck mit Genehmigung von Marsha Arons. © 1995 Marsha Arons.

Words from the Heart (Worte von Herzen). Abdruck mit Genehmigung von Bobbie Lippman. © Bobbie Lippman.

Gifts of the Heart (Geschenke des Herzens). Abdruck mit Genehmigung von Sheryl Nicholson. © Sheryl Nicholson.

The Other Woman (Die andere Frau). Aus »Woman's Day« Magazine. Abdruck mit Genehmigung von David Farrell. © 1995 David Farrell.

Ramona's Touch (Ramonas Berührung). Abdruck mit Genehmigung von Betty Aboussie Ellis. © 1996 Betty Aboussie Ellis.

The Electric Candlesticks (Die elektrischen Kerzen). Abdruck mit Genehmigung von Marsha Arons. © 1996 Marsha Arons.

More Than a Scholarship (Mehr als nur ein Stipendium). Abdruck mit Genehmigung von Stephanie Bullock. © 1996 Stephanie Bullock.

It Couldn't Hurt (Es könnte nicht schaden). Abdruck mit Genehmigung von Sandy Ezrine. © 1996 Sandy Ezrine.

A Goodnight Kiss (Ein Gutenachtkuß). Abdruck mit Genehmigung von Stanley Volkens. © 1982 Phyllis Volkens.

Gifts (Geschenke). Aus »In Search of Kinship, Modern Pioneering on the Western Landscape« von Page Lambert. © 1996 Page Lambert, veröffentlicht bei Fulcrum Publishing, 350 Indiana St., Suite 350, Golden, CO 80401, USA.

1,716 Letters (1716 Briefe). Abdruck mit Genehmigung von Louise Shimoff. © 1996 Louise Shimoff.

Martha's Secret Ingredient (Marthas geheimes Kräutlein). Abdruck mit Genehmigung von »Reminisce Magazine«. © 1991.

Home Is Where The Heart Is (Zu Hause ist da, wo das Herz ist). Abdruck mit Genehmigung von Roberta L. Messner. © 1996 Roberta L. Messner.

A Tale of Two Cities (Eine Geschichte über zwei Städte), *And Justice Has Been Served* (Und der Gerechtigkeit wurde Genüge getan), *Taking a Break* (Eine Pause einlegen) und *The Wise Woman's Stone* (Der Stein der weisen Frau). Abdruck mit Genehmigung von The Economics Press, Inc. Aus: »The Best of Bits & Pieces«. © 1994 The Economics Press.

The Pirate (Der Pirat). Abdruck mit Genehmigung von Marjorie Wallé. © 1996 Marjorie Wallé.

So... What Do You Grow? (Und... was läßt *du* wachsen?). Abdruck mit Genehmigung von Philip Chard. © 1994 Philip Chard.

Grandma Ruby (Großmama Ruby). Abdruck mit Genehmigung von Lynn Robertson. © 1996 Lynn Robertson.

Problem or Solution? (Problem oder Lösung). Abdruck mit Genehmigung von Edgar Bledsoe. © 1996 Edgar Bledsoe.

True Beauty (Wahre Schönheit). Abdruck mit Genehmigung von Charlotte Ward. © 1996 Charlotte Ward.

Just Say Yes (Sag einfach ja). Abdruck mit Genehmigung von Fran Capo. © 1996 Fran Capo.

The Gift of Gab (Die Gabe des Small talks). Abdruck mit Genehmigung von Lynn Rogers Petrak. © 1996 Lynn Rogers Petrak.

I Was a Sixth-Grade Scarecrow (Ich war Sechstkläßlerin und eine Vogelscheuche). Abdruck mit Genehmigung von Linda Jessup. © 1996 Linda Jessup.

We've Come a Long Way (Wir haben einen langen Weg zurückgelegt). Abdruck mit Genehmigung von Pat Bouney Shepherd. © 1996 Pat Bouney Shepherd.

No Hair Day (No-Hair-Day). Abdruck mit Genehmigung von Jennifer Rosenfeld und Alison Lambert. © 1996 Jennifer Rosenfeld und Alison Lambert.

Just Like You (Genau wie Sie). Abdruck mit Genehmigung von Carol Price. © 1996 Carol Price.

Little Red Wagons (Das rote Wägelchen). Abdruck mit Genehmigung von Patricia Lorenz. © 1995 Patricia Lorenz.

The Marks of Life (Die Narben des Lebens). Abdruck mit Genehmigung von Diana Golden. © 1996 Diana Golden.

Soaring Free (Sich befreien und emporschwingen). Abdruck mit Genehmigung von Laurie Waldron. © 1996 Laurie Waldron.

Tears of Joy (Tränen der Freude). Abdruck mit Genehmigung von Joan Fountain. © 1996 Joan Fountain.

Home Forever (Für immer zu Hause). Abdruck mit Genehmigung von Jean Bole. © 1996 Jean Bole.

A Handful of Emeralds (Eine Handvoll Smaragde). Abdruck mit Genehmigung von Rebecca Christian. © 1996 Rebecca Christian.

Lost and Found (Verloren und gefunden). Abdruck mit Genehmigung von Elinor Daily Hall. © 1996 Elinor Daily Hall.

Grandpa's Valentine (Großpapas Valentinskarte). Abdruck mit Genehmigung von Elaine Reese. © 1996 Elaine Reese.

All The Days of My Life (Alle Tage meines Lebens). Abdruck mit Genehmigung von Jeanne Marie Laskas. © 1996 Jeanne Marie Laskas.

It Will Change Your Life (Es wird dein Leben verändern). Abdruck mit Genehmigung von Word, Inc. Aus: »Everyday Miracles« von Dale Hanson Burke. © 1991 Dale Hanson Burke. Alle Rechte vorbehalten.

As I Watch You Sleep (Während du schläfst ...). Aus: »Full Esteem Ahead«. © 1994 Diane Loomans und Julia Loomans. Abdruck mit Genehmigung von H. J. Kramer. Alle Rechte vorbehalten.

Running Away (Weglaufen). Abdruck mit Genehmigung von Lois Krueger. © 1996 Lois Krueger.

Graduation Day (Abschlußfeier). Abdruck mit Genehmigung von Mary Ann Detzler. © 1996 Mary Ann Detzler.

To Give the Gift of Life (Das Geschenk des Lebens fortgeben). Abdruck mit Genehmigung von Patty Hansen. © 1996 Patty Hansen.

Mother's Day (Muttertag). Abdruck mit Genehmigung von Sharon Nicola Cramer. © 1996 Sharon Nicola Cramer.

In a Hurry (In Eile). Abdruck mit Genehmigung von Gina Barrett Schlesinger. © 1996 Gina Barrett Schlesinger.

No Small Act of Kindness (Gute Taten). Abdruck mit Genehmigung von Donna Wick. © 1996 Donna Wick.

The Last Jar of Jelly (Das letzte Glas Gelee). Abdruck mit Genehmigung von Andy Skidmore. © 1996 Andy Skidmore.

A Christmas Story (Eine Weihnachtsgeschichte). Abdruck mit Genehmigung von Beverly M. Bartlett. © 1996 Beverly M. Bartlett.

Bush Sneakers (Mrs. Bushs Tennisschuhe). Abdruck mit Genehmigung von Christine Amos-Harris. © 1996 Christine Amos-Harris.

Feather Light (Federleicht). Abdruck mit Genehmigung von Melody Arnett. © 1996 Melody Arnett.

365 Days (365 Tage). Abdruck mit Genehmigung von Rosemarie Giessinger. © 1996 Rosemarie Giessinger.

Spots of a Different Color (Farbtupfer). Abdruck mit Genehmigung von Grazina Smith. © 1996 Grazina Smith.

The Wind Beneath Her Wings (Der Wind unter ihren Flügeln). Abdruck mit Genehmigung von Jean Harper. © 1996 Jean Harper.

What Do You Want to Be? (Was möchtest du sein?). Abdruck mit Genehmigung von Reverend Teri Johnson. © 1996 Reverend Teri Johnson.

Finding My Wings (Wie ich meine Flügel fand). Abdruck mit Genehmigung von Sue Augustine. © 1996 Sue Augustine.

Grandma Moses and Me (Grandma Moses und ich) und *A Room of One's Own* (Ein Zimmer für sich allein). Abdruck mit Genehmigung von Liah Kraft-Kristaine. © 1996 Liah Kraft-Kristaine.

»We're All Here to Learn« (»Wir sind alle hier, um zu lernen«). Abdruck mit Genehmigung von Charles Slack und »Reader's Digest«. © 1995 Charles Slack.

Meeting Betty Furness (Begegnung mit Betty Furness). Abdruck mit Genehmigung von Barbara Haines Howett. © 1996 Barbara Haines Howett.

The Dancin' Grannies (Die tanzenden Großmütter). Abdruck mit Genehmigung von Beverly Gemigniani. © 1996 Beverly Gemigniani.

A Romance of the 90s for Those in Their 70s (Wenn zwei Lenze zusammentreffen …). Abdruck mit Genehmigung von Lillian K. Darr. © 1996 Lillian K. Darr.

Let It Be (Let It Be.) Abdruck mit Genehmigung von K. Lynn Towse und Mary L. Towse. © 1996 K. Lynn Towse und Mary L. Towse.

We Are Not Alone (Wir sind nicht allein). Abdruck mit Genehmigung von Mary L. Miller. © 1996 Mary L. Miller.

Miracle in Toronto (Wunder in Toronto). Abdruck mit Genehmigung von Sue West. © 1996 Sue West.

War Story (Eine Kriegsgeschichte). Abdruck mit Genehmigung von Maureen Read. © 1996 Maureen Read.

Connection (Verbundenheit). Abdruck mit Genehmigung von Susan B. Wilson. © 1996 Susan B. Wilson.

Higher Love (Höhere Liebe). Abdruck mit Genehmigung von Suzanne Thomas Lawlor. © 1996 Suzanne Thomas Lawlor.

I Wonder Why Things Are the Way They Are (Ich frage mich, warum die Dinge so sind, wie sie sind). Abdruck mit Genehmigung von Christy Carter Koski. © 1996 Christy Carter Koski.

On Giving Birth (Geburt). Abdruck mit Genehmigung von Kay Cordell Whitaker. © 1996 Kay Cordell Whitacker.

A Doll for Great-Grandmother (Eine Puppe für Urgroßmutter). Abdruck mit Genehmigung von Jacqueline Hickey. © 1996 Jacqueline Hickey.

Walking One Another Home (Miteinander heimgehen). Abdruck mit Genehmigung von Rita Bresnahan. © 1996 Rita Bresnahan.

The Making of a Woman (Wie eine Frau entsteht). Abdruck mit Genehmigung von Doni Tamblyn. © 1996 Doni Tamblyn.

Tribute to Dad (Huldigung für Dad). Abdruck mit Genehmigung von Debra Halperin Poneman. © 1996 Debra Halperin Poneman.

Memories of a Childhood Past (Erinnerungen an eine vergangene Kindheit). Abdruck mit Genehmigung von Sasha Williams. © 1995 Sasha Williams.

Threads That Bind (Fäden, die verbinden). Abdruck mit Genehmigung von Ann Winterton Seely. © 1992 Ann Winterton Seely.

Praise to the Women on My Journey (Lob der Frauen auf meiner Reise). Abdruck mit Genehmigung von Melissa M. Bowers. © 1996 Melissa M. Bowers.